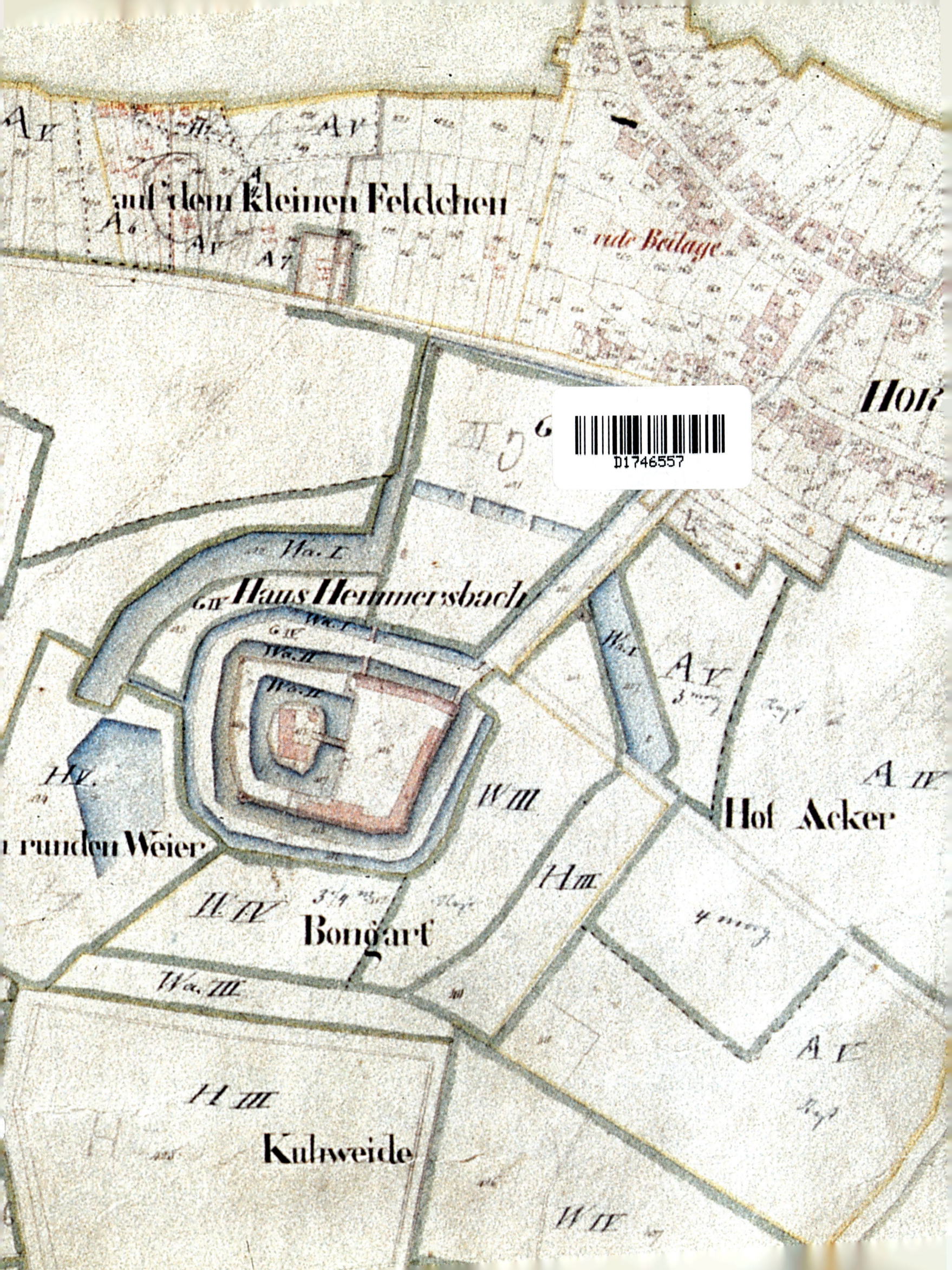

Susanne Harke-Schmidt   Frank Kretzschmar

Burg Hemmersbach

Rittersitz   Herrschaftsgut   Byteburg

Herausgegeben von Claus Bachem

J.P. Bachem Verlag

Umschlagabbildung Vorne: Burg Hemmersbach 2001 (Foto: Nicole Kritzler)
Umschlagabbildungen Rückseite:
oben: Das Dorf Horrem und Burg Hemmersbach um 1725.
   Tuschzeichnung von Renier Roidkin (Stadtarchiv Kerpen, Grafiksammlung)
mitte: Burg Hemmersbach aus der Vogelperspektive, 2001 (Foto: Tim Breuer)
unten: Blick auf die Vorburg (Foto: Nicole Kritzler)
unten rechts: Wolfgang Reichsgraf Berghe von Trips, 1961
   (Gräflich Berghe von Trips'sche Sportstiftung, Foto: Benno Müller)

Abbildung Vorsatz: Flurkarte von Horrem, 1862 (Stadtarchiv Kerpen/Karten)
Abbildung Nachsatz: Burg Hemmersbach, östlicher Dammturm. Federzeichnung von Walter Wegner,
   1957 (Kölnisches Stadtmuseum, Grafiksammlung/Rheinisches Bildarchiv)

Der Text auf Seite 112-119 wurde von Dipl.-Ing. Irina Weißbrod verfasst.

Deutsche Bibliothek – CIP-Einheitsaufnahme

Burg Hemmersbach
Harke-Schmidt, Susanne; Kretzschmar, Frank
Burg Hemmersbach / Claus Bachem (Hrsg.) – Köln: Bachem, 2002

ISBN 3 – 7616-1515-9

1. Auflage 2002
© J. P. Bachem Verlag, Köln
Umschlag, Satz und Layout: Barbara Meisner, Düsseldorf
Redaktion: Katharina Tilemann, Köln
Reproduktionen: Reprowerkstatt Wargalla, Köln
Druck: Druckerei J. P. Bachem Verlag GmbH & Co KG, Köln
Printed in Germany
ISBN 3 – 7616-1515-9

Es ist vermutlich die Insellage,

die eine Wasserburg so entrückt wirken lässt –

entrückt von der Gegenwart

mit all ihrer Unmittelbarkeit und Schnelllebigkeit.

Eine Wasserburg ist (...) eine Welt für sich,

zeitlich wie räumlich losgelöst,

und meist nur über einen schmalen Steg

mit der Jetztzeit verbunden.[1]

OBEN: *Blick auf den westlichen Innenhofbereich der Vorburg, im Hintergrund der Archivturm. Gemälde von Hans Jörg Reppert von Bismarck aus den 1950er Jahren.*

INHALT

1
RITTER, FREIHERREN UND REICHSGRAFEN 9
DIE BURG UND IHRE BEWOHNER

2
VON DER WASSERBURG ZUM SCHLOSS 33
BAUGESCHICHTE UND BESTAND

3
ALLTAGSSPUREN UND TRADITIONEN 63
LEBEN AUF UND UM BURG HEMMERSBACH

4
DAS HERRSCHAFTSGUT 83
LÄNDEREIEN UND WIRTSCHAFTLICHE GRUNDLAGEN

5
DER ADELSSITZ WIRD BÜRGERLICH 101
FUNKTIONSVERLUST UND NEUBEGINN

STAMMTAFEL DER FAMILIE BERGHE VON TRIPS 121
ANMERKUNGEN 122
BILDNACHWEIS 126
SACH- UND PERSONENREGISTER 127

RITTER, FREIHERREN UND REICHSGRAFEN

RITTER, FREIHERREN UND REICHSGRAFEN – DIE BURG UND IHRE BEWOHNER

VORHERIGE DOPPELSEITE:
Das Dorf Horrem um 1725, im Hintergrund Burg Hemmersbach. Tuschzeichnung auf Pergament von Renier Roidkin.
DANEBEN: *Miniaturen aus dem Familienbesitz der Berghe von Trips, 18. Jahrhundert.*

UNTEN: *Ausschnitt aus einem Kupferstich des Herzogtums Jülich, entstanden im 16. Jahrhundert. Hemmersbach wird als „Hymmerayd" bezeichnet.*

1077 Heinrich IV. geht nach Canossa – und „Hemmersbach" wird aktenkundig

Tiefstes Mittelalter in Deutschland. Wir schreiben das Jahr 1077 – und das Heilige Römische Reich Deutscher Nation steht Kopf! Kaiser Heinrich IV. geht buchstäblich vor Papst Gregor VII. in die Knie. Sein legendärer Gang nach Canossa gilt seitdem als Synonym für eine mehr oder weniger demütigende Kapitulation und verursacht selbst heute manch unangenehme Situation im Geschichtsunterricht. Der Triumph des Papstes schadete der ohnehin schon schwachen Stellung des Kaisers in einem komplizierten Staatsgebilde.

Die Politik Heinrichs und Gregors war jedoch keineswegs auf diese europaweit bedeutende Auseinandersetzung reduziert. Tatsächlich wurden sie auch in provinzielle Streitigkeiten einbezogen, die ebenfalls 1077 ihren Höhepunkt erreichten – nicht in Canossa, sondern 1000 km weiter nördlich im fernen Brauweiler. Wolfhelm, Abt in Brauweiler, fühlte sich von seinem Erzbischof in Köln betrogen. Unter Umgehung aller vorgeschriebenen Dienstwege bat er – am Erzbischof vorbei – sowohl Kaiser als auch Papst um Hilfestellung. Dabei unterstützte ihn ein tapferer Edelmann, der „vir militaris et nobilis" Wigmannus von Hemmersbach, der so für die erste schriftliche Überlieferung des Namens Hemmersbach sorgte.[1]

Ob das ungehorsame Verhalten von Wigmannus sein Verhältnis zum Kölner Erzbischof nachhaltig störte, ist nicht bekannt. 100 Jahre später schien sich auf jeden Fall niemand mehr an die Auseinandersetzung zu erinnern, denn einer der Nachfahren von Wigmannus, Wilhelm von Hemmersbach, verkaufte – mit Zustimmung seiner Mutter Irmengerdis – die damals noch lehnsunabhängige Herrschaft, das so genannte „Allod", 1176 an den Kölner Erzbischof Philipp von Heinsberg. Die beiden geschäftstüchtigen Hemmersbacher knüpften den Verkauf allerdings an die Bedingung, dass Wilhelms Erben mit dem Besitz belehnt werden sollten.[2]

Die Hemmersbacher blieben also zunächst die Herren in der nach ihnen benannten Herrschaft. Sie bewohnten noch nicht das heutige Schloss nördlich von Horrem, sondern wohl eine etwa 2 km in südlicher Richtung entfernt liegende Burganlage. Dem interessierten Laien erschließt sich nun auch, warum heute die Burg im Horremer Norden „Hemmersbach" heißt, aber nicht im südlich davon gelegenen Ortsteil gleichen Namens liegt.

1326 Die Scheiffart von Merode erben Hemmersbach

Anfang des 14. Jahrhunderts fehlten den Hemmersbacher Herren männliche Erben. Angesichts solcher Notsituationen erinnerte man sich – dieses Verhalten ist im Verlauf der abendländischen Geschichte immer wieder und überall nachweisbar – dann gern der ebenfalls vorhandenen Töchter. Notgedrungen wurde in solchen Fällen eine weibliche Nachfolge akzeptiert. Symptomatisch ist, dass der Name der Erbtochter meist nicht überliefert ist – wohl aber der des natürlich ebenfalls erbenden Ehegatten. So auch in Hemmersbach: Werner VI. Scheiffart von Merode heiratete die namentlich nicht bekannte Hemmersbacher Tochter und siegelte seit 1326 als „Herr von Hemmersbach".[3]

OBEN: *Das Wappen der Familie Scheiffart von Merode, abgebildet in einer Wappenkunde aus dem Jahr 1790.*

Diese Familie entwickelte in den folgenden Jahrhunderten eine geradezu erstaunliche Kontinuität in Hemmersbach und blieb der Bevölkerung fast 300 Jahre erhalten. Die besondere Beziehung zum Ort ist auch am Horremer Gemeindewappen abzulesen: Dort ist das Merode-Wappen, nicht etwa das der Vorgänger- oder Nachfolger-Familien abgebildet. Die Scheiffart von Merode waren aufgrund ihres beträchtlichen Einflusses im europäischen In- und Ausland in der Lage, ihre neu gewonnene Herrschaft sowohl geografisch als auch juristisch zu arrondieren. Allerdings legten sich ihnen auch Hindernisse in den Weg.

1366 Die Hemmersbacher Fehde – Von Straßenräubern und Raubrittern

Der dritte Scheiffart von Merode auf Hemmersbach war Johann, um 1344 geboren und vaterlos aufgewachsen. Bis zu seiner Volljährigkeit wurden die Familien- und Herrschaftsgeschäfte von seiner Mutter Adelheid von Millendonk geführt. Unmittelbar nach seinem „Regierungsantritt" hatte Johann seine erste große Bewährungsprobe zu bestehen.[4]

Heiligabend 1366, Hemmersbach: Nach mehrmonatiger Belagerung nahmen die Verbündeten des rheinisch-maasländischen Landfriedensbundes die Burg ein. Dem vereinbarten Waffenstillstand folgte im nächsten Frühjahr der Abschluss eines Friedensvertrags. Soweit die Fakten zu dieser Auseinandersetzung, deren Ursachen bis heute nicht eindeutig feststehen. Wahrscheinlich kulminierten in dieser Fehde – übrigens einem im Mittelalter durchaus legalen Mittel zur Beilegung von Streitigkeiten – mehrere unentwirrbare Kontroversen, die sich dann über Hemmersbach entluden.

Die Auseinandersetzung hat die Fantasie vieler Publizisten jedoch ganz offensichtlich stark angeregt. Die Bewohner der Burg werden als übles Raubgesindel bezeichnet, die harmlose Kaufleute ausplünderten. An anderer Stelle ist zu lesen, dass sich die Einwohner des Ortes vom Straßenraub ernährten. Johann Scheiffart von Merode wird als gewalttätiger Mann beschrieben, dessen Schloss nach harter Belagerung dem Erdboden gleichgemacht wurde. Er soll geköpft und anschließend mitsamt seinen Söhnen und seiner Gefolgschaft gerädert worden sein. Die Zahl der auf diese Art angeblich Hingerichteten variiert: mal wird von acht, mal von dreißig Personen gesprochen. Manche Erzähler lassen den in ihrer Geschichte zunächst getöteten Johann auch wieder auferstehen.

Was genau sich in Wirklichkeit abspielte, lässt sich aufgrund der Quellenlage nicht mehr recherchieren. Fest steht, dass Hemmersbach aus welchem Grund auch immer lange und mit einem immensen Kostenaufwand belagert wurde und dass dabei Wurfgeschosse, so genannte Ballisten, eingesetzt wurden. Dies beweisen auch die an der alten Burg gefundenen Schleuderkugeln, die heute vor dem Eingang der so genannten „Villa Trips" zu sehen sind. Ihre Dimensionen machen deutlich, wie ungesund der Treffer einer solchen Kugel gewesen sein mag ... Mit Abschluss des Friedensvertrages erhielt Johann Scheiffart seinen Besitz zurück, die Burg wurde notdürftig instand gesetzt.

Johann Scheiffart von Merode und seine „massakrierten" Familienmit-

OBEN: *1937 wurde der ehemaligen Gemeinde Horrem erstmalig das Recht verliehen, ein Wappen zu führen, das neben dem Jülicher Löwen und dem Attribut des Pfarrpatrons – dem Anker – auch das Familienwappen der Merode zeigt. Das Wappen galt bis 1974.*

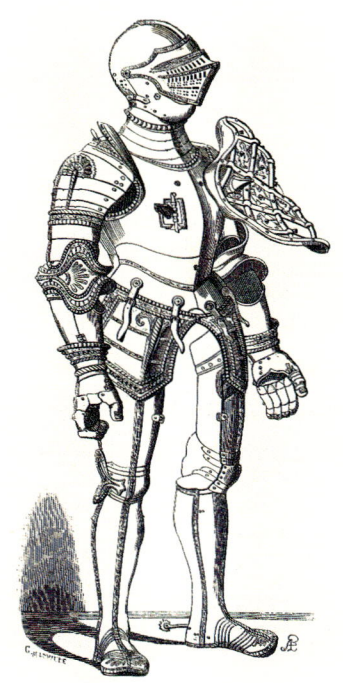

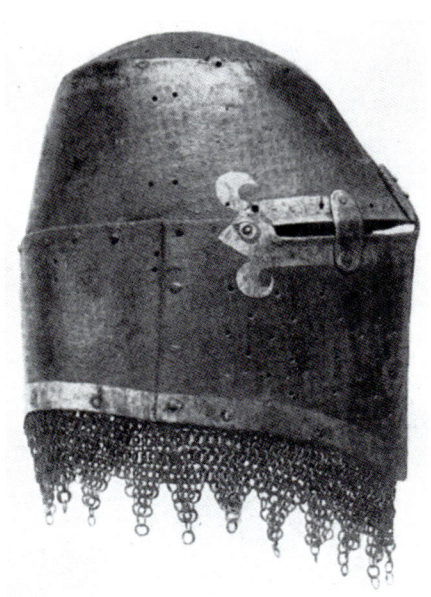

OBEN: *Helm einer Ritterrüstung aus dem 14. Jahrhundert.* LINKS: *Rüstung, Holzschnitt, 19. Jahrhundert.*

RECHTS: *Um 1860 ließ die Familie Trips ein chronologisch geordnetes Buch mit farbigen Wappenreihen der Familien anfertigen, die verwandtschaftliche Beziehungen zu den Berghe von Trips hatten. Das erste Blatt dieses Buches zeigt eine solche Wappenfolge aus dem 14. Jahrhundert.*

glieder erfreuten sich noch lange ihres Lebens. Johanns weiterer Karriere stand die Fehde keineswegs im Wege. Er machte sich in der Folgezeit nicht nur in Kurköln unentbehrlich, sondern unterhielt auch enge politische Kontakte zum brabantischen und zum burgundischen Hof, die ihm eine einflussreiche Stellung in Europa verschafften. Während sein Verhältnis zum Jülicher Herzog gespannt blieb, pflegte er besonders die Beziehungen zum aragonischen Königshaus. 1390 schenkte Johann dem König von Aragon auf dessen Bitte hin sogar ein gutes deutsches Pferd.

1375 Walram von Salmen verkauft Sindorf für 200 Gulden

Als Johann III. Scheiffart von Merode etwa 40 Jahre nach seiner angeblichen Hinrichtung 1406 oder 1407 starb, hatte er außerdem einen wichtigen Beitrag zur Arrondierung der Hemmersbacher Herrschaft geleistet: 1375 überließ ihm der Herr von Sindorf, Walram von Salmen, für eine jährliche Rente von 200 Gulden die Herrschaft Sindorf. Unabhängig von den übrigen rheinischen und niederländischen Besitzungen der Familie hatte die Herrschaft Hemmersbach nun den Umfang erreicht, den sie bis zum Ende des Ancien Régime behielt und der unter preußischer Herrschaft als Bürgermeisterei Sindorf bzw. anschließend als Amt Horrem noch bis 1974 – also insgesamt 600 Jahre! – fortbestand. Dazu gehörten jetzt die Ortschaften Hemmersbach, Horrem, Götzenkirchen, Grefrath, Habbelrath, Bottenbroich, Sindorf und Sehnrath, außerdem die herrschaftlichen Häuser Hemmersbach, Frens, Boisdorf und Breitmaar sowie das Kloster Bottenbroich. Die Burg Hemmersbach bildete den politischen wie wirtschaftlichen Mittelpunkt der Herrschaft.

1479 Hemmersbach wird Jülicher Erblehen

Anders als Johann bemühte sich sein Urenkel Heinrich um ein besseres Verhältnis zum Jülicher Herzog. Möglicherweise hing dies damit zusammen, dass die Herzöge von Jülich infolge ihrer geschickten Heiratspolitik nicht nur ihr Territorium, sondern auch ihren Einfluss im Reich stark vergrößert hatten. Mittlerweile waren sie mächtiger als der Kölner Erzbischof, der sich von seiner verheerenden Niederlage in Worringen 1288 nie wieder so ganz erholte. Jedenfalls

OBEN: *Für den Verkauf der Herrschaft erhielt Walram von Salmen unter anderem eine jährliche Grundrente von 200 Gulden. Abgebildet ist eine entsprechende zeitgenössische Münze.*

erklärte Heinrich 1479 Schloss und Unterherrschaft Hemmersbach zum Erblehen und Erboffenschloss der Jülicher Herzöge. Damit gestattete er dem Herzog, das Schloss für kriegerische Auseinandersetzungen oder sogar Privatfehden zu nutzen – allerdings unter der ausdrücklichen Bedingung, weder ihm, Heinrich, noch seinen Erben zu schaden. Im Gegenzug belehnte ihn der Herzog im gleichen Jahr mit Schloss und Unterherrschaft.[5]

Heinrichs Nachfolger, seine Brüder Werner und Wilhelm, schworen 1480 dem Jülicher Herzog den Lehnseid. Als sich der Herzog und seine Bergheimer Beamten in die inneren Angelegenheiten der Herrschaft einmischten, protestierten die beiden Meroder mit dem Hinweis darauf, dass Hemmersbach eine „eygyn vrij heirlichkeit" sei, energisch. Wenig später

UNTEN: *Am 1. Juni 1375 verkaufte Walram von Salmen die Herrschaft Sindorf an Johann III. Scheiffart von Merode. Mit dieser Urkunde erhielt der Verkauf Rechtskraft.*

setzten sie ein weiteres Zeichen ihres politischen Selbstbewusstseins und ihres nicht unbeträchtlichen Einflusses im Rheinland. Sie verweigerten dem Jülicher Herzog die Bezahlung der obligatorischen Türkensteuer, die der Reichstag im Verlauf der so genannten Türkenkriege zur Sicherung der Südostgrenze des Deutschen Reichs genehmigt hatte.

1533 Johann Scheiffart als Förderer des Bottenbroicher Klosters

In Bottenbroich, dem ersten Ort des Rheinischen Braunkohlereviers, der ab 1948 umgesiedelt wurde, war in den 30er Jahren des 13. Jahrhunderts ein Zisterzienserinnenkloster gegründet worden. Nach anfänglicher Blütezeit erlebte das Kloster allerdings einen religiösen sowie wirtschaftlichen Niedergang. Die beiden letzten Nonnen, die übrig geblieben waren, übertrugen das völlig heruntergekommene Kloster 1448 den Zisterziensern aus Kamp, die dort ein Männerkloster einrichteten. Die Scheiffart von Merode, in deren Herrschaft das Kloster lag, waren nicht nur bei der Übertragung und der Neueinrichtung maßgeblich beteiligt, sondern förderten das Kloster auch weiterhin. 1484 konnte mit ihrer Unterstützung die neue Klosterkirche geweiht werden, die 470 Jahre später der Umsiedlung zum Opfer fiel. Auch in der Folgezeit traten sie immer wieder als Wohltäter des Konvents auf.

1506 und 1510 schenkten Werner und sein Neffe Johann dem Kloster den Hof Röttgen mit der Bedingung, dass dieser bei Auflösung des Klosters an die Hemmersbacher Pfarre fallen sollte. (Als im 18. Jahrhundert auf dem Gelände des Hofs Braunkohlevorkommen entdeckt wurden, verhielten sich die Nachkommen weniger fromm: Es kam zu einem langwierigen Rechtsstreit zwischen dem Kloster, der Pfarre und den Merode-Nachfolgern Berghe von Trips um die Abbau-Rechte.)

1533 stifteten Johann Scheiffart von Merode und seine Ehefrau Irmgard von Wisch dem Kloster ein großes Glasgemälde für die Klosterkirche, das die Jahrhunderte überdauerte. Die vorzügliche Glasmalerei, die wohl aus einer Kölner Werkstatt stammt, stellt in drei Bahnen das Jüngste Gericht dar. In den beiden Sockelfeldern sind die Stifter des

Fensters abgebildet: „Im linken Sockelfelde kniet vor dunkelrotem, prächtig damasziertem Grunde, der links den Durchblick in die Landschaft gestattet, in weißem Harnisch vor gelbem Betschemel, auf dem das aufgeschlagene Gebetbuch liegt, mit gefalteten Händen Johann Scheiffart von Merode ... Der Kopf des Stifters, recht edel und ausdrucksvoll gezeichnet, in weißem lockig herabwallenden Haupthaar, ist eine vortreffliche Arbeit; der Ritter selbst ist eine vornehme, kräftige Erscheinung. Ihm gegenüber betet, vor ähnlichem Betpulte kieend, in reich mit Damasten durchwirktem, langem Brokatgewande, seine Gemahlin mit gefalteten Händen, deren Finger goldig beringt sind. Um den Hals trägt sie einen reichen Perlen- und Edelsteinschmuck. Eine schwere Goldkette reicht bis auf das tiefgelbe, schöne Gewand ..."[7] Zwischen den Stiftern sind die beiden Familienwappen zu sehen. Die Widmungsinschrift lautet: „Johan Scheiffart van Merode here zo Hemersbach und Sindorf und Irmgart tochter zo Wiss syn huysfraw".

OBEN: *Glasgemälde, das Johann Scheiffart von Merode und seine Ehefrau Irmgard von Wisch 1533 dem Kloster Bottenbroich stifteten und auf dem das Jüngste Gericht dargestellt ist. Im Sockel des Bildfensters sind links und rechts die Stifter abgebildet, in der Mitte das Allianzwappen der beiden Familien.*

LINKS: *Johann Scheiffart von Merode, Ausschnitt aus dem Glasfenster.*

1566 Der Streit um Hemmersbach beginnt: Merode kontra Vercken

Der Enkel der Fensterstifter, erneut ein Johann Scheiffart von Merode, starb kinderlos. Zunächst schien sich die Nachfolge recht problemlos lösen zu lassen. Der Verstorbene hatte einen Bruder, dessen Sohn Johann – also ebenfalls ein Scheiffart von Merode – drei Jahre später mit Erreichen der Volljährigkeit vom Jülicher Herzog mit Hemmersbach belehnt wurde. Dies wiederum ließen sich Heinrich und Ruprecht von Vercken, als Söhne der Anna von Merode genauso Neffen des letzten Hemmersbachers und Cousins von Johann, mit Hinweis auf den gleichen Verwandtschaftsgrad nicht bieten. Auch sie erhoben verständlicherweise Anspruch. Um weiteren Streitigkeiten aus dem Weg zu gehen, belehnte der Herzog 1566 alle drei mit Hemmersbach.[8] Mittelfristig sollte sich zeigen, dass der Protest von Heinrich und Ruprecht der Familie Vercken keinen unmittelbaren Erfolg brachte, ihre Nachkommen im nächsten Jahrhundert profitierten jedoch durchaus davon!

Was schon den Hemmersbacher Edelherren zu Beginn des 14. Jahrhunderts passiert war, widerfuhr nun auch den Scheiffart von Merode: Der 1566 belehnte Johann starb wie sein Onkel ohne direkte Erben. Um den Besitz für die Familie zu erhalten, musste man mit einer weiblichen Nachfolgerin vorlieb nehmen: Johanns Schwester Maria, die „letztlebende der Scheiffarten familie",[9] trat das Erbe an. Hier von Gleichberechtigung zu sprechen, wäre allerdings völlig verfehlt. Belehnt wurde nämlich 1598 ihr Ehemann Adolf von der Horst. Die Ansprüche der Gebrüder Vercken wurden bei dieser Gelegenheit mit keinem Wort erwähnt.

Adolf von der Horst war offensichtlich sehr um das Wohl der Hemmersbacher Bevölkerung besorgt. Als während des Jülich-Klevischen Erbfolgekriegs die Festung Jülich belagert wurde, fürchtete er „Verderben und Untergang für meine armen Untertanen". Um sie vor den drohenden Kriegsfolgen zu beschützen, legte er bei der Düsseldorfer Regierung einen notariell beglaubigten Protest ein. Inwieweit dies einen Truppendurchmarsch oder sonstige Kriegsschäden verhinderte, ist leider nicht überliefert.

Der Erbfolgestreit zwischen den Brandenburgern auf der einen und den Pfalz-Neuburgern auf der anderen Seite – beide erhoben Anspruch auf die Nachfolge im Herzogtum Jülich-Kleve-Berg-Mark-Ravensberg – endete 1614 und teilte das riesige Herzogtum in zwei Teile. Brandenburg erhielt Kleve-Mark-Ravensberg, der jülich-bergische Landesteil, zu dem Hemmersbach gehörte, wurde dem Pfalz-Neuburger zugesprochen. Kurz nach dem Friedensschluss starb Adolf. Seine Witwe Maria trat sein Erbe an. Nach ihrem Tod fiel der Besitz zurück an den neuen Landesherren, den Pfalzgrafen Wilhelm. Damit endete die 300-jährige Merode-Ära auf und in Hemmersbach. So lange hat dort keine andere Familie residiert. Die Berghe von Trips, die 1751 nach Hemmersbach kamen, blieben „nur" 227 Jahre.

1647 Heinrich von Vercken im Streit mit Nachbarn und Untertanen

Pfalzgraf Wilhelm belehnte 1621 Johann von Vercken mit der Unterherrschaft Hemmersbach. Nun zahlte sich aus, dass dessen Vorfahren schon

OBEN: *Das Wappen der Familie von Vercken, abgebildet in einer Wappenkunde aus dem Jahr 1790.*

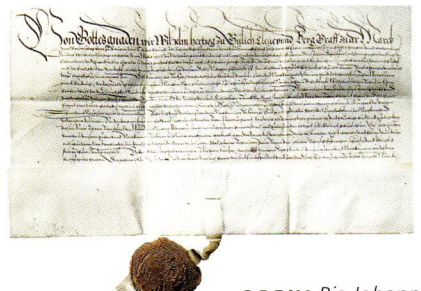

OBEN: *Bis Johann Scheiffart von Merode volljährig war, wurde sein Onkel, Walram von Kendenich, 1562 mit der Herrschaft belehnt.*

OBEN: *Darstellung eines bewaffneten Streits auf einem Kupferstich aus dem 16. Jahrhundert*

RECHTS: *Eine erhaltene Eisenkanone, mit der die Hemmersbacher Herren ihren Besitz verteidigten. Die Kanone befindet sich heute im Museum der Trips-Stiftung.*

1566 ihre Ansprüche auf die Herrschaft nicht nur erhoben, sondern durch die verwandtschaftliche Beziehung auch nachgewiesen hatten. Der Pfalzgraf legte jetzt außerdem fest, dass die Herrschaft bei Ermangelung männlicher Erben an die Töchter der Familie vererbt werden durfte.

1630 trat der noch junge Heinrich von Vercken die Nachfolge seines Vaters an. In den folgenden 48 Jahren bis zu seinem Tod ging Heinrich wohl keiner sich bietenden Auseinandersetzung aus dem Weg. Zu seinen ersten Gegnern zählte der Nachbar im Norden auf Schloss Frens. Der Jagdstreit mit Adolf Sigismund Raitz von Frentz wurde durch Vergleich beendet. Trotz offizieller Belehnung durch den Pfalzgrafen musste sich Heinrich außerdem auch mit Konkurrenten auseinandersetzen, die Ansprüche auf seine Herrschaft erhoben. Erst mit Hilfe des Kaisers konnte er sich letzten Endes durchsetzen. Als diese Probleme endlich bewältigt waren, machte sich auch in Hemmersbach der 30-jährige Krieg bemerkbar, der seit 1618 ganze Landstriche in Deutschland verwüstete. In Hemmersbach verursachten hessische Truppen eine Feuersbrunst, die – wie Heinrich dem Kaiser berichtete – hohen materiellen Schaden anrichtete.[11]

Die Bevölkerung war noch bis zum Ende des alten Reiches zur Durchführung bestimmter Frondienste verpflichtet. Dazu gehörte ausnahmslos für alle, dass sie Tag und Nacht zur Bewachung der Burg Hemmersbach herangezogen werden konnten. Offensichtlich kam dies in den herrschenden Kriegszeiten häufiger vor, als die Menschen neben ihrer täglichen, meist schon beschwerlichen Arbeit bewältigen konnten. Auf jeden Fall befanden eines Tages die Sindorfer, denen man zumindest für diese Zeit eine gewisse Renitenz nachsagen konnte, dass sie dieser Aufgabe nicht mehr nachgehen wollten. Allein aufgrund der Entfernung, die von Sindorf bis zur Burg Hemmersbach sicherlich in den meisten Fällen zu Fuß zurückgelegt werden musste, scheint diese Weigerung aus heutiger Sicht verständlich. Heinrich billigte den Entschluss der Sindorfer natürlich nicht. Erst als der Streit schon bei der höchsten gerichtlichen Instanz des Heiligen Römischen Reichs Deutscher Nation, dem Reichskammergericht in Speyer, anhängig war, lenkte er ein. Zwischen den Einwohnern von Sindorf und Heinrich von Vercken wurde am 29. Dezember 1647 ein Vergleich geschlossen, der in einer imponierenden Pergamenturkunde überliefert ist. Künftig waren die Sindorfer nur noch in äußersten Notzeiten – der 30-jährige Krieg war im Rheinland faktisch schon vorbei – zur „tages und nachts wachten ahm hauß Hemmerßbach" verpflichtet. Für die Hemmersbacher bzw. Horremer galt das jedoch nicht. Allerdings mussten die Sindorfer für die Befreiung von diesem Dienst kräftig bezahlen. Doch gab es eine durchaus soziale Komponente: Die Reichsten, nämlich die Pferdebesitzer, zahlten mit 3 1/2 Talern am meisten, die etwas geringer Bemittelten 3 Taler und diejenigen mit „geringem oder schlechten vermögen" 2 1/2 Taler. Ganz ausgenommen von der Zahlungspflicht waren – wohl auch aus gewissen sozialen Aspekten – der Kuh- und der Schweinehirt sowie die verwitweten Pferdebesitzerinnen, solange sie nicht wieder heirateten. Dass auch der jeweilige Bürgermeister und der jeweilige Schützenkönig nichts geben mussten, war wohl weniger sozial als vielmehr gesellschaftlich begründet ...

Neben Heinrich von Vercken wurde diese Urkunde von allen betroffenen Einwohnern unterschrieben; für diejenigen, die nicht schreiben konnten, zeichnete Pastor Franz Eberhard Scherer. Hochgerechnet erhielt Heinrich von Vercken jährlich etwa 90 Reichstaler von den Sindorfern. Davon konnte er sich mindestens 300 Liter Wein kaufen!![12]

Nicht immer wurden Auseinandersetzungen wie diese friedlich beigelegt. Als der Bote des Kerpener Gerichts 1656 in Hemmersbach erschien, um Heinrich einen Bescheid zuzustellen, dessen Inhalt ihm offenbar nicht gefiel, ließ er den armen Mann gleich von drei Bediensteten verprügeln. Mit der anschließenden konsequenten Reaktion des Kölner Kurfürsten, des seinerzeitigen Kerpener Landesherren, hatte er vermutlich nicht gerechnet. Der Kurfürst ließ alle auf Kerpener Gebiet liegenden Ländereien des Heinrich von Vercken konfiszieren, um damit den Gerichtsboten zu entschädigen. Und zwar nicht nur für den materiellen Schaden, sondern auch für den erlittenen physischen wie psychischen Schmerz.[13]

1678 Philipp Heinrich und Etta Sybilla von Vercken sanieren die Herrschaft

Kein Wunder also, dass Heinrichs Sohn Philipp Heinrich 1678 eine sehr vernachlässigte Herrschaft und ein ziemlich ruinöses Schloss erbte. Er musste sich jedoch nicht allein um den wirtschaftlichen Wiederaufbau in seiner Unterherrschaft kümmern, sondern außerdem die Ansprüche seines

OBEN: *Das Wappen der ehemaligen Gemeinde Sindorf ist einem Schöffensiegel des Jahres 1510 nachempfunden. Es wurde 1937 verliehen und hatte bis 1974 Gültigkeit.*

UNTEN: *Eine Auseinandersetzung Heinrichs von Vercken mit den Sindorfer Einwohnern wurde 1647 durch einen außergerichtlichen Vergleich beendet, dessen Wortlaut in dieser Urkunde festgehalten wurde.*

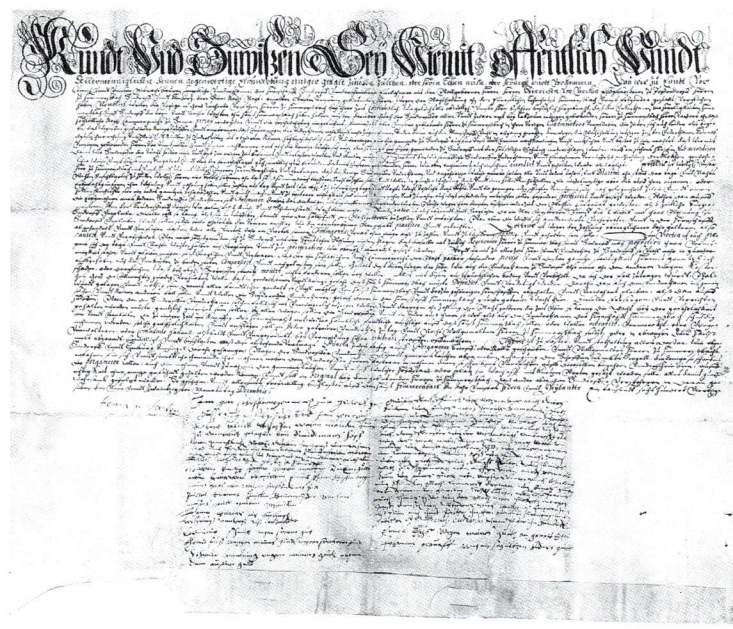

OBEN: *Das Elend als Folge des 30jährigen Krieges. Kupferstich nach Jaques Callot: „Der Blinde und sein Begleiter", von Crépy.*

Bruders auf das väterliche Erbe abwehren, was sich bis 1683 hinzog.[14]

Wie sein Vater stritt auch Philipp Heinrich mit den seiner Meinung nach „widersetztigen" Untertanen in Sindorf.[15] Kaum ein Jahr nach seinem Regierungsantritt beklagten sich die Sindorfer Ende 1679 beim Jülicher Herzog über ihren neuen Herren. Denn um seine finanzielle Misere zu beenden, hatte Philipp Heinrich zu einem bis heute durchaus beliebten Mittel gegriffen – er erhöhte die Steuern. Als er vom Jülicher Herzog angewiesen wurde, die Steuererhöhung zurückzunehmen, ignorierte er dies zunächst und verschaffte sich die geforderten Abgaben ungeachtet des herzoglichen Befehls mit Gewalt. Die Sindorfer schrieben erbittert:

„unser herr hat ... unserem mitnachbahren Johann Grafen 2 pfert gewalttatig auß dem stall weggenommen." Auf den nochmaligen Befehl des Herzogs hin, sowohl die Steuererhöhung zu revidieren als auch die Pferde zurückzugeben, rechtfertigte sich Philipp Heinrich endlich auch schriftlich: Sehr ungern habe er als fürsorglicher Landesvater so drastische Maßnahmen gegen seine aufgewiegelten Untertanen erwogen, aber keine andere Wahl gehabt. Das Recht sei außerdem auf seiner Seite. Darüber hinaus habe er in dem herrschenden Krieg gegen Ludwig XIV. seine Untertanen vor Einquartierungen und Übergriffen der französischen Soldaten verschont. Ob es ihm gelang, den Herzog zu überzeugen, ist

RECHTS: *Luftaufnahme der Burganlage aus den 1950er Jahren.*

nicht überliefert. Auch das weitere Schicksal der beiden Pferde liegt im Dunkeln!

Fest steht aber, dass Philipp Heinrich sich finanziell erholte. Als er sein Erbe angetreten hatte, war die Burg so baufällig, dass in ihr nur zwei Zimmer bewohnbar waren.[16] Die aufwändige Sanierung der gesamten Anlage gelang ihm mit Hilfe seiner Frau, Etta Sybilla, geborene Freifrau von Westerholt. Vermutlich brachte sie die dafür erforderlichen finanziellen Mittel mit in die Ehe. Etta Sybilla stiftete übrigens für die im 16. Jahrhundert erbaute und ebenfalls renovierte Burgkapelle 1707 fünf Messen.

1709 Charlotte von Vercken bittet die Schöffen um Unterstützung

Etta Sybilla und Philipp Heinrich hatten keine Söhne. Aufgrund der Vereinbarung im Lehensbrief von 1621, die auch die weibliche Erbfolge gestattete, konnte ihre Tochter Charlotte nach dem Tod des Vaters 1709 eine sanierte Burg und eine wirtschaftlich gesunde Herrschaft übernehmen.

Nur wenige Tage später bat die neue Herrin die Hemmersbacher Schöffen um ihre Unterstützung bei der Verwaltung der Herrschaft.[17] Da sie bislang keinen Einblick in die Angelegenheiten ihrer Eltern gehabt hatte, forderte sie die Einwohner auf, alle noch offenen Forderungen gegen ihren Vater bis zu einem bestimmten Termin bei ihr anzumelden. Um die Bevölkerung davon zu unterrichten, hängten die Gerichtsboten eine entsprechende Meldung an die Kirchentüren in Hemmersbach, Sindorf und Götzenkirchen.

OBEN: Blick vom äußeren Wassergraben auf den Westflügel der Wirtschaftsgebäude, im Hintergrund der Archivturm. Postkarte aus den 1920er Jahren.

OBEN: Wappen der Familie von Hompesch, abgebildet in einer Wappenkunde aus dem Jahr 1790.

Als Herrin von Hemmersbach war Charlotte auch zuständig für die Ernennung der Pfarrer in Sindorf und Hemmersbach. Dieses Patronatsrecht übten die Hemmersbacher Unterherren seit dem 14. Jahrhundert aus. Von etwa 1550 an wechselten sie sich bei der Bestellung der Pfarrer mit dem Kölner Erzbischof ab. Dabei entstand offensichtlich manchmal Kompetenzgerangel[18]: Als Charlotte von Vercken 1710 Johannes Wilhelm Fuckart zum neuen Sindorfer Pfarrer einsetzte, fühlte sich der Kölner Erzbischof übergangen. Man spricht sogar von einem Protest in Rom. Jedenfalls setzte schließlich der Herzog von Jülich kraft seines Amtes als Landesherr den von Charlotte eingesetzten Pfarrer ab und Johann Wilhelm Wichterich als neuen Pfarrer ein.[19] Ob dies vielleicht auch eine Machtdemonstration gegenüber einer jungen, unerfahrenen und weiblichen Landesherrin war, bleibt offen.

Charlotte war mit dem Geheimrat und Generalmajor Adam Ludwig Graf von Hompesch verheiratet. Als sie 1732 kinderlos starb, erbte ihr Ehemann den Hemmersbacher Besitz. Genau wie Charlotte bat er seine neuen Untertanen um Hilfe, weil er nach eigenen Angaben „ab deroselben ehegemahlin sachen keine son-

LINKS: In dieser Wappenreihe des schon erwähnten Buches erscheinen die Wappen von Familien, die im 17. und 18. Jahrhundert mit den Trips verwandt waren, zum Beispiel die Familien Ingelheim, Geloes und Rathsamhausen.

OBEN: *Wappen der Familie von Bentinck, abgebildet in einer Wappenkunde aus dem Jahr 1790.*

derbahre wißenschaft" hatte. Obwohl von Hompesch nur ein Jahr Herr von Hemmersbach war, nutzte er diese kurze Frist ziemlich effektiv und ließ umfangreiche Sanierungs- und Modernisierungsmaßnahmen durchführen. Er erwies sich als fortschrittlicher Landwirt und ergriff Anstrengungen zur Bodenverbesserung, die die Erhöhung der Ernteerträge bewirkten. Außerdem verklagte er die Sindorfer Einwohner, die sich seit 50 Jahren weigerten, die in dem Vergleich von 1647 vereinbarten so genannten Wachtgelder zu bezahlen. Die Sindorfer mussten nun das Urteil akzeptieren, das sie verpflichtete, quartalsweise 200 Reichstaler zu zahlen.

1733 Neuer Erbfolgestreit in Hemmersbach

Als Graf Hompesch 1733 starb, begann ein jahrzehntelanger, zäher Streit um die Nachfolge in der Unterherrschaft. Mehrere rheinische Adelsfamilien klagten ein Anrecht darauf ein: Als Nachkommen von Anna Scheiffart von Merode machten die Familien Trips und Bentinck ihre Erbansprüche geltend. Außerdem erhoben die Merodes erneut Forderungen und auch die Schaesberger, seit 1712 Reichsgrafen von Kerpen, glaubten, Ansprüche auf die Nachfolge in Hemmersbach nachweisen zu können. Die komplizierte Rechtslage verursachte wahre Aktenberge. Nicht nur im Archiv der Burg Hemmersbach, sondern auch im Hauptstaatsarchiv in Düsseldorf ist umfangreiches, ganze Aktenregale füllendes Prozessmaterial überliefert. Eine erstaunliche Papiermenge – umso erstaunlicher, wenn man sich vergegenwärtigt, dass sie in einer Zeit entstand, in der Akten mühsam von Hand geschrieben wurden und auch eine Kopie weder per Knopfdruck noch auf Durchschreibepapier erstellt werden konnte, sondern genauso mühsam wie das Original Wort für Wort von Hand abgeschrieben werden musste.

Das schwebende Verfahren hielt weder die von Trips noch die von Bentinck davon ab, sich in Urkunden und Akten schon als Herr von Hemmersbach zu bezeichnen. Nach einem Urteil des Reichskammergerichts schlossen sie 1751 einen Vergleich über die Besitzverhältnisse an der Herrschaft.

1751 Franz Adolph Anselm Berghe von Trips erhält Hemmersbach

Unabhängig von dem noch nicht endgültig beigelegten Streit belehnte Carl Theodor Pfalzgraf bei Rhein als Herzog von Jülich 1751 den noch minderjährigen Franz Adolph Anselm Freiherr von Berghe genannt Trips mit den Herrschaften Hemmersbach und Sindorf.[20]

Die Stammburg der Berghe von Trips befindet sich in der Nähe von Heinsberg. Stammvater war der 1232 als Herr von Berghe genannte Goswin Duker. Seit sein Nachfahr Adam von Berghe 1376 Agnes von Trips geheiratet hatte[21], nennt sich die Familie von Berghe genannt Trips oder Berghe von Trips.

RECHTS: *Diese Stammtafel weist die Abstammung der Familien Berghe von Trips, von Bentinck und von Vercken von ihrem gemeinsamen Vorfahr Johannes Scheiffart von Merode nach. Daraus resultierten die jeweiligen Besitzansprüche auf Hemmersbach.*

OBEN: *Eine so genannte Ahnenprobe, mit der die adlige Abstammung von Anna Eleonora von Ingelheim von Mespelbrunn, der Mutter von Franz Adolph Anselm von Trips, nachgewiesen wurde.*

Franz Adolph Anselm, der neue Herr von Hemmersbach, wurde 1732 in Aachen geboren. 1733 erhoben seine Eltern, Johann Heinrich Berghe von Trips und Anna Eleonora von Ingelheim, Anspruch auf die Erbfolge in Hemmersbach. Zur Finanzierung des langwierigen Rechtsstreits mussten sie sich offensichtlich mehrfach Geld leihen. Als Franz Adolph Anselm schließlich 1751 belehnt wurde, war sein Vater schon tot, sodass die Mutter zunächst die Vormundschaft übernahm. Als 20-jähriger heiratete Franz Adolph Maria Theresia von Geloes zu Eysten. Zwei weitere Ehen mit den Schwestern Eleonore Kunigunde und Charlotte von Rathsamhausen folgten. Die wenig fruchtbare Zeit ohne Erben schien zumindest kurzfristig vorbei zu sein – Franz Adolph Anselm hinterließ bei seinem

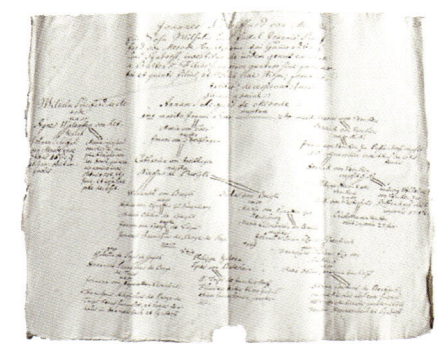

RITTER, FREIHERREN UND REICHSGRAFEN – DIE BURG UND IHRE BEWOHNER

OBEN: *Einer der Trips'schen Vorfahren, dessen Name noch unbekannt ist, stand in militärischen Diensten des Königs von Böhmen und Ungarn.*

Tod insgesamt acht Töchter und drei Söhne, von denen drei Kinder zu diesem Zeitpunkt allerdings bereits verstorben waren.

Der Prozess um die Nachfolge in Hemmersbach wurde erst 1762 definitiv beendet. Die von 1730 bis 1752 unbewohnte Burg Hemmersbach wurde von Franz Adolph Anselm „mit viel Geld"[22] wieder in einen bewohnbaren Zustand versetzt. Wegen noch zu bezahlender Schulden erfolgte diese Renovierung wohl erst 1765. Ob er unmittelbar im Anschluss daran nach Hemmersbach übersiedelte, weiß man nicht genau.

1766 Distelstechen in Hemmersbach

Offenbar waren die Hemmersbacher Untertanen infolge der langen „herrenlosen Zeit" nicht mehr daran gewöhnt und willens, ihren Verpflichtungen dem Burgherren gegenüber nachzukommen. So zeigte sich 1766, dass nach den Sindorfern nun auch die Hemmersbacher zumindest einen Teil ihrer Frondienste nicht freiwillig leisten wollten! Damit nicht genug – selbst der Gerichtsbote widersetzte sich anscheinend der herrschaftlichen Forderung. Folgendes hatte sich abgespielt: Franz Adolph Anselm hatte dem Gerichtsboten Lutz den Auftrag erteilt, die Namen derjenigen herauszusuchen, die verpflichtet waren, „auf der zum Hauß Hemmersbach gehörige so genannte Burg Länderey jährlich die Distelen zu stechen".[23] Eine ausgesprochen praktische Einrichtung, die sich auch heute sicherlich nicht nur Burgherren wünschen – wer zupft schon gern sein Unkraut aus dem Garten! Da Gerichtsbote Lutz des „lesens- und schreibens unerfahren" war, verwundert es nicht, dass er die gesuchte Liste nicht fand, sondern zur Gerichtsverhandlung andere Papiere aus dem Archiv herausgesucht hatte. Nach einer Ermahnung fand man schnell eine Lösung. Lutz war schon so lange im Amt, dass man beschloss, er müsse die Namen derje-

OBEN: *Wappen der Freiherren von Trips vor ihrer Erhöhung in den Reichsgrafenstand, abgebildet in einer Wappenkunde aus dem Jahr 1790.*

LINKS: *Das Burghaus von Osten, 1930er Jahre.*

nigen, die zum Distelstechen verpflichtet waren, auch auswendig kennen. Insgesamt acht Einwohner aus Hemmersbach und weitere zwölf aus Habbelrath wurden also aufgefordert, die Trips'schen Ländereien von den stacheligen Pflanzen zu befreien. Manche waren nur für einen halben Tag, andere für ganze vier Tage dienstverpflichtet. Der gerichtlichen Forderung kamen eine Woche später fast alle genannten Personen nach. Diejenigen, die sich weigerten, erhielten die für damalige Verhältnisse nicht unbeträchtliche Geldstrafe von zwei Goldgulden.

1793 Die Burg brennt

Bis 1789 war es Franz Adolph Anselm nicht gelungen, die Schulden, die bei der Sanierung der Burg entstanden waren, zu begleichen. Daher wurde er aufgrund der Klage des Gläubigers am 23. Dezember 1789 von seinem Landesherrn energisch aufgefordert, die Mittel zurückzuzahlen. Es erging der herzogliche Befehl, „die Klägeren binnen 14 Tagen Zeit zu befriedigen oder Eure Einwendungen dagegen bey Executions-Strafe" vorzubringen.

Zu diesem Zeitpunkt war Düsseldorf, ehemals Hauptstadt des Herzogtums, bereits politischer Nebenschauplatz geworden, da Pfalzgraf Carl Theodor als Landesherr seine Residenz nach München verlegt hatte. Folgenreicher waren jedoch die Ereignisse, die sich 1789 in Frankreich abspielten und wenig später auch im Heiligen Römischen Reich Deutscher Nation für den Umsturz des bisherigen politischen Systems sorgten. Als Folge der Französischen Revolution bedrohten 1793 die Revolutionstruppen die Westgrenze des Reiches, also besonders die linksrheinischen Territorien. Die Soldaten, die das Reich zum Schutz der Grenze aufgeboten hatte, wurden unter anderem auch auf Burg Hemmersbach einquartiert. Franz Adolph Anselm, seine zweite Ehefrau Eleonore Kunigunde Freifrau von Rathsamhausen und die Kinder hatten die Burg bereits verlassen und sich auf rechtsrheinischem Gebiet in Sicherheit gebracht. Die nächste Zeit verbrachte die Familie auf dem Jägerhof vor den Stadttoren Düsseldorfs.

Durch die Unachtsamkeit der auf Burg Hemmersbach untergebrachten österreichischen Soldaten brannte die Burg in der Nacht vom 3. auf den 4. Januar 1793 bis auf die Grundmauern ab. Es entstand ein Schaden von 14.764 Reichstalern. Franz Adolph Anselm ließ seine Schadensersatzforderungen über Pfalzgraf Carl Theodor beim Kaiser in Wien einklagen, doch die Bemühungen blieben erfolglos. Am 16. September 1793 berichtete der kurpfälzische Gesandte, dass das Trips'sche Gesuch schon wiederholt vorgetragen worden sei, aber der Generaldirektor der auswärtigen Angelegenheiten „scheinen den Grundsatz zu haben, dass seine K.K. Majestät weder gehalten noch im Stande seien, dergleichen Entschädigungen zu leisten, indem bei dem gemeinsamen Unglücke des Krieges jeder selbst seinen Anteil zu tragen hätte, der ihn träfe, in welchem Fall selbst die k.k. Unterthanen sich befinden". Trotzdem hatte der Generaldirektor die Angelegenheit dem Obersten Direktorium in Staatssachen „bestens empfohlen". Aber ohne Erfolg – die Düsseldorfer Verwaltung wurde im Dezember angewiesen, dem Freiherrn von Trips die ablehnende Nachricht mitzuteilen.[24]

1796 bezifferte die Familie erneut alle Verluste, die ihr infolge der Revolutionskriege auf allen linksrheinischen Besitzungen entstanden waren. Dabei wurden nicht nur bauliche Schäden aufgelistet, sondern man hatte darüber hinaus Kontributionen zahlen und die französischen Truppen mit Heu, Stroh, Getreide, Pferden und Fuhrwerken versorgen müssen. Auch der Jägerhof, nach der Flucht als Familienwohnsitz genutzt, war beschlagnahmt und in ein Hospital verwandelt worden. Die Familie musste danach ein vermutlich wenig standesgemäßes Mietshaus in Düsseldorf beziehen! Der gesamte der Familie so entstandene Schaden summierte sich ihren Berechnungen zufolge auf 33.314 Reichstaler.

1796 Die Berghe von Trips werden Reichsgrafen

Was schon sein Vater erfolglos versucht hatte, gelang Franz Adolph Anselm 1796: Franz II., Kaiser des Heiligen Römischen Reichs Deutscher Nation, erhob ihn am 27. März 1796 in den Reichsgrafenstand.[25] Die aufwändige Urkunde mit der imponierenden kaiserlichen Bulle täuscht allerdings zunächst darüber hinweg, dass die Standeserhebung zu diesem Zeitpunkt faktisch keine Auswirkungen mehr hatte. 1794 hatten die französischen Revolutionstruppen das komplette linke Rheinufer besetzt. Das Gebiet wurde unter französische Ver-

UNTEN: *Kaiser Franz II. ernannte Franz Adolph Anselm Berghe von Trips 1796 zum Reichsgrafen. Mit dieser Standeserhöhung veränderte sich auch das Familienwappen, es wurde „vermehrt".*

OBEN: *Kaiserliche Bulle zur Erhebung der Familie Trips in den Reichsgrafenstand.*

LINKS: *Die Ahnenprobe von Maria Franziska Berghe von Trips, einer Schwester von Ignaz, weist ihre standesgemäße adlige Abstammung für die geplante Ehe nach.*

korierter kaiserlicher General, wurde gelobt. Auch Tochter Maria Franziskas Vermählung mit dem Erbprinzen von Hessen-Philippstal wurde gewürdigt. Für den Erbprinzen war diese Heirat eine fast unstandesgemäße Beziehung. Maria Franziska musste für die Eheschließung in einer so genannten Ahnenprobe in der Reihe der Urururgroßeltern insgesamt 32 adlige Ahnen aufweisen! Es wurde auf das „hinlänglich" vorhandene Vermögen verwiesen, aber auch darauf, dass Franz Adolph Anselm selbst die Erhöhung beantragt hatte.

waltung gestellt und schließlich Frankreich angegliedert. Die Abtretung der linksrheinischen Gebiete wurde in den nachfolgenden Jahren zwischen 1797 und 1801 von Preußen, Österreich und dem Deutschen Reich sanktioniert. Die normalerweise mit der Standeserhöhung einhergehende Konsequenz, nämlich die unmittelbare Unterstellung unter den Kaiser ohne den zwischengeschalteten kurpfälzischen Landesherren, trat also de facto nicht mehr ein.

Die Verleihung der Reichsgrafenwürde brachte auch eine so genannte „Vermehrung" des Wappens mit sich, das in der Urkunde ebenfalls abgebildet und beschrieben ist. Der Wahlspruch der Familie lautete künftig: „In hoc signo vinces", „In diesem Zeichen sollst Du siegen." Dieses Leitmotiv übernahm im 20. Jahrhundert auch der letzte Vertreter der Familie, der Formel 1-Rennfahrer Wolfgang Reichsgraf Berghe von Trips, der 1961 in Monza tödlich verunglückte.

Die Begründung für die Standeserhöhung umfasste in der Urkunde insgesamt 14 Seiten und wies auf die Leistungen und den Gehorsam der Trips'schen Vorfahren hin. Besonders Onkel Adolf Sigismund, ein hochde-

LINKS: *Maria Franziska Reichsgräfin Berghe von Trips, verheiratet mit dem Erbprinzen von Hessen-Philippstal. Auf dem Gemälde erkennt man die Freilegungsproben für die Restaurierungsarbeiten.*

Was ist eine Ahnenprobe?

Bei einer Ahnenprobe, auch Aufschwörung genannt, handelt es sich um die spezielle Form einer Stammtafel, mit der die reinadlige Abstammung der Probandin bzw. des Probanden bis in bestimmte Generationen nachzuweisen war. Diese Nachweise waren die Voraussetzung für dynastische oder auch ständische Ansprüche aller Art, z.B. die Aufnahme in dem Adel vorbehaltene Stifte, Domkapitel, ritterliche Orden oder Stellen bei Hof. Dabei variierte die Zahl der nachzuweisenden Ahnen. Infolge der Potenzierung der Anzahl der Vorfahren kommt es bei der Aufstellung von Ahnenproben zu enormen Dimensionen. Während die Generation der Urururgroßeltern – das wäre die 6. Generation – 32 Personen umfasst, sind dies in der 10. Generation schon 512 Ahnen. Eine einzige nicht standesgemäße Eheschließung verursacht sehr schnell große Lücken im Gesamtbild der wappenführenden Familien.

Im Archiv der Burg Hemmersbach befinden sich etliche Ahnenproben aus dem 17. und 18. Jahrhundert, überwiegend von weiblichen Familienmitgliedern. Die Damen mussten ihre reinadlige Abstammung von 8 Urgroßeltern oder 16 Ururgroßeltern, wahrscheinlich für die Eheschließung, nachweisen. Maria Franziska, eine Tochter von Franz Adolph Anselm, musste für ihre Eheschließung mit dem Erbprinzen von Hessen-Philippstal immerhin schon Adligkeit bis in die 32 Personen umfassende Generation der Urururgroßeltern belegen.

Obwohl bereits Clemens August Berghe von Trips 1812 die Bürgerliche Friederike Maria Pauli heiratete, blieben die Berghe von Trips sonst weiter bei einer standesgemäßen Wahl ihrer jeweiligen Ehepartner. Dieses Standesbewusstsein zeigte sich noch im 20. Jahrhundert, als man 1921 von Eduard Berghe von Trips verlangte, eine „Dame mit adligen Eltern" zu heiraten.

1799 Ignaz Eduard tritt das Erbe an

Die beiden Söhne aus der ersten Ehe Franz Adolph Anselms, Karl Ferdinand und Franz Carl, waren 1799 bereits verstorben. Franz Carl, der Zweitälteste, hätte die Erbfolge sowieso nie antreten dürfen. Zwischen ihm und seinem Vater war es wegen betrügerischer Wechselschulden Franz Carls zu einem Prozess gekommen, der 1790 seinen Höhepunkt erreicht hatte. Franz Adolph Anselm ließ seinen eigenen Sohn arrestieren und im Neusser Alexianerkloster festsetzen. Er schloss mit dem Kloster einen Vertrag über die Festsetzung, Unterbringung und Verpflegung Franz Carls.[26]

Erbberechtigt war nun der drittälteste Sohn aus der zweiten Ehe mit Eleonore Kunigunde von Rathsamhausen, der 1771 geborene Ignaz Eduard. Genau wie sein Vater, der als „kurpfälzisch-bayrischer wirklicher geheimer Rat, bergischer Oberst-Jägermeister, General-Buschinspektor und Ritter des kurpfälzischen Löwenordens" gestorben war, strebte Ignaz Eduard eine Karriere am Hof in Düsseldorf oder sogar in München an.

Im Alter von 17 Jahren immatrikulierte sich Ignaz an der Universität Heidelberg. Der im ständischen System des Ancien Régime aufgewachsene junge Freiherr von Trips genoss selbstverständlich die ihm zustehenden Vorrechte des Adels. So genehmigte der Rektor der Universität dem erst 18-jährigen, im Gebiet jenseits des Neckars zu jagen. Nachdem Ignaz 1789 bei der Garde des Prinzen von Liège zum „Cornette des gardes" ernannt worden war, wechselte er 1791 an die Universität Göttingen und scheint dort sein Studium beendet zu haben. 1793 zum „wirklichen jülich-bergischen Hofrat" befördert, stellte Kurfürst Maximilian ihm 1799 – kurz vor dem Tod seines Vaters – das Patent auf die Nachfolge im Amt des bergischen Oberstjägermeisters aus. Der Kurfürst begründete die Verleihung ausdrücklich mit den Verdiensten, die sich Ignaz im Laufe der Revolutionskriege erworben hatte. Nach dem Tod des Vaters erbte er auch dessen Amt als bergischer Forstinspektor.

Obwohl diese Ämter entsprechend dotiert waren, war Ignaz' finanzielle Lage bei Antritt des Hemmersbacher Erbes katastrophal. Mittlerweile zeigten sich nicht nur die politischen, sondern auch die wirtschaftlichen Folgen der Revolution. Der Adel hatte nicht allein seine landesherrliche Stellung und damit verbundene Vorrechte, sondern auch den Anspruch auf die meisten seiner Einnahmen verloren. Ignaz selbst beschrieb die scheinbar ausweglose Situation in seinem Lebensrückblick folgendermaßen: „... diese Schulden betrugen beim Absterben meines Vaters 80.000 Reichstaler. Alle Güter, ohne Ausnahme, hätten demnach verkauft werden müssen. Und da zu der Zeit schon die Grundpachten, der Waldertrag, die Zehnten, die Accise, die Weggelder, die Schafweiden, die Steuerfreiheit, die Hand- und Spanndienste, die Jagden und die Fischerei-Gerechtsame und die Banalität zweyer Mühlen verloren waren, auch das Stammhaus Hemmersbach, die Nebengebäude und eine Mühle in Schutt und Asche lagen: überhaupt in jenen furchtbaren Kriegszeiten des französischen Vandalismus die Güter keinen Werth mehr hatten; so würde für jeden der Erben wirklich gar nichts übrig geblieben seyn..."[27] Die zehn Geschwister von Ignaz verzichteten gegen eine Rentenzahlung auf ihr Erbe. Er selbst ergriff die Initiative und versuchte, die Schulden des Vaters abzubezahlen.

1802 Ein Ehevertrag für Ignaz Eduard und Maria Elisabeth

Am 19. März 1802 schlossen Ignaz Eduard und Elisabeth Freiin von Lemmen einen Heiratsvertrag, der die finanzielle Seite ihrer Beziehung genau regelte. Das Ehepaar wohnte zunächst in Düsseldorf zur Miete. Streitigkeiten mit dem Hausbesitzer, dem Erbgrafen und Geheimrat von Bohlen, über rückständige Mietzahlungen zeigen, dass sich die finanzielle Lage wohl noch nicht gebessert hatte.[28]

Das änderte sich, als Elisabeth nach dem Tod ihrer Mutter 150.000 Reichstaler an Kapitalien und 50.000 Reichstaler in bar erbte. Das Vermögen stammte offenbar aus dem Verkauf des Familienbesitzes an die Fürsten von Thurn und Taxis. Trotz des Ehevertrags konnte Ignaz frei über das Vermögen verfügen und war deshalb in der Lage, Schulden und Verbindlichkeiten abzulösen. Ignaz und Elisabeth erwarben ein Haus an der Breite Straße in Düsseldorf, das sie bis zu Ignaz Tod im Jahr 1842 auch bewohnten.

1815 waren das Rheinland und damit auch der linksrheinische Familienbesitz der Berghe von Trips an Preußen gefallen. Neuer Landesherr wurde der Protestant König Friedrich Wilhelm III. von Preußen. Der „Bürger Trips" wurde im Zuge der so genannten Restauration wieder zum Reichsgrafen Berghe von Trips. Die adligen Vorrechte des Ancien Régime blieben jedoch abgeschafft. Aber in der preußischen Verfassung waren genug ständische Elemente verankert, um dem Adel ein angenehmes Leben zu ermöglichen.

UNTEN: *1789 erhielt Ignaz Berghe von Trips im Alter von 18 Jahren die Ernennung zum „Cornette des Gardes", also zum Fahnenjunker der Garde des Prinzen von Liège.*

LINKS: *Elisabeth Freifrau von Lemmen (1771-1854) und ihr Gatte Ignaz Eduard Reichsgraf Berghe von Trips (1771-1842).*

Ignaz war nun in der Lage, das Leben eines wohlhabenden Privatiers zu führen. Er ging seinen vielseitigen politischen und wissenschaftlichen Interessen nach und kümmerte sich um das familiäre Vermögen. Während er sich in Düsseldorf als eher liberaler Abgeordneter des preußischen Landtags präsentierte, zeigte er sich gegenüber der Hemmersbach-Sindorfer Bevölkerung noch gern als Patriarch, auch wenn ihm diese Stellung nicht mehr zukam.

Seit Mitte der 1830er Jahre verfolgte Ignaz den Plan, die notdürftig hergerichtete Burg Hemmersbach wieder zum repräsentativen Herrenhaus herstellen zu lassen (s. S. 42-46).[29] Der Neubau nach Plänen des Kölner Architekten Wallé begann im Frühjahr 1839 und scheint 1842 vollendet worden zu sein.

1840 Ignaz und Elisabeth errichten ein Familien-Fideikommiss

Ignaz hatte den ererbten und mit hohen Schulden belasteten Familienbesitz nur retten können, weil er sich mit seinen Geschwistern auf eine Verrentung ihrer Erbansprüche einigen konnte. Parallel zu den Planungen für den Neubau der Burg kümmerten sich Ignaz und Elisabeth daher um die Errichtung eines so genannten Familien-Fideikommiss, eines seit Jahrhunderten probaten Mittels zur Verhinderung der Erbteilung. Damit stellten sie die weitere Zukunft des mit hohem persönlichen Engagement gesicherten Familienbesitzes sicher, denn künftig durfte der Besitz nur noch ungeteilt an eine Person – natürlich in erster Linie männlichen Geschlechts – weitervererbt werden.[30]

Bestandteil der Errichtungs-Urkunde war ein Verzeichnis der zum Fideikommiss gehörenden Güter. Es nannte

Was ist ein Fideikommiss?

Übersetzt bedeutet der aus dem lateinischen stammende Rechtsbegriff „zu treuen Händen überlassen". Dabei wird ein Vermögen – entweder aus einem einzelnen Gegenstand oder mehreren Sachen bestehend –, das einer Familie dauernd erhalten bleiben soll, ungeteilt einer in der Regel männlichen Person zugewandt, die die Nutzungsrechte, aber keine Verfügungsrechte hinsichtlich möglicher Veräußerungen oder Belastungen hat. Die Rechtsfigur des Fideikommiss entstand im Hochmittelalter, als zunächst der Adel durch Familienverträge bzw. Hausgesetze Erbteilungen ausschloss.

Preußisch korrekt bedurfte die Errichtung eines solchen Fideikommisses der Zustimmung von König Friedrich Wilhelm III.: „Nachdem des Königs Majestät auf unsere allerunterthänigste Bitte allergnädigst geruhet haben, mittelst Allerhöchsten Cabinets-Ordre vom 12ten Januar 1838 zu gestatten, ein Familien-Fideikommiß zu errichten, so errichten wir solches hierdurch und kraft dieses wie folgt: Artikel 1. Sämtliche ... in den Regierungs-Bezirken Cöln, Coblenz, Aachen und Düsseldorf belegenen, unserer ganz freien Disposition uns eigenthümlich zustehenden schuldenfreien und überall zur Zeit mit keinen Fideikommissen und Lehns-Nexus behafteten Güter und Grundbesitzungen nebst dazugehörigen Bergwerken, Jagden, Fischereien und anderen Rechten, sollen nach den weiter unten folgenden Bestimmungen ein beständiges Familien-Fideikommiß der gräflichen Familie Bergh von Trips bilden, dergestalt, daß darin nach unserem beiderseitigen Absterben in Zukunft nur einer succediren und diese Güther immerfort ungetheilt bei einander bleiben, ein mit Versorgungs-Summen oder Dotirungen für nachgeborene Söhne und Töchter beschwert, auch mit keinen Schulden und Hypotheken belastet und vorbehaltlich der im Artikel 14 getroffenen Bestimmungen weder ganz noch zum Theil veräußert werden dürfen ... Artikel 3: Es soll bei diesem Fideikommiß zu Gunsten des Mannesstammes die Primogenitur eintreten, das heißt, die Succession darin nach einem mit dem Rechte der Erstgeburt stattfinden ..."

OBEN: *Offiziersharnisch, 19. Jahrhundert.*

Elisabeth als Mitstifterin brachte ihr nicht unbeträchtliches Erbe mit in den Fideikommiss ein, verzichtete aber ausdrücklich auf die Benennung von Erben aus ihrer Familie, überließ also den Besitz den Berghe von Trips. Ignaz selbst ließ sich die Möglichkeit einräumen, gegebenenfalls statt eines Mannes auch eine „Frauensperson" als Erbin einzusetzen. Für den Fall, dass Ignaz testamentarisch keinen oder keinen geeigneten Erben bestimmt haben sollte, wurde verfügt, dass „die in der Ehe unseres respective Bruders und Schwagers, des königlich baierischen Oberstlieutenants Grafen Clemens Bergh von Trips zu Passau und dessen Frau Gemahlin Friederike Pauli erzeugten Söhne respective deren eheliche männliche Descendenten ... zur Succession" gelangen sollten.

Dem neu errichteten Familien-Fideikommiss war keine lange Zukunft gegönnt. Die Weimarer Reichsverfassung, die erste demokratische Verfassung in Deutschland, bestimmte die Auflösung der Fideikommisse, da die Verhinderung der Erbteilung, also einer gerechten Teilung des Erbes, gewissen demokratischen Grundrechten widersprach. Knapp 80 Jahre nach Errichtung des Berghe von Trips'schen Fideikommisses durch die Cabinets-Ordre Friedrich Wilhelms III. erließ die Preußische Regierung in Berlin am 10. März 1919 ein Gesetz, das die Auflösung der Familiengüter bis zum 1. April 1921 forderte.

RECHTS: *Clemens August Berghe von Trips, ein Bruder von Ignaz Eduard. Das Emailbild zeigt ihn in seiner bayrischen Uniform.*

neben dem Hemmersbacher Stammsitz mit den beiden Mühlen einen weiteren Rittersitz in Juntersdorf mit zugehöriger Mühle, ein Braunkohlebergwerk in Türnich – die Grube Röttgen – , ein Weingut bei Unkel, außerdem etliche Häuser, Ländereien und Waldflächen. Das Düsseldorfer Haus, in dem das Ehepaar wohnte, wurde ebenfalls als Fideikommiss-Besitz tituliert. Allerdings behielten sich Ignaz und Elisabeth den Verkauf dieses Hauses vor.

Ignaz starb am 19. April 1842 in Düsseldorf. Er hat die neu aufgebaute Burg Hemmersbach, letztlich wohl die Krönung seines Lebenswerks, tragischerweise selbst nicht mehr bewohnen können.

In aller Eile ließ seine Witwe Elisabeth – sicherlich auf seinen Wunsch hin – nach seinem Tod die neue, an der Hauskapelle errichtete Gruft einsegnen. Am 23. April 1842 wurde Ignaz Eduard Berghe von Trips in Hemmersbach bestattet.[31]

Elisabeth und Ignaz hatten keine Kinder. Nach dem Tod ihres Mannes führte Elisabeth die Geschäfte weiter. In seinem Testament aus dem Jahr 1841 hatte Ignaz bereits seinen Neffen Eduard Franz Oskar Clemens zum Universalerben eingesetzt. Er war ein Sohn seines Halbbruders aus der Ehe mit Charlotte von Rathsamhausen, des am 27. April 1789 in Hemmersbach geborenen Clemens August, der auch in der Fideikommiss-Urkunde bereits erwähnt wurde. Clemens August hatte 1812 die Bürgerliche Friederike Maria Pauli geheiratet. In der familiären Stammtafel erscheint bei Friederike Maria an der für die jeweiligen Wappen vorgesehenen Stelle der Vermerk „den Adel im Herzen". Als 1925, 113 Jahre später, Graf Eduard ebenfalls eine Bürgerliche, nämlich Adelheid Melzer aus Bonn heiratete, zeigte sich die Familie nicht so tolerant!

Clemens August, Offizier des Königreichs Bayern, und Maria Friederike lebten in Bayern. Zwischen 1814 und 1824 wurden in Erlangen und München sieben Söhne und zwei Töchter geboren. Fünf der Kinder erlebten nicht einmal ihren zweiten Geburtstag.

RECHTS: *Die letzte Seite des Trips'schen Wappenbuches zeigt Wappen des 18. und 19. Jahrhunderts, darunter auch das der Familie von Bertha Gräfin Quadt-Wickradt-Isny.*

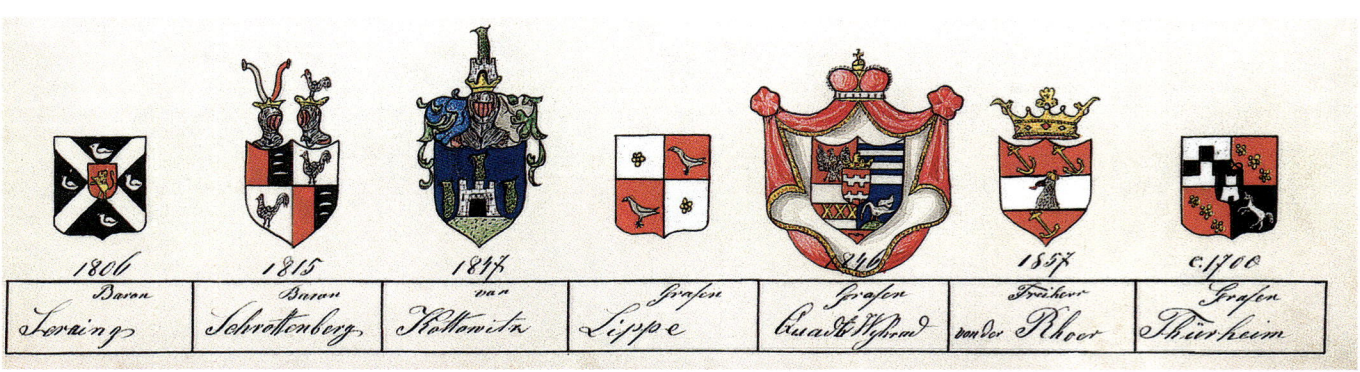

RITTER, FREIHERREN UND REICHSGRAFEN – DIE BURG UND IHRE BEWOHNER

LINKS: *Eduard Franz Oskar Clemens Reichsgraf Berghe von Trips (1814-1856) und seine Gattin Bertha Gräfin von Quadt-Wickrath (1816-1899).*

1846 Eduard Franz Oskar Clemens heiratet Bertha Gräfin von Quadt-Wickrath

Als 1846 ihr ältester Sohn Eduard Franz Oskar Clemens einen Ehevertrag mit Bertha Gräfin von Quadt-Wickrath zu Isny abschloss, wohnten seine Eltern in Nürnberg.[32] Der Bräutigam selbst stand als Offizier im Dienst des preußischen Königs und hatte eine Wohnung in Düsseldorf-Benrath. Zu dieser Zeit verwaltete Elisabeth noch die familiären Geschäfte und zahlte dem Neffen eine Rente von 2.000 preußischen Talern. Erst nach Elisabeths Tod sollte ihm der Familienbesitz übertragen werden. Elisabeth starb am 7. Oktober 1854 in Düsseldorf und wurde neben ihrem Ehemann Ignaz in der kleinen Gruft an der Hauskapelle beigesetzt. Elisabeth setzte die Frau ihres Neffen Eduard Franz, Gräfin Bertha, zur Universalerbin ihres persönlichen, noch immer umfangreichen Vermögens ein. Zu Lebzeiten hatte sie sich als besondere Wohltäterin in Horrem und Sindorf gezeigt. Zahlreiche, noch heute vorhandene Stiftungen zeugen von ihrer Großzügigkeit. Den Anbau an der Clemenskirche in den Jahren 1851-1852 machte sie durch ihre Spende überhaupt erst möglich.

Obwohl Eduard Franz Oskar Clemens und Bertha mit ihren fünf Kindern inzwischen in Hemmersbach lebten, nahmen sie weiterhin auch am gesellschaftlichen Leben in Düsseldorf teil. Besonders die Veranstaltungen der Düsseldorfer Künstlergesellschaft „Malkasten" besuchten sie regelmäßig. Während man von zumindest einer Reise der ganzen Familie nach Bayern weiß – wohl zur Familie von Bertha nach Isny – sind weitere Reisen, eventuell auch in das europäische Ausland, nicht überliefert.

Die gräfliche Familie spielte auch eine wichtige Rolle im Gemeindeleben der Bürgermeisterei Sindorf. 1855 widmeten Sindorfer Schulkinder Graf und Gräfin Briefe und Gedichte auf Schmuckblättern. Als Eduard Franz Oskar 1856 im Alter von nur 42 Jahren in Köln starb, trat formal der erst sechsjährige Sohn Clemens Maximilian sein Erbe an. Die Leiche Eduards wurde nach Hemmersbach überführt und in der neu errichteten Familiengruft auf dem Friedhof an der Clemenskirche beigesetzt.

1856 Clemens Maximilian übernimmt die Verwaltung

Clemens Maximilian war am 29. Juni 1850 in Hemmersbach geboren worden. Bis zum Erreichen der Volljährigkeit wird wahrscheinlich seine Mutter Bertha die Geschäfte geführt haben.

LINKS: *Eintrittskarte zum Maskenball im Düsseldorfer Malkasten aus dem Jahr 1852.*

RECHTS: *Clemens Maximilian Reichsgraf Berghe von Trips (1850-1921).*

UNTEN: *Burg Hemmersbach im Jahr 2001.*

Entsprechend der Familientradition trat Clemens Maximilian eine militärische Laufbahn an und bewährte sich im Alter von nur 20 Jahren im Deutsch-Französischen Krieg 1870/71, der bekanntlich die Gründung des Deutschen Kaiserreichs zur Folge hatte.

Im Alter von fast 40 Jahren heiratete Clemens 1889 die erst 18-jährige Eugenie Reichsfreiin von Fürstenberg-Obsinnig. 1890 wurde die erste Tochter Berta geboren, 1892 die zweite Tochter Anna. Am 5. November 1893 kam als ältester Sohn Eduard zur Welt. Bis 1906 folgten den Erstgeborenen 11 weitere Kinder.

1899 ließ Clemens Maximilian Burg Hemmersbach nach Plänen des Architekten Karl Thoma umbauen und erweitern – vermutlich auch, um seiner Stellung am Berliner Hof gerecht zu werden. Nachdem Kaiser Wilhelm I. ihn zum Kammerjunker ernannt hatte, wurde er von dessen Enkel, Kaiser Wilhelm II., zum königlich preußischen Kämmerer bestellt. 1908 soll ihm der Kaiser sogar eine goldene Taschenuhr geschenkt haben. Im gleichen Jahr übereignete Clemens der Kirchengemeinde ein Grundstück zum Bau einer neuen Kirche. Wenig später erhielt die Kirchengemeinde ein weiteres Grundstück für Zwecke des Jünglings-Vereins und der Sebastianus-Bruderschaft.

Im Ersten Weltkrieg leistete Clemens Maximilian trotz seines hohen Alters noch aktiven Dienst und wurde 1916 mit dem Eisernen Kreuz II. Klasse ausgezeichnet. Als treuer Monarchist hat er das Ende des Kaiserreichs, das verbunden war mit dem Verlust aller ständischen Vorrechte des Adels, sicher nicht begrüßt.

Da die Weimarer Verfassung die

Auflösung der Familien-Fideikommisse forderte, schlossen Clemens Maximilian, seine Frau Eugenie und der älteste Sohn Eduard am 11. Juli 1921 einen Erbvertrag. Alle drei erklärten, dass man weiterhin bemüht sein werde, das Stammvermögen, also die Burg Hemmersbach mit dem dazu gehörigen Grundbesitz, zu erhalten. „Auf der anderen Seite sind wir aber auch gewillt, die übrigen jetzt vorhandenen Kinder und deren Abkömmlinge besser zu stellen, als es die bestehenden gesetzlichen und fideikommissarischen Bestimmungen zur Zeit zulassen."[33] Eduard wurde zwar zum Haupterben eingesetzt, er musste aber seine vier Brüder und sieben Schwestern entsprechend entschädigen. Wie all die Jahrhunderte vorher auch hier keine Spur von Gleichberechtigung: „… jeder der Söhne soll die Hälfte mehr als jede einzelne Tochter erhalten." Höchst kompliziert wurde errechnet, dass nach dieser Regelung jeder Sohn Anspruch auf 3/36 und jede Tochter auf 2/36 der noch zu verteilenden Güter hatte. Die Geschwister hatten außerdem bis zur Verheiratung das Recht, auf der Burg zu wohnen. Auch Gräfin Eugenie wurde durch Rentenzahlungen und lebenslängliche Nießbrauchrechte entsprechend entschädigt. Abschlie-

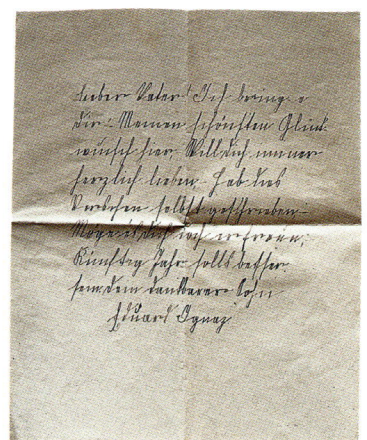

OBEN: *Dieses handgeschriebene Gedicht widmete Graf Eduard seinem Vater Clemens Maximilian, wahrscheinlich zum Geburts- oder Namenstag. Es muss um 1900 entstanden sein.*

LINKS: *Wilhelm II. zu Pferde während des Ersten Weltkriegs. Auch Clemens Maximilian, vom Kaiser zum „Königlich Preußischen Kämmerer" befördert, leistete ungeachtet seines hohen Alters noch Kriegsdienst.*

ßend versprach Graf Eduard auf Wunsch seines Vaters und im Interesse des familiären Ansehens, nur eine Dame von „tadellosem Ruf und von adeligen Eltern" zu heiraten.

Den Niedergang der jungen Weimarer Republik erlebte Clemens Maximilian nicht mehr. Er starb am 6. September 1921 als „Päpstlicher Geheimkämmerer, Königlich-Preußischer Kammerherr, Kirchenvorsteher und Rittmeister a.D.", wie es auf seinem Totenzettel hieß. Dort wurde er so charakterisiert: „Der Verstorbene war ein treuer Sohn seiner heiligen Kirche in Gesinnung und Tat; in seiner Familie wie in der Oeffentlichkeit übte er seinen Glauben und seiner besonderen Freigebigkeit erfreute sich seine Pfarrgemeinde. Mit der Treue zur Kirche verband er große Anhänglichkeit an sein Vaterland, dem er im Kriege 1870/71 und zuletzt noch im Weltkriege seine Dienste widmete. Auch seiner Heimatgemeinde war er stets zugetan und verkehrte in leutseliger Weise bei frohen und ernsten Anlässen mit jedermann. Darum wird sein Andenken ein gesegnetes bleiben bei allen, die seinen edlen Charakter und rechtlichen Sinn kannten und schätzten." Clemens Maximilian erhielt seine letzte Ruhestätte in der Familiengruft an der Clemenskirche.

Seine erst 50-jährige Witwe Eugenie blieb mit den zum Teil noch minderjährigen Kindern auf Burg Hemmersbach. Graf Eduard, der Haupterbe, hatte mittlerweile einen Wohnsitz in Bonn. Die Auflösung des Familien-Fideikommisses gestaltete sich schwieriger als bei der ersten vertraglichen Regelung erwartet. Erst 1929 schlossen Gräfin Eugenie, Graf Eduard und die 11 Geschwister – zwei davon befanden sich auf Java und wurden vertreten – einen Vergleich bezüglich des 1921 geschlossenen Erbvertrags, der diesen bis auf einige Abweichungen allerdings doch bestätigte. Zu

RECHTS: *Reichsgraf Clemens Maximilian war Ehrenmitglied im „Kameradschaftsverein der ehemaligen Cöln 67er" von 1913.*

UNTEN: *In den 1950er Jahren wurden zwei Balkone am Herrenhaus angebaut.*

diesem Zweck hatten sich auf der Burg etliche hochrangige Mitglieder des Auflösungsamtes für Familiengüter in Köln versammelt.

Gräfin Eugenie verließ die Burg 1930 und zog zu Verwandten auf die Burg Lede bei Bonn. Dort starb sie im Alter von 82 Jahren nach längerer Krankheit am 9. Februar 1953.

1925 Adelheid Melzer wird Gräfin Trips

Eduard hatte eine standesgemäße Berufswahl getroffen und war 1911 dem 5. Ulanenregiment des preußischen Königs beigetreten. Nach Ausbruch des Krieges kämpfte er als Unteroffizier an der Ostfront. 1915 zum Fähnrich der Kavallerie befördert, erlebte er die Kriegsjahre von 1916 bis 1918 in Galizien und an der Westfront. 1920 wurde er mit „lebenslänglicher Dienstzeitversorgung" aus dem Dienst entlassen.

Eduard Graf Berghe von Trips hatte bereits 1918 die Bürgerliche Adelheid Melzer kennengelernt. Trotz des im Erbvertrag gemachten Versprechens heirateten Eduard und Adelheid, genannt Thessa, am 27. Mai 1925 in Bonn. Ihr erster und einziger Sohn Wolfgang Alexander kam am 4. Mai 1928 in Köln zur Welt.

1932 Wolfgang erobert Hemmersbach

1932, als Wolfgang vier Jahre alt war, zog die Familie zusammen mit Thessas Eltern auf die Burg. Graf Eduard, begeisterter Reiter und hervorragender Jäger, übernahm die Leitung des landwirtschaftlichen Betriebs auf Hemmersbach, der zu den größten im damaligen Kreis Bergheim gehörte.

Wolfgang verlebte nach seinen eigenen Worten eine herrliche Kindheit auf Burg Hemmersbach.[34] Unberührt

OBEN: *Persönliche Erinnerungsstücke von Graf Eduard und Gräfin Thessa (Thela) an ihre Hochzeit.*

von den Folgen der Wirtschaftskrise, die zahlreiche Familien in Deutschland in große materielle Not stürzte, wuchs Wolfgang als Einzelkind – behütet nicht nur von Eltern und Großeltern, sondern zusätzlich von einer Erzieherin – zunächst isoliert von anderen Jugendlichen auf. Nach den ersten Jahren an der Schule in Horrem besuchte er anschließend das Bergheimer Gymnasium.

Seit 1935 begleitete er seine rennsportbegeisterten Eltern, die im Juni 1927 das Eröffnungsrennen an der neuen Strecke in der Eifel besucht hatten, bei Besuchen auf dem Nürburgring. Damit weckten sie Wolfgangs Interesse an Technik, der schon in diesem Alter heimlich mit den Autos in Hemmersbach fuhr. Wann aus diesem Interesse ein Berufswunsch wurde, weiß man nicht genau. Lange

Zeit hielten nicht nur Wolfgangs Eltern, sondern auch er selbst an dem Ziel fest, den landwirtschaftlichen Betrieb in Hemmersbach zu übernehmen.

Wolfgangs schulischer Werdegang wurde durch langwierige Krankheiten und schließlich den Zweiten Weltkrieg unterbrochen. Mit Fortdauer des Krieges erlebten die Bewohner der Burg nicht nur die Schrecken der Luftangriffe, die in der unmittelbaren Nähe zu Köln deutlich zu spüren waren, sondern mehrfach auch Einquartierungen der Wehrmacht. Wegen der näherrückenden Front verließ die Familie Ende 1944 die Burg und verbrachte das Kriegsende und die unmittelbare Nachkriegszeit im rechtsrheinischen Rederscheid bei Bonn.

1945 Rückkehr auf die Burg

Bei der Rückkehr nach Hemmersbach fanden Eduard, Thessa und Wolfgang eine von amerikanischen Soldaten besetzte und zum Kriegsende schwer verwüstete Burg vor. Zunächst wohnte die Familie in einem der Wirtschaftsgebäude. Wolfgang besuchte das Pädagogium in Godesberg und schließlich die Waldorfschule im niedersächsischen Benefeld. Seine Eltern bemühten sich in dieser Zeit um den Wiederaufbau des landwirtschaftlichen Betriebs sowie weiterer Erwerbszweige. Nachdem Graf Eduard im Entnazifizierungsverfahren als unbedenklich eingestuft worden war, ernannte man ihn 1948 zum Landwirtschaftsrichter am Kerpener Amtsgericht.

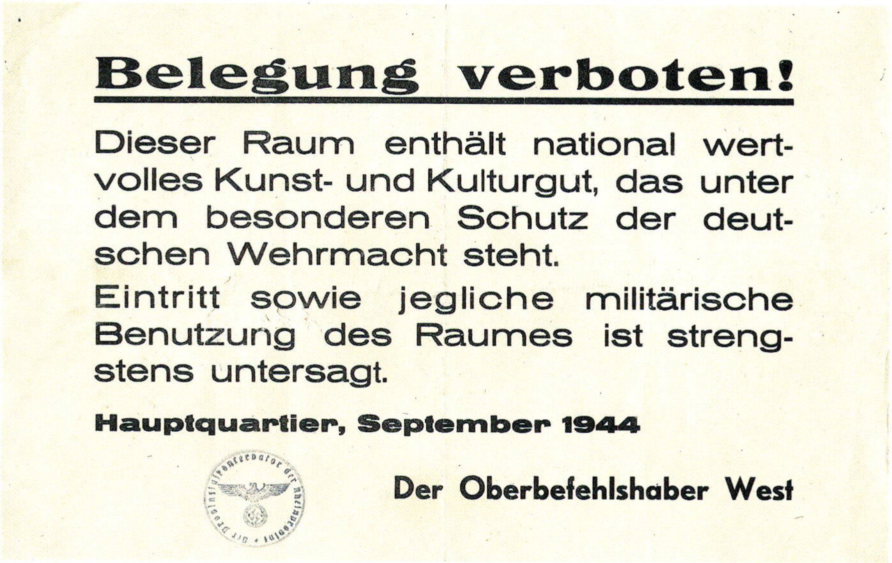

> **Belegung verboten!**
>
> Dieser Raum enthält national wertvolles Kunst- und Kulturgut, das unter dem besonderen Schutz der deutschen Wehrmacht steht.
> Eintritt sowie jegliche militärische Benutzung des Raumes ist strengstens untersagt.
>
> Hauptquartier, September 1944
>
> Der Oberbefehlshaber West

LINKS: *Behördlicher Anschlag vor Lagerräumen in Burg Hemmersbach, in die während des Zweiten Weltkriegs Kunstwerke aus den Kölner Museen eingelagert worden waren.*

LINKS: *Wolfgang Graf Berghe von Trips als Knabe mit einem Jagdhorn und mit seiner Mutter, Gräfin Thessa, in den 1930er Jahren.*

OBEN: *Wolfgang Berghe von Trips – traditionsbewusst vor dem heimischen Kamin in den 1950er Jahren, zu Pferde vor dem Stallgebäude der Vorburg und als Rennfahrer auf einem Gemälde von Reppert von Bismarck um 1960.*

1954 Graf Trips als Landwirt und Rennfahrer

Nach ersten sportlichen Erfahrungen und Erfolgen auf dem Motorrad tauschte Graf Wolfgang fast parallel zum Beginn seiner landwirtschaftlichen Ausbildung das Motorrad gegen einen BMW 328, den legendären Vorkriegs-Sportwagen, ein. Dem BMW folgte 1954 ein 356er Porsche, womit seine professionelle und nicht mehr aufzuhaltende Rennfahrerkarriere begann. Auf nationale Titel folgten internationale Siege. Wolfgang von Trips fuhr für Porsche, für Mercedes und schließlich als erster Deutscher für den legendären italienischen Rennstall Ferrari.

Rennfahrer war sein Beruf geworden. Im Einwohner-Adressbuch des Erftkreises von 1958, in dem seine Eltern für die verschiedenen landwirtschaftlichen Produkte des Hemmersbacher Betriebs warben, wird Wolfgang von Trips als Rennfahrer aufgeführt.

Charakteristisch für ihn sind zwei Episoden, die zeigen, wie er mit konkurrierenden Rennfahrerkollegen umging:

Auf der Mille Miglia des Jahres 1957 lag Trips hinter dem führenden Italiener Piero Taruffi, der zum letzten Mal versuchte, das legendäre Rennen zu gewinnen. Etwa 200 km vor dem Ziel zwangen technische Schwierigkeiten den Italiener, das restliche Streckenstück im vierten Gang zu fahren. Wolfgang von Trips, der ihn als einziger hätte überholen können, bemerkte die Probleme und blieb bis zum Ziel hinter Taruffi, weil er diesen Kampf als unfair ansah.

Die zweite Episode spielte sich 1958 ab. Beim 24-Stunden-Rennen von Le Mans rettete er dem Franzosen Jean Hebert vermutlich das Leben, weil er sein Rennen unterbrach und Hebert aus dem verunglückten Fahrzeug half. Diese Tat, die durch einen im Nachlass von Trips überlieferten Dankesbrief ans Tageslicht kam, blieb bis nach seinem Tod unbekannt, weil Trips nie ein Wort darüber verlor.

1961 Monza, 10. September

Als Führender der Formel-1-Weltmeisterschaft ging von Trips am 10. September 1961 in das Rennen um den Großen Preis von Italien. Nur wenige Punkte trennten ihn noch vom Gewinn der Weltmeisterschaft. In der zweiten Runde vor der Einfahrt in die Curvetta kollidierte er jedoch mit dem Lotus von Jim Clark. Wolfgang wurde aus dem Wagen geschleudert und war sofort tot. Mit ihm starben 14 Zuschauer.

Graf und Gräfin Trips haben den Tod ihres einzigen Sohnes nie verwunden. Zu seinem Andenken gründeten sie die Gräflich Berghe von Trips'sche Sportstiftung zu Burg Hemmersbach. Graf Eduard starb am 12. März 1971.

UNTEN: *Burg Hemmersbach während des Krieges. Im Vordergrund erkennt man den Eingang des Bunkers, der damals unter dem Rondell vor dem Eingang gebaut worden war.*

LINKS: *Wolfgangs erstes Auto war der legendäre Vorkriegs-Sportwagen, ein 328er BMW, der hier – Ende 1953 – vor der Freitreppe der Burg Hemmersbach steht.*

Kurz danach bezog Gräfin Thessa die im Park der Burg gelegene, neu erbaute „Villa Trips", in der sich heute das Rennsportmuseum der von Wolfgangs Eltern gegründeten Stiftung befindet.

227 Jahre nach der Belehnung Franz Adolph Anselms Berghe von Trips am 5. Juli 1751 durch den Herzog von Jülich-Berg endete mit den Tod von Gräfin Thessa im Jahr 1978 die Geschichte der Familie Berghe von Trips auf Hemmersbach. Es bleibt Aufgabe der Stiftung, die Stiftungszwecke zu erfüllen, zu denen auch das würdige Andenken an die Geschichte und Tradition dieser Familie gehört.

LINKS: *Der im Innenhof der Burg parkende Formel-Junior-Rennwagen, ein Stanguellini, weist auf Wolfgangs intensives Bemühen um die Förderung der Jugend im Motorsport hin.*

VON DER WASSERBURG ZUM SCHLOSS

VON DER WASSERBURG ZUM SCHLOSS – BAUGESCHICHTE UND BESTAND

VORHERIGE DOPPELSEITE: *Wasserburg Hemmersbach, um 1935.*
DANEBEN: *Der südwestliche Turm der Vorburg im Winter, Ende der 1960er Jahre.*

UNTEN: *Frühmittelalterliche Motte mit Turmaufsatz und befestigtem Wirtschaftshof – Zeichnung auf der Basis von Ausgrabungsbefunden der Motte Husterknupp.*

Vorgängerbauten

Die Anfänge des Herrensitzes Hemmersbach sind uns heute unbekannt. Für das Jahr 1077 ist der bereits erwähnte „Wigmannus von Heversbach, vir militaris et nobilis" in den Regesten der Erzbischöfe von Köln aufgeführt. Es darf angenommen werden, dass „Heversbach" mit „Hemmersbach" gleichgesetzt werden kann. Nächste Erwähnungen Hemmersbacher Herren sind für 1138, 1176, 1182 und 1190 verzeichnet.[35]

Als Zeichen ihrer Wehrhaftigkeit werden diese waffentragenden Edelleute eine der frühen Burganlagen besessen haben, wie sie in Europa seit Ende des 9. Jahrhunderts nach den Normanneneinfällen üblich wurden.

Entsprechend den geografischen Gegebenheiten entstanden damals in den flacheren Landschaften Mitteleuropas, seltener auch in den Berglandschaften, künstlich aufgeschüttete Hügel, so genannte „Motten", die mit Gräben, Palisaden und einem bekrönenden Turmaufsatz befestigt wurden und in den Flusstälern den zusätzlichen Schutz des Wassers nutzten.

Die Wohnstellen wurden zunächst an bequemeren Standorten in der Nachbarschaft, in Zusammenhang mit den wirtschaftlichen Grundlagen des Herrensitzes, eingerichtet. Erst allmählich verlagerte sich mit einer Ausweitung der Verteidigungsfunktionen und einer Verbesserung der Wohnmöglichkeiten der konstante Lebensmittelpunkt des hiesigen Adels auf dann zumeist zweiteilige Motten – ein Mottentyp, der sich allgemein durchsetzte. Er bestand aus einer Vorburg und der Hauptburg, beide jeweils von tiefen Wassergräben und Wällen mit Palisaden, später mit Mauern umschlossen und nur über Brücken erreichbar. Der Zuweg führte über die Vorburg in die Hauptburg mit dem dort im Laufe der Zeit immer größer erbauten Wohnturm des Ritters. Dieser wurde zunächst aus Holzfachwerk, später massiv aus Stein auf dem künstlich aufgeschütteten Hügel, der Motte, errichtet. In der flächenmäßig größeren Vorburg befanden sich die für den Adelssitz notwendigen Wirtschaftsflügel mit Wohnungen der Gefolgschaft, der Mägde und Knechte, mit den Stallungen, Vorratsbauten und Werkstätten sowie Versorgungseinrichtungen. Der Hof der Vorburg öffnete sich ungeschützt zur erhöht angelegten Hauptburg. Dem Wohnturm als Kernbau wurden im Laufe der Zeit ein repräsentatives Wohngebäude des Burgherrn sowie unter Ausweitung der Insel auch ein kleiner eigener Innenhof, Wehrmauern und Wehrtürme beigefügt.[36]

Für Hemmersbach ist die gleiche Entwicklung eines wehrfähigen Rittersitzes anzunehmen, der in der Folge den Schutz-, Wohn- und Repräsentationsansprüchen eines adeligen Ritters, seiner Familie und seines Gefolges zu genügen hatte. Allerdings stoßen wir bei der Suche nach den frühen Spuren von Burg Hemmersbach insofern auf Schwierigkeiten, als allen Indizien der mündlichen, schriftlichen und baulichen Zeugnisse zufolge die Keimzelle des Adelssitzes Hemmersbach nicht am heutigen Standort lag. Stattdessen scheinen sich an zwei anderen Stellen im Umkreis der heutigen Burg Vorgängerbauten befunden zu haben.

Eine erste Burg

Als älteste Anlage findet sich heute noch eine stattliche künstliche Erhebung unmittelbar östlich der im Kern frühromanischen Horremer Dorfkirche St. Clemens, auf einem zum Erfttal reichenden Geländesporn des Villehöhenrückens. Sie riegelt den Friedhof nach Norden ab. Diese als „Knöffelsberg" bezeichnete Motte besitzt mit einer Höhe von über 10 Metern und einer oberen Plateaufläche von etwa 200 m² eine stattliche Größe, die neben der Schutzfunktion auch Wohn- und Repräsentationsbedürfnisse erfüllen konnte. Ihr Anblick erinnert unwillkürlich an die Burgdarstellungen von Motten im berühmten

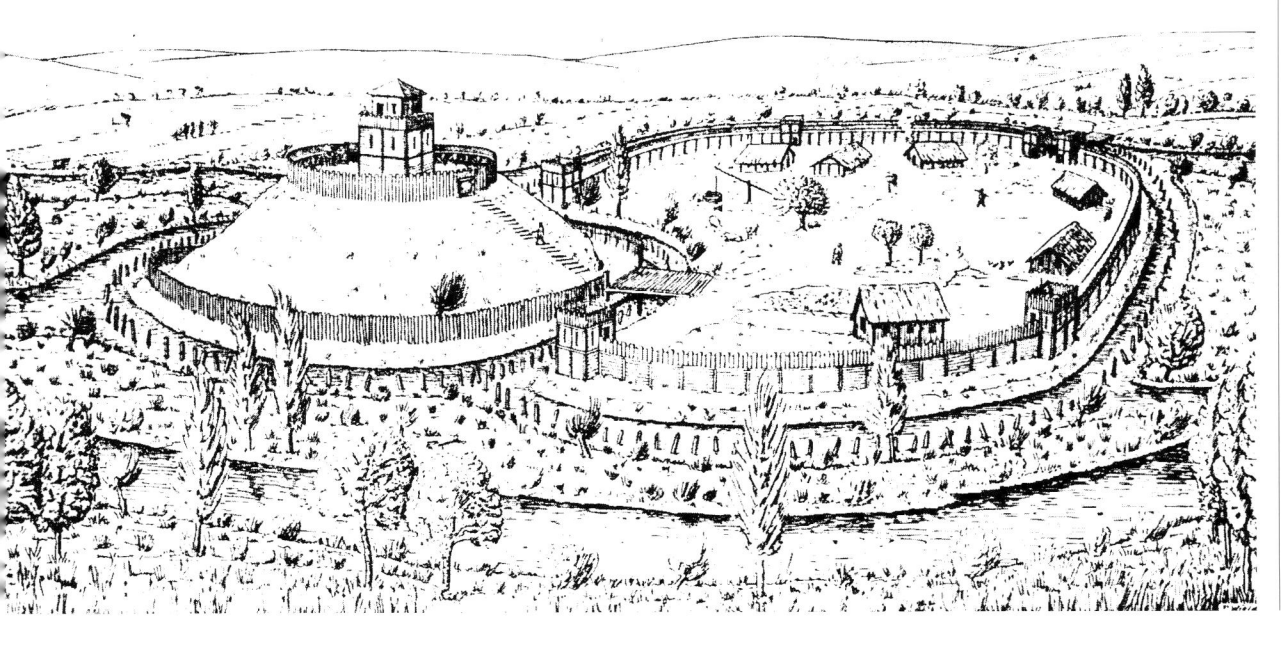

Von der Wasserburg zum Schloss – Baugeschichte und Bestand

LINKS: *Überreste der Motte Knöffelsberg.*

Teppich von Bayeux, der zeitnah die Ereignisse bei der Eroberung Englands durch den Normannenherzog Wilhelm im Jahre 1066 schildert.

Viele Feld- und Bruchsteine sowie kleine Schieferreste liegen im aufgeschütteten Erdreich zwischen dem dichten Baumbewuchs. An einer Stelle, zur Ostseite, wurden kleinere Fundamentreste aus Feldbrandsteinen aufgedeckt. Etwas weiter östlich der Motte riegelte bis in die 1960er Jahre ein erhaltener Erdwall von 2,5 Metern Durchmesser und 1 Meter Höhe den Anschluss des Geländesporns an die Villeterrasse zwischen zwei Taleinschnitten oberhalb des Erfttales ab. Eine moderne Friedhofserweiterung nahm darauf keine Rücksicht, sodass dieser vermutliche mittelalterliche Schutzwall heute als verloren gelten muss.

Eine frühere Friedhofserweiterung im Winter 1845/46 hatte schon erhebliche Veränderungen des direkten Umfeldes der Motte mit sich gebracht. Es existiert noch die Beschreibung einer ehemaligen Hohlwegsituation, die von dem Heimatforscher Hans Elmar Onnau sehr plausibel als künstlicher Burggraben gedeutet wird.[37] Auch ein zweiter, wesentlich kleinerer Hügel, etwa 25 Meter südlich der Motte, an den sich seit dem 19. Jahrhundert die Gruft der Berghe von Trips lehnt, ist künstlich angelegt worden und könnte einen weiteren Schutzbau der Burg getragen haben. Oder aber er war als Grabhügel errichtet und später in die Burganlage einbezogen worden, die mit sehr wahrscheinlich südlich vorgelagerter Vorburg angelegt war.

Das Alter der seit langer Zeit wüsten Burgstelle ist schwer zu klären, solange eine eingehende Bodenuntersuchung fehlt. Gleichwohl geben die ältesten Baubefunde der innerhalb des Vorburgareals errichteten Clemenskirche mit längsrechteckigem Kapellenraum als Saalbau und rechteckigem Chorraum einen deutlichen Hinweis auf die Errichtung einer karolingisch-ottonischen Burgkapelle noch im 9./10. Jahrhundert. Demgemäß könnte diese Höhenmotte mit großer Wahrscheinlichkeit in der gleichen, für den Burgenbau frühen Zeitspanne angelegt und genutzt worden sein. Die Größe der Gesamtanlage ist auffallend.

Man ist daher geneigt, eine Verbindung mit der um 980 erwähnten und in dieser Zeit durch Belagerung zerstörten „Heymenburg" herzustellen, die sich im Namen „Hemmersbach" wiederfindet – noch am 14. Dezember 1411 wird ein Scheiffart von Merode in einer Schuldakte des Herzogs Adolf von Berg als Herr „zum Heymersberge und zu Burnheym" benannt.[38]

Die partiellen Ziegelreste und Oberflächenfunde von Gefäßscherben aus dem 13. und 14. Jahrhundert müssen nicht unbedingt mit der Burgnutzung in Verbindung gebracht werden. Vielmehr ist eine frühe Aufgabe des Mottenberges als Burgstelle wahrscheinlich, da die gleichmäßigen Böschungszonen des Burgkegels recht einheitlich sind, eine ausgebaute Wegerampe nach oben unterblieb und auch Böschungsmauern fehlen, wie sie spätestens seit dem 12. Jahrhundert zu erwarten sind.

Eine frühe Verlagerung der Burgstelle vom relativ flachen Bergplateau ins Erfttal wird verständlich, wenn man die fortifikatorischen Nachteile des bisherigen Standorts sieht und auch, dass eine vernünftige Wasserversorgung im Belagerungsfalle kaum gegeben war. Für diesen Standort hat es in den späteren Jahrhunderten mutmaßlich einfachere Nachfolgenutzungen gegeben. Auch wird von einem Galgen gesprochen, der einmal auf dem Mottenhügel errichtet war.

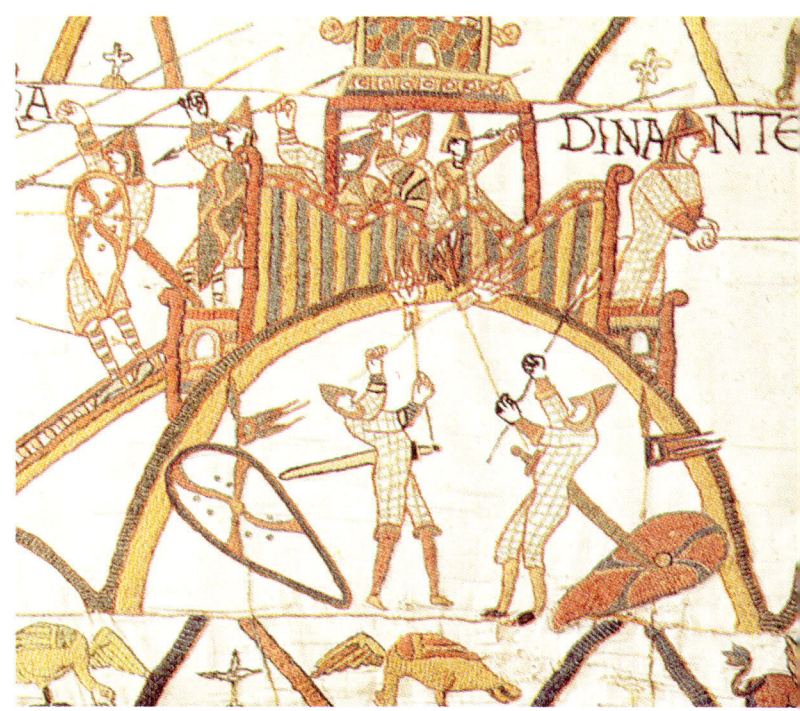

UNTEN: *Darstellung der Belagerung einer Motte auf dem Teppich von Bayeux aus dem 11. Jahrhundert.*

OBEN: *Aus den Erweiterungen der ehemaligen Burgkapelle hervorgegangen – die romanische Kirche St. Clemens in Horrem.*

RECHTS: *Ein erhaltener Wall der Niederungsmotte „Alte Burg" im Auenwald der Kleinen Erft.*

Die ältere Burgkapelle

Die Vermutung, dass sich hier die erste Burg der Hemmersbacher befand, wird auch dadurch gestützt, dass die Burgkapelle St. Clemens wohl als Eigenkirche der Burgherren errichtet war und die Ritter von Hemmersbach als Patronatsherren dieser Kirche besondere Rechte ausübten, bis hin zur Bestellung der Pfarrer. Der ursprüngliche, im Gebäude noch erhaltene Grundriss und die Mauerkonstruktionen des alten Mittelschiffes mit seinem für frühe Bauten des 9. bis Anfang des 11. Jahrhunderts typischen Mischmauerwerk aus Feldsteinen verweisen möglicherweise in vorromanische Zeit. Gestützt wird diese Einschätzung durch die verwendeten Maßeinheiten für den Sakralbau in karolingischen Fuß und den regelmäßigen Materialwechsel in den Bogenmauerungen der ursprünglichen Fenster.[39]

Im Verlauf der Jahrhunderte werden die Hemmersbacher Patronatsherren auch den allmählichen Ausbau der Kirche zu einem dreischiffigen Sakralbau vorangetrieben und mit entsprechenden Stiftungen unterstützt haben, wie wir es zumindest für die letzten Jahrhunderte immer wieder in den schriftlichen Belegen zu Stiftungen und Instandsetzungen nachlesen können. Zuletzt wurde im 19. Jahrhundert, um 1852, noch der nach Osten vorgeschobene Erweiterungsbau nach Plänen des Architekten Vinzenz Statz von der Grafenfamilie Berghe von Trips finanziell stark gefördert.

Als während des 12. Jahrhunderts der Westturm vor dem Kirchenschiff errichtet wurde, erhöhte man auch die Mittelschiffmauern um etwa drei Meter, was zugleich die Möglichkeit eröffnete, im neuen Turmobergeschoss eine zum Schiff offene Herrschaftsempore mit einem breiten Rundbogen einzurichten – ein Motiv, das sein Vorbild aus der Aachener Pfalzkapelle Kaiser Karls des Großen bezog. In vielen ehemaligen Eigenkirchen des Adels finden sich zum Volk abgegrenzte Herrschaftsemporen oder -logen, wie z.B. in Bergheim-Paffendorf, in Bergerhausen oder in Blankenheim. Heute ist dieser Bogen vermauert und von der Orgeltribüne verdeckt.

Die zweite Burganlage

Nach Aufgabe der hangseitigen Burgnutzung des Knöffelsberges folgte vielleicht schon im 11. Jahrhundert ein Neubau in der morastigen Erftniederung, abseits der hochwasserfreien Straße, die durch die Dörfer längs des Villenhanges führte. Bereits in frühen Urkunden des Burgarchivs wird diese Anlage als die „Alte Burg" Hemmersbach genannt, sodass eventuelle Zweifel an dieser Entwicklungsgeschichte ausgeräumt sein dürften.[40] Sie ist der direkte Vorgänger des jetzigen Standortes der Wasserburg Hemmersbach und mag lange Zeit besseren Schutz vor Angriffen geboten haben als die ursprüngliche Motte. Auch gab es keine Probleme mit der Trinkwasserversorgung.

Diese alte Burg liegt am Ende der Merodestraße, auf gleicher Ost-West-Achse mit dem Knöffelsberg und seiner vorgelagerten Clemenskirche. Beide Anlagen sind durch die Straße direkt miteinander verbunden.

Die heutige Burg liegt weiter nördlich, aber nur unwesentlich weiter von der Clemenskirche entfernt. Die zu beiden Standorten nächstgelegenen überlieferten Burgstellen, Schloss

Frens und Schloss Türnich, grenzen im Norden bzw. im Süden an das Hemmersbacher Herrschaftsgebiet. Der Richelsberg bei Sindorf, Haus Hahn bei Sehnrath, Burg Lörsfeld und Burg Kerpen wurden dagegen auf der gegenüberliegenden Seite des Erfttales errichtet.

Wer heute die alte Burg sucht, wird am Ende der Merodestraße, am Sportplatz und dem Graf-Eduard-Park vorbei, über die Erftbrücke in den Niederungswald geleitet. Ein schmaler Pfad unmittelbar hinter der Brücke führt nach links in das ehemalige Burgareal, das sich durch immer noch eindrucksvoll erhaltene Wälle, ausgedehnte Gräben und eine mottenartige Erhebung inmitten des Baumbewuchses auszeichnet.

Die Gräben der alten Burg wurden vom Wasser der Kleinen Erft gefüllt. Sie sind künstlich im Flusstal ausgehoben worden, das Erdreich schichtete man zu befestigten Wällen auf. Insgesamt drei Grabenringe umgaben die Kernburg auf ihrer Insel, die jeweils durch schmale Dämme – unter Einbeziehung der Vorburg im Südosten der Anlage – voneinander abgetrennt waren, sodass sie für Angreifer schwer überwindbare Hindernisse bildeten. Der heute sichtbare östliche Damm vor der Vorburg, den offenbar auch die Landverbindung über Brücken querte, ist an seinen Enden wahrscheinlich mit flankierenden Wehrbauten, vielleicht Türmen, besetzt gewesen und trug ansonsten Holzpalisaden. Zwei höhere Erhebungen zeichnen sich dort noch mit Ziegel- und Mörtelresten vor dem anschließenden Vorburggelände ab. Von der nördlichen Spitze der Vorburg führte ein sehr schmaler Damm in den innersten Wassergraben, wo er unvermittelt endete. Wahrscheinlich führte von seiner Spitze eine hölzerne Zugbrücke zur eigentlichen Motte mit dem Wohnturm des Burgherrn. Auf diese Weise waren mögliche Angreifer auf dem Weg zur Brücke in ihrer Flanke ungedeckt und konnten von der Motte aus mit Pfeilen beschossen werden.

Überall finden sich auch noch Schieferreste, die zusammen mit Ziegelbruchstücken darauf verweisen, dass die Burg zum Zeitpunkt ihrer Aufgabe zumindest an einigen Stellen aus Feldbrandsteinen errichtet war und die Dachdeckung aus Schiefer bestand. Letzterer bot einen besseren Schutz vor Brandgefährdung bei Belagerungen. Schiefer war ein teures Material – es musste aus den Steinbrüchen der entfernten Südeifel bezogen werden – , die Dorfkaten der Bevölkerung waren in jener Zeit mit Stroh gedeckt, wie man es zum Beispiel auf dem von den Hemmersbacher Burgherren gestifteten Bottenbroicher Fenster aus dem Jahre 1533 erkennen kann.

1959 wurden archäologische Untersuchungen und Vermessungen auf dem Gelände durchgeführt. Dabei stieß man im Untergrund des noch etwa 3,50 Meter hohen Haupthügels auf Fundamentreste eines aus Feldbrandsteinen gemauerten Turmes, was dem Typus der Niederungsmotte entspricht. Verwandte Strukturen zeigt die aufgegebene Höhenmotte an der Clemenskirche.

Der Fußdurchmesser der Motte beträgt etwa 40 Meter.[41] Insofern ähneln sich beide Anlagen in ihrer Größe, wenn auch nicht in der Höhe. Mit den unpassierbaren Wassergräben und der morastigen Umgebung ist hier jedoch eine deutliche fortifikatorische Verbesserung erreicht worden. Außerhalb der Wasserburg findet man weitere Wälle, die unter Umständen als Vorwerke und Bastionen von Belagerern gedient haben. Potentiellen Angreifern standen zweifellos erheblich größere Hindernisse im Weg, als es auf dem Burgberg möglich war.

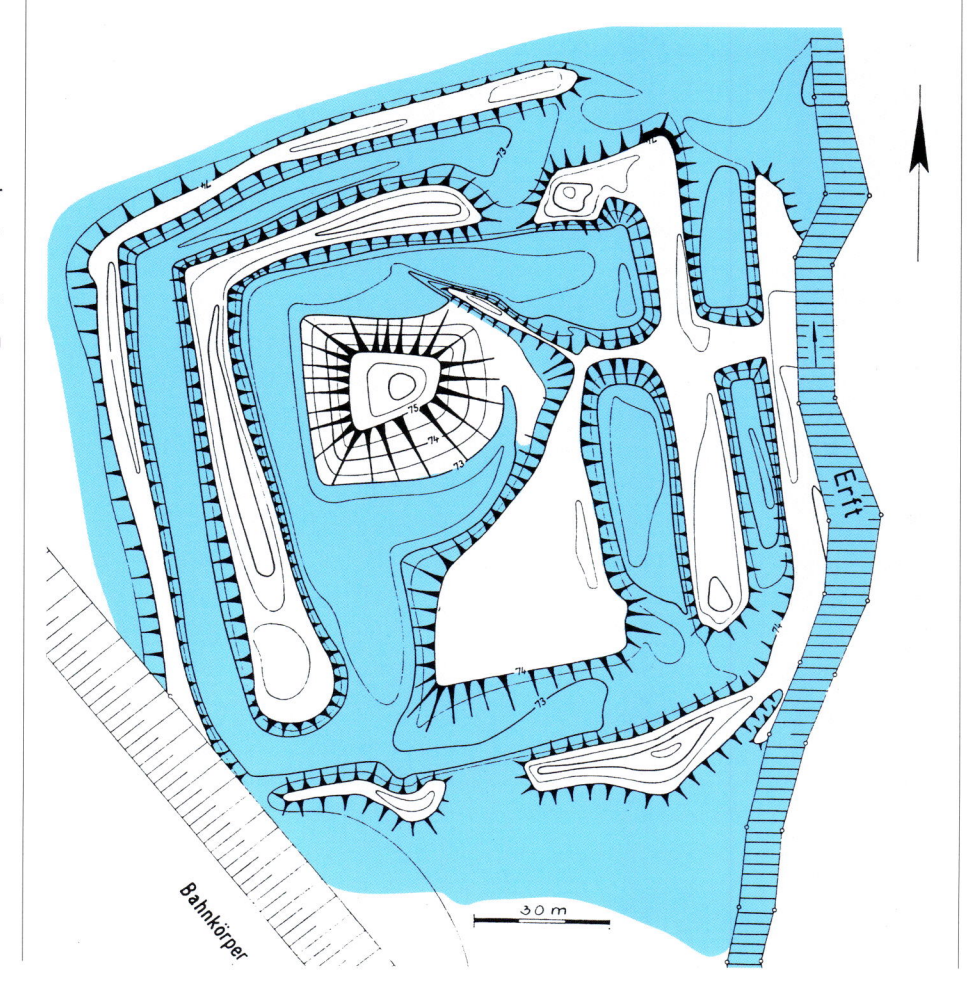

LINKS: *Aufmaßzeichnung der „Alten Burg", die im Verlauf des 11. Jahrhunderts in der morastigen Erftniederung errichtet wurde und spätestens im 15. Jahrhundert aufgegeben wurde. Die Wassergräben sind blau markiert, sodass die äußeren Schutzwälle, die innere Burg mit erhöhter Burgmotte und südlicher Vorburg sowie der zusätzliche, östliche Schutzwall zu erkennen sind.*

Die Ziegelbauten der „Alten Burg" können nicht früher als im ausgehenden 12. Jahrhundert entstanden sein. Allerdings ist ein derart frühes Datum sehr unwahrscheinlich, da es sich bei der Kaiserswerther Stauferpfalz Kaiser Barbarossas, 1184 fertiggestellt, nach allgemeiner Kenntnis um den frühest datierten mittelalterlichen Bau im Rheinland handelt, bei dem nach der Römerzeit und den Wirren der Völkerwanderung wieder systematisch die ersten konstruktiven Elemente in Ziegelbauweise eingesetzt wurden. Plausibler scheint die Anwendung dieser neuen Bautechnik für die alte Burg Hemmersbach erst zu Beginn des 14. Jahrhunderts, als sich die Kenntnis dieser Bauweise und die Herstellung von Feldbrandziegeln allmählich verbreitet hatte. Schaut man auch auf die anderen Burgstellen des Erftgebietes, so ist die Landesburg des mächtigen Kölner Erzbischofs in Lechenich mit ihrem stattlichen Wohnturm erst im Jahre 1306 in Ziegelbauweise begonnen worden und die benachbarte Burg Konradsheim, ebenfalls aus Ziegeln, kurz vor Mitte des 14. Jahrhunderts errichtet. Bei den vorherigen Gebäuden auf der Hemmersbacher Burgstelle handelte es sich um Holzbauten aus Fachwerk und Lehm. Oberflächenfunde von Gefäßscherben brachten Pingsdorfer, Siegburger und andere Keramik zutage, die in das 11. bis 15. Jahrhundert eingeordnet werden können. Dies spricht für eine Nutzungsdauer der Burg, die im Verlauf des 11. Jahrhunderts begann und spätestens im 15. Jahrhundert abbrach.

Die Schuttzonen aus Ziegelmaterial, die man auf dem Gelände der alten Burg gefunden hat, sind verhältnismäßig gering. So ist es denkbar, dass zum Zeitpunkt ihrer Belagerung und Zerstörung im Jahre 1366 Teile der Wehranlagen noch aus Holz bestanden.

Mit Bezug auf das Jahr 1420 erwähnt das Hemmersbacher Rentbuch 1483 Feldbesitz an der „alden borch".[42]

Auch in späteren Urkunden wird verschiedentlich die „Alte Burg" benannt, sodass man davon ausgehen kann, dass zu dieser Zeit bereits ein neues Burggebäude existierte. Nimmt man die Belagerung und die Einnahme der „Alten Burg" durch den Landfriedensbund im Jahre 1366 zum zeitlichen Vergleich, so spricht einiges dafür, dass diese Burgstelle infolge jener Ereignisse, spätestens jedoch – aufgrund der Scherbenfunde – zu Beginn des 15. Jahrhunderts aufgegeben wurde. Absolute Sicherheit besteht aufgrund der spärlichen Detailüberlieferung allerdings nicht.

Belagerung und Zerstörung

In den vergangenen Jahren fand man an verschiedenen Stellen im Burggelände vier schwere Steinkugeln, die die Erinnerung an die überlieferte Belagerung des Jahres 1366 wachrufen.

Zu dieser Zeit war die männliche Linie der Hemmersbacher ausgestorben und die Scheiffart von Merode hatten ihre Nachfolge angetreten. 1366 hatte Johann Scheiffart von Merode, wohl im Streit mit dem Jülicher Herzog, eine Belagerung seiner Burg durch den Landfriedensbund unter Beteiligung der Städte Aachen, Köln und Lüttich und der Herzöge von Jülich und von Brabant heraufbeschworen, die für die Belagerer äußerst kostspielig wurde und den Einsatz von Ballisten (Steinschleudern) sowie Erdarbeiten zur Verfüllung und Überwindung der Grabenwehr erfordert hatte.

Besieht man die Kugeln aus der Nähe, so wird aufgrund ihrer unregelmäßigen Rundung klar, dass sie keine baulichen Zierstücke waren und auch nicht mit einer Kanone abgefeuert werden konnten. Die Steinoberflächen sind lediglich grob abgearbeitet und zum Teil auch abgesplittert, was auf ihre tatsächliche Verwendung als Schleuderkugeln hindeutet und ihre Herstellung im 14. Jahrhundert in Parallele zur Burggeschichte plausibel

OBEN: *Diese Steinkugeln wurden aus der „Alten Burg" geborgen und stammen aus der Zeit der Belagerung im Jahr 1366. Die größere Kugel aus Nideggener Rotsandstein könnte ein besonderer „Gruß" des Jülicher Herzogs gewesen sein, der in dieser Zeit in seiner Nideggener Burg residierte.*

macht. Die beiden unterschiedlichen Kalibergrößen weisen auf den Einsatz von mindestens zwei verschieden großen Ballisten während der letztlich erfolgreichen Belagerung hin. Zwei Erdwerke nördlich und westlich der Burg könnten sich als Erdschanzen der Belagerer und zur Aufstellung der Ballisten interpretieren lassen.

Ungewöhnlich sind die im Gelände sichtbaren Verbindungsdämme zwischen den Verteidigungswällen, vom östlichen Niederungsrand zur Vorburg. Aus Sicht der Burgverteidiger wären sie strategisch gefährlich gewesen. Viel eher sind dort hölzerne Zugbrücken zur Zeit der Auseinandersetzungen zu vermuten, die sich heute natürlich nicht mehr in den Grabenprofilen abzeichnen würden. Wenn es sich bei diesen Dämmen nicht um spätere Geländeveränderungen handelt, kann man hier das Arbeitsergebnis der „Pioniere" während der Belagerung vermuten, die die Gräben durch Zuschütten überwinden halfen. Erst diese Leistung der Belagerer hatte es 1366 ermöglicht, die Burg einzunehmen.

VON DER WASSERBURG ZUM SCHLOSS – BAUGESCHICHTE UND BESTAND | 39

Hinweise, die diese Annahme stützen, finden sich in der Kostenberechnung der Belagerung archivalisch überliefert: „Item den greveren gemeynlichen so van Colne, van Lutge, van Schonenforst, die erde gedraigen haint, zu vullen die graven ..." („... So den einfachen Erdarbeitern aus Köln, Lüttich, Schönforst, die Erde getragen haben, um die Gräben zu füllen ...").[43]

Dass die 1366 sicherlich mit größeren Zerstörungen überwundene Burgbefestigung wieder vollständig neu aufgebaut wurde, erscheint unwahrscheinlich, auch wenn die Anlage ihre Wohnfunktion und landwirtschaftlichen Nutzungen bis zur Verlagerung des Herrensitzes an den neuen Standort und darüber hinaus vielleicht beibehielt. Denn sonst wären die Dämme der Belagerer quer zur Vorburg wieder komplett entfernt worden. Und als neu angelegte Sperrdämme zur Ableitung des Erftverlaufs, den man im späteren Mittelalter offenbar durch die Burggräben leitete, machen sie an dieser Stelle keinen Sinn. Auch hätte man die im Innenbereich der Burg gefundenen Steinkugeln der Belagerungsmaschinen sicherlich entfernt.

UNTEN:
Die Hellebardenspitze stammt aus Familienbesitz und wurde wahrscheinlich bei militärischen Einsätzen verwendet.

Der heutige Standort der Burg

Der folgende und bis heute unveränderte Standort der Burg Hemmersbach wurde augenscheinlich seit dem späteren 14. Jahrhundert von Johann Scheiffart von Merode, Herr von Hemmersbach, genutzt, der nach der Eroberung seiner Burg noch zu höchsten gesellschaftlichen Würden aufstieg. Bei der Wahl des damals neuen Baugrundes begab er sich in enge Nachbarschaft zu der in dieser Zeit wahrscheinlich schon untergegangenen Burg der Ritter von Sindorf. Mit seinem am 1. Juni 1375 beurkundeten Kauf der Herrlichkeit Sindorf gegen eine jährliche Leibrente von 200 Gulden für den Vorbesitzer, Walram von Salmen,[44] hatte er sich alle Rechte in der unmittelbaren Nachbarschaft seines geplanten neuen Burgstandortes gesichert und diesen mit dem abschließenden Erwerb des Horremer Besitzes im Jahre 1387[45] in die Mitte des nun ausgeweiteten Herrschaftsgebietes gerückt. Spätestens zu diesem Zeitpunkt war er in der Lage, mit dem Burgneubau zu beginnen.

Die Reste der Sindorfer Burg liegen als Mottenwüstung etwa 100 Meter nördlich der Sindorfer Mühle in der Erftaue und sind als „Richelsberg" bekannt. Ein mittelalterlicher Kugeltopf und Holzbalken wurden 1938 im Innern des Hügels aufgedeckt, Reste eines Wirtschaftshofes und die Spuren der früheren Wasserumwehrung gingen bei der Begradigung des dortigen Erftlaufs verloren.[46]

LINKS: *Impression von der Burg: Blick vom Wassergraben auf den östlichen Dammturm. Federzeichnung von Walter Wegner aus dem Jahr 1957.*

LINKS: *Eine so genannte Balliste, mit der im Mittelalter Steinkugeln katapultiert wurden. Solche Ballisten wurden nachweislich bei der Belagerung der Burg 1366 eingesetzt.*

Sanierung der Burg Ende des 17. Jahrhunderts

Zwischen 1641 und 1646 fanden im Umkreis um die Burg Kampfhandlungen zwischen kaiserlichen und protestantischen Truppen, darunter Hessen und Franzosen, statt. Dabei soll die Burg durch Verrat eingenommen und von kaiserlichen Truppen einige Zeit vergeblich belagert worden sein, bis es gegen Ende 1646 zu einer Beruhigung der Lage kam.[47] Nicht nur die Burgkapelle wurde dabei in Brand gesetzt, auch das Burgenensemble und wahrscheinlich das Dorf erlitten schwere Schäden. 1642 muss es zu einem erheblichen Schadensfeuer mit umfangreichen Zerstörungen von Gebäuden gekommen sein, wie Heinrich von Vercken an den Kaiser schrieb: „… unnd ich alß Ew. Kays. May. bestellter obrister und allergehorsambster diener bey dießem heßischen kriegs einfall durch eingeschlossene feuersbrunst viel tausende thaler schadens gelitten und alle eingeoeschete gebawe wiederumb restauriren und erbawen muß …"[48]

Ob es Heinrich von Vercken tatsächlich gelang, seinen Besitz wieder instandzusetzen, in einer Zeit, in der das Land und mit ihm die Landbevölkerung unter den Wirrnissen des Krieges so sehr gelitten hatte, dass fast überall Vorräte, Vieh, Haus und Hof verloren waren, erscheint mehr als zweifelhaft. Die Erholungsphase, bis sich die Wirtschaftskraft allmählich erholt hatte, muss lange gedauert haben.

Bis zu seinem Tode im Jahre 1677 lebte Heinrich in einer immer weiter verfallenden Burganlage. Augenscheinlich hatte er keine Kraft, sich dem Verfall entgegenzustellen: „… Daß der damalige Herr Heinrich freyherr von Vercken nur unten ahn den haus zwey kleine Zimmer kümmerlich gebraucht …" So jedenfalls wird die vorgefundene Situation für seinen Sohn und Erben Philipp Heinrich geschildert, der in der Folge erhebliche Anstrengungen unternehmen musste, um den Besitz wieder in Ordnung zu bringen, „… auch daß oberhauß oder die Herrschaftliche Wohnung sich solcher gestalt im unstandt befunden, dass Nur das bloße außwendige Mauerwerck Und zwar gutten Theils Umbgefallen und das übrige dergestalt umbzufallen gedrohet, daß fast Niemandt sich wagen dorffen darin – oder Vorbey zu gehen …"[48]

Dem Schriftstück ist weiter zu entnehmen, dass die Steinbrücke von der Vorburg zur Hauptburg so brüchig war, dass sie komplett erneuert werden musste. Ebenso wurden sämtliche zuvor aus Holzfachwerk errichteten Nebengebäude der Vorburg mit Feldbrandziegeln erneuert. Dazu zählten die Scheunen, die Stallungen, das Brauhaus, die Burgkapelle, eine Orangerie im Garten und die beiden Türme auf dem Damm der Wasserumwehrung, die demnach bereits Vorgänger besessen hatten. Außerdem wurden die Wassergräben instandgesetzt und die Böschungen neu befestigt sowie eine Wasserleitung aus Bleirohren aus einem Dorfbrunnen in die Burg geleitet, sodass zum ersten Mal wieder genießbares Trinkwasser zur Verfügung stand.

Eine Pergamentansicht

Das Aussehen der Burg ist uns von einer detaillierten Ansicht des beginnenden 18. Jahrhunderts überliefert, die vor wenigen Jahren überraschend im Kunsthandel auftauchte und erstmalig eine recht verlässliche Beschreibung der Anlage vermittelt. Die lavierte Tuschezeichnung wurde auf Pergament aufgetragen und kann mit ziemlicher Sicherheit dem Maler Renier Roidkin zugeschrieben werden, der in den zwanziger Jahren des 18. Jahrhunderts damit begann, für die rheinischen Burgenbesitzer naturgetreue Ansichtszeichnungen und zum Teil auch ausgearbeitete lavierte Blätter der Burgen und Schlösser anzufertigen. Ihre Zahl geht in die Hunderte, sie stellen das zuverlässigste dokumentarische Bildmaterial dar, das vor dem 19. Jahrhundert angefertigt wurde.

Das Blatt ist bezeichnet: „Le Chateau et Village de Hemmersbach au pays de Julier."[50]

Die erhöhte Blickrichtung von Osten richtet sich auf das Horremer Ortsbild im Vordergrund, mit seinen niedrigen, eingeschossigen Fachwerkhäusern und Scheuern inmitten von kleinen, heckengesäumten Gärten. Den Bildhintergrund bestimmt die stattliche Burganlage vor der kahlen Erftaue und einem bewaldeten Horizont.

RECHTS: *Die Tuschezeichnung auf Pergament, die der wallonische Maler Renier Roidkin um 1725 von Burg Hemmersbach anfertigte.*

Deutlich zeigt sich nach rechts die erhöhte Hauptburg, die die niedrigere Vorburg mit ihren drei Flügeln überragt. Davor steht die Burgkapelle, die bis zu ihrem Abriss vor wenigen Jahrzehnten unverändert blieb. Weit nach rechts hebt sich der östliche Dammturm ab.

Man erhält den Eindruck, als ob das zwei-, evtl. auch dreigeschossige Burghaus auf einer deutlichen Anschüttung errichtet ist und insofern die zweigeschossigen Vorburgflügel überragt. Ein stattlicher Turm mit spitzer Haube und Dachgauben nimmt die Südostecke der Burginsel ein. Ein Anbau verbindet ihn mit dem höheren Hauptgebäude, dessen Dach zur Westseite in ein hofseitiges Giebeldach ausläuft. Das Giebeldreieck ist gegliedert, vielleicht ähnlich wie der Schaugiebel der benachbarten Burg Frens. Im Dach finden sich Gauben und zahlreiche Kaminaufbauten. Eine Unregelmäßigkeit in der vorgestellten Ostfassade könnte einen konsolgestützten Erker oder Söller andeuten.

Der langgestreckte Ostflügel der Vorburg ist, wie heute noch, von dem dortigen Südflügel abgesetzt. In seinem nördlichen Teil sind drei Obergeschossfenster eingefügt, regelmäßige Dreiecksgauben belüften das Dachgeschoss. Auch der heutige Torbogen zeichnet sich am äußersten Südende dieses Flügels ab. Dicht daneben sitzt ein Kamin im Dach. Allerdings ist diesem Burgtor noch ein weiterer Torbau mit Walmdach so weit vorgestellt, dass dieser sich vor dem letzten Wassergraben befunden haben muss und die dortige Zugbrücke schützte. Die Form dieses Vortores erinnert an das Tor der Redinghovener Burg in Erftstadt-Friesheim. In der Südwestecke des Südflügels ragt eine Laterne an der Stelle des heutigen Eckturmes aus dem Dach. Dahinter, vielleicht außerhalb des dortigen Grabens, ist ein niedriger, nach Süden orientierter Bauteil angeschnitten, vielleicht deckt er auch nur den äußeren Stumpf des älteren Eckturmes mit einem Pultdach ab. Der langgestreckte Westflügel der Vorburg endet nahe dem Burghaus in einem etwas höheren Gebäude mit zwei Dachgauben und Kaminen.

Eine wesentlich ungenauere Darstellung aus dem Codex Welser[51] des Jahres 1723 zeigt zumindest die gleiche Verteilung der Baumassen zwischen Haupt- und Vorburg mit der Lage der Türme und der Brückenzufahrt von Osten über zwei Wassergräben. Allerdings ist das Burgtor in der Mitte des Vorburgflügels und ohne Außentor, jedoch mit einem dort benachbarten, mühlenähnlichen Bauwerk dargestellt, für das es ansonsten keine Belege gibt. Die Burgkapelle und die entfernte Pfarrkirche werden beide in den Randzonen gezeigt – letztere mit Wetterhahn auf dem Turm und auf einer kleinen Anhöhe neben dem Wasserlauf der Erft gelegen. Regelmäßige Gartenbeete rahmen das äußere Burgvorfeld nach Osten und Norden.

Es muss darüber hinaus mindestens noch eine weitere historische Ansicht der Burg aus dem Jahre 1788 gegeben haben, die ihren Zustand demnach vor dem Brand des Jahres 1793 zeigte. Sie befand sich um 1899 im Herrenhaus.[52]

1793 Zerstörung der Burg durch Brand

Nach Ausbruch der Französischen Revolution im Jahre 1789 verstärkte sich die Kriegsgefahr ab 1792 auch im Rheinland. Die Revolutionstruppen Frankreichs drohten in dieses Gebiet einzumarschieren, sodass eigene Truppen des Deutschen Reiches hier

OBEN: *Reiterszene aus der Zeit der napoleonischen Kriege. Das Gemälde von Simon Meister, einem renommierten Künstler des 19. Jahrhunderts, stammt aus dem Besitz der Grafenfamilie von Trips.*

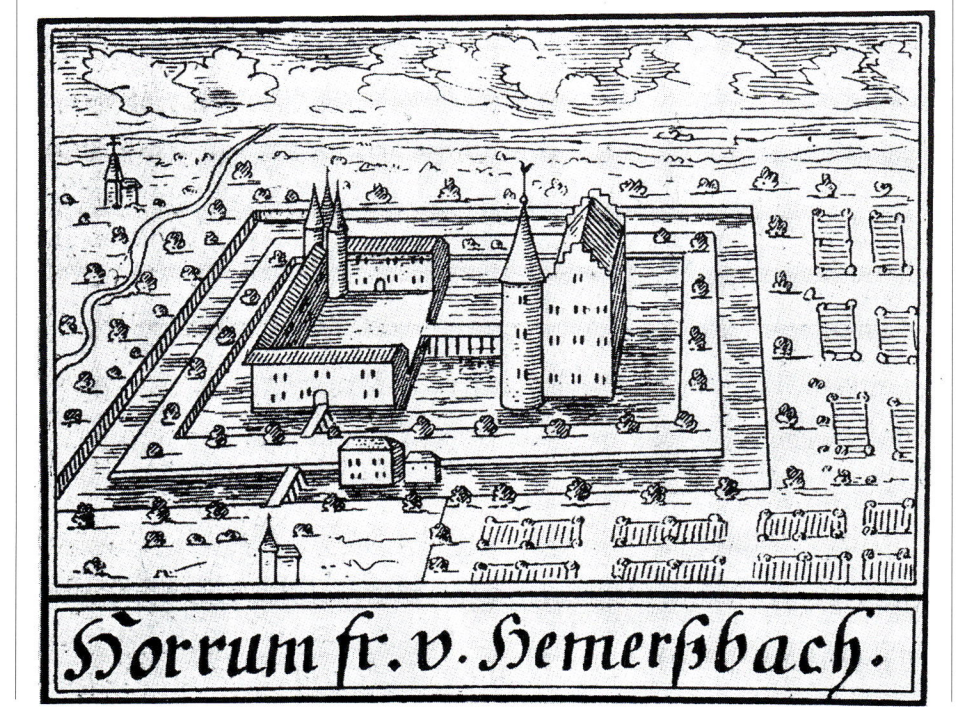

LINKS: *Burg Hemmersbach, dargestellt im Codex Welser, 1723.*

RECHTS: *Franz Adolph Anselm Berghe von Trips (1732-1799) wurde 1751 mit der Herrschaft Hemmersbach belehnt und war somit der erste Trips auf der Burg.*

zusammengezogen wurden. In Burg Hemmersbach stationierte man österreichische Soldaten, während die Familie des Grafen Trips sich bereits nach Düsseldorf zurückgezogen hatte.

In der Nacht zum 4. Januar 1793 brach in der Burg ein Feuer aus, dessen eigentliche Ursache anschließend nicht mehr geklärt werden konnte. Die Schuld daran wurde den einquartierten Soldaten gegeben. Das Burghaus brannte bis auf die Außenmauern nieder, sodass die herrschaftliche Wohnung mit allem Gut darin vernichtet war. Die Karte des Ur-Katasters von 1827[53] zeigt noch die Lage des Burghauses auf seiner abgerundeten Insel. Die Mauern des winkelförmigen Herrenhauses standen demnach nicht im Wasser, sondern auf der Anschüttung der Insel. Von der Brücke aus gesehen scheint der linke Bauteil, bei Roidkin mit dem Giebel zum Hof weisend, der stattlichere und möglicherweise ältere Bauteil gewesen zu sein. Ihm entsprechen heute noch äußerst dicke Fundamentmauern zur Westseite. Der daran anstoßende hintere Querflügel war bei weitem schmaler. Der als Bergfried (Wehrturm) zu bezeichnende Rundturm auf der Südostecke der Hauptburginsel ist in diesem Lageplan isoliert dargestellt. Zusammen mit dem Herrenhaus rahmt er den kleinen Vorhof an der Brückenzuwegung. Mauerverbindungen vom Turm zum mittleren Hauptgebäude fehlen in der Darstellung, auf der die sonstigen zu dieser Zeit wohl noch bestehenden Außenmauern abgebildet sind, sodass dieser bei Roidkin dargestellte Flügel dem Brand entweder vollends zum Opfer gefallen sein dürfte oder beim zumindest provisorischen Ausbau der Brandruine vor 1827 niedergelegt wurde.

Im Morgengrauen des 9. September 1797 griff ein weiteres Großfeuer in der Vorburg um sich und zerstörte auch noch die bislang intakt gebliebenen Wirtschaftsflügel mit Scheunenbau und Rentmeisterwohnung. Das Unglück für Hemmersbach war perfekt und der Ruin der inzwischen „bürgerlichen" Trips, der citoyens des französischen Staates, kaum noch aufzuhalten.

Allein das erhebliche Erbe seiner Frau Elisabeth Freiin von Lemmen rettete Ignaz Eduard und damit die Familie Berghe von Trips vor dem Offenbarungseid und ermöglichte eine schrittweise Sanierung ihrer gesellschaftlichen Position und ihres verbliebenen Immobilienvermögens.[54] So finden wir in den Archivunterlagen eine Auflistung der Assekuranz, einer Feuerversicherung, die für 1824 ein benutzbares Herrenhaus und eine wieder funktionierende Vorburg wertmäßig auflistet.[55] Die Lagepläne des Jahres 1827 bestätigen dies für das Herrenhaus insoweit, als dessen Gebäudegrundriss insgesamt und nicht nur einzelne Umfassungsmauern dargestellt sind. Auch heißt es in der Auflistung der Assekuranz: „Sämtliche vorbeschriebenen Gebäulichkeiten sind mit Mauerwerk aufgeführt und mit Ziegeln gedeckt."

Die Qualität des Ruinenausbaus scheint indessen nicht sehr gut gewesen zu sein, da die Familie in Düsseldorf wohnen blieb. Erst spät wurden Pläne für einen zeitgemäßen Wohnbau in Hemmersbach entworfen, der als Neubau ausgeführt werden sollte.

Neuaufbau der Burg nach Plänen Wallés

Ein erster Bauentwurf

Am 18. November 1837, 44 Jahre nach dem vernichtenden Brand auf Burg Hemmersbach, stellte der Kölner Architekt und Baumeister Johann Anton Wallé in einem ersten Brief an seinen künftigen Bauherrn Ignaz Eduard Graf Berghe von Trips seine Entwurfsideen zum Neubau des Burghauses auf der alten Burginsel vor:

„Den Bau des Burghauses betreffend habe ich die Skizzen nun auf gewöhnliches Papier gebracht, um dieselben erst nach Ihrer Genehmigung gehörig auszuzeichnen.

Erklärung der Grundrisse:

Erdgeschoß: Durch 2 Glastüren mit farbigem Oberlicht gelangt man in das geräumige Vestibule. Auf der linken Seite liegt der Speisesaal, rechts die Wohn- und Arbeitszimmer mit einem gewölbten Archiv im Thurm. Nach hinten rechts liegen die Räume für die Bedienten, u. links die Räume für die Küche. Bei der letzteren ist keine Speisekammer angebracht, indem man ganz in der Nähe durch eine Hinterthüre in den Keller gelangen oder auch die untere geräumige Treppenhälfte – durch einen guten Verschlag abgeschlossen – dazu benutzen kann. Der Treppenpodest liegt so hoch, daß man rechts unter demselben auf dem Abtritt fürs Gesinde, u. über demselben auf den Abtritt für die Herrschaft gelangt, u. da die Etagenhöhe 14 Fuß im Lichte beträgt, so verschwinden die Abtritte in der Belle-Etage ganz. Die genannten Abtritte haben jeder ein Fenster u. stehen mit einem Kanal bis aufs Wasser mit dem Weier in Verbindung, wodurch aller Geruch vermieden wird. Endlich sind alle Zimmer heitzbar und der größte Teil der Oefen wird von außen bedient.

Belle-Etage: In derselben sind 10 Zimmer von verschiedener Größe und

Wasserbecken sollten für die untere Halle ein beeindruckendes Raumerlebnis vermitteln. Ein zusätzlicher Lichtschacht würde den Nebenflur beleuchten.

Der Entwurf war sicherlich beeindruckend und stark von englischen Vorbildern bezüglich der Raumdisposition beeinflusst. Nach außen bestimmte eine klassizistische Fassadengestaltung mit hohen und äußerst dicht gereihten Fenstern zwischen gequaderten Putzflächen und unterschiedlichen Geschossgesimsen das Erscheinungsbild des Hauses. Die außermittige Anlage der über wenigen

LINKS: *Die Fassadenansicht des neuen Burghauses auf dem ersten, nicht ausgeführten Bauentwurf von Johann Anton Wallé aus dem Jahr 1837.*

UNTEN: *Grundrisse zum ersten, nicht ausgeführten Bauentwurf Wallés: unten das Erdgeschoß, darüber die Erste Etage.*

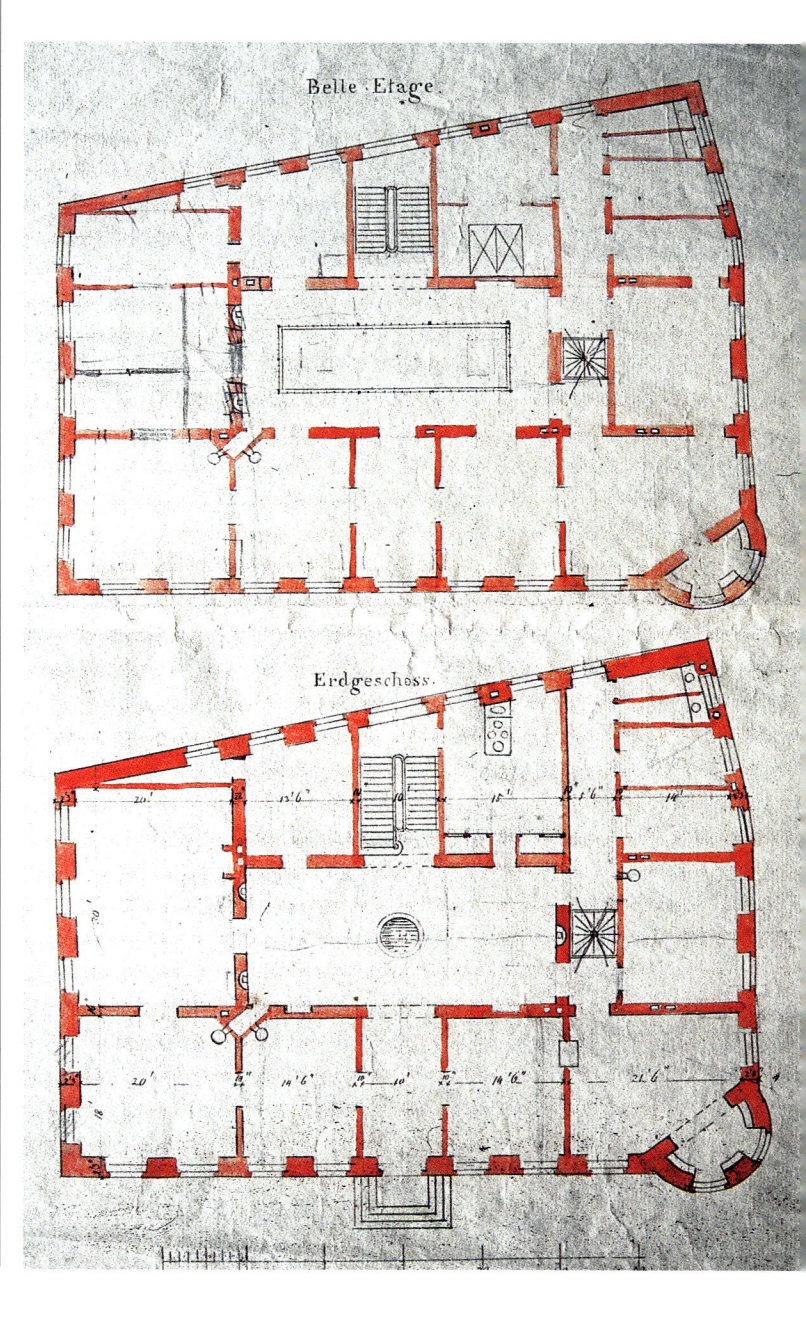

alle zusammenhängend angebracht, wodurch ein seltenes Ensemble erhalten wird. Der größte Teil der Zimmer ist auch einzeln zu gebrauchen und kann von außen beheizt werden. Die Höhe dieser Etage beträgt ebenfalls 14 Fuß im Lichten. Ich bemerke, daß am mittleren Zimmer ein Balkon angebracht ist, welcher verschiedenen Zwecken entspricht:
1) dient er zur Zierde der Südseite als Hauptseite des Burghauses,
2) im Falle, jemand erkrankt, um bei der Wiedergenesung ins Freie zu gehen, ohne die Treppe etc. passiren zu müssen,
3) bei festlichen Gelegenheiten, wobei es nötig, daß die Hauptperson sich vom Balkon aus dem Publikum zeigt.

Das Geländer dieses Balkons wird aus Gußeisen angefertigt, und werden in den 2 großen Feldern desselben die Wappen von Ihnen u. Ihrer Frau Gemahlin reich verziert angebracht.

Um das Dach nicht kolossal u. kostspielig zu machen, soll dasselbe aus 2 Theilen bestehen, wie die punktirten Linien in dem Grundrisse der Belle-Etage angeben. In der Höhe des Dachbodens ist auf dem Thurm ein Belvedere angebracht, von wo aus man die Obstgärten u. andere Umgebungen übersehen kann. Das Dach wird mit Schiefern und der Belvedere mit Blei gedeckt; und bemerke ich noch schließlich, daß die Hauptzimmer an der Süd- und Ostseite liegen.

Blatt III: Auf demselben ist die untere Facade zur Südseite entworfen, welche den Grundrissen anpassend ist. Es sind nur wenig Haussteine dazu nothig, und habe ich überhaupt den Plan so gedacht, daß der größte Theil der Mauern u. Wände von Ziegelsteinen angefertigt wird, welche in der dortigen Gegend fabrizirt werden müssen.

Neben dieser Ansicht habe ich eine zweite gezeichnet, wodurch – wie Sie sehen werden – eine andere Fenstereintheilung erfordert wird. Der Kostenanschlag ist bis zu Ihrer Genehmigung des Planes ausgesetzt, auch habe ich auch den Anschlag zum Fruchtspeicher bis zur nächsten Arbeit vertagt ... Wallé."[56]

Die Planung zeigt einige Besonderheiten. Sie gruppierte den Baukörper mit den Wohnräumen um eine zentrale Halle, die von oben durch einen obergadenartigen Pavillonaufsatz über dem Dach belichtet wurde. Dichte, pilastergerahmte Fensterreihen folgten dem Raummaß der unteren Halle. Die Obergeschossräume sollten durch eine mit Geländern abgesicherte umlaufende Galerie, die die Lichtachse nach unten einschnürte, belichtet werden. Wandnischen für Figuren und ein zentrales rundes

OBEN: *Das neu gebaute Herrenhaus nach dem Entwurf Wallés, um 1870. Links auf der Lithografie sieht man die Vorburg, im Vordergrund die Chaussée von Bergheim nach Horrem.*

RECHTS: *Die Fassadenansicht auf dem zweiten, ausgeführten Plan von Wallé aus dem Jahr 1839, rechts die Andeutung des Eckturmes.*

Stufen erhöhten Tür wurde durch den rechts halbrund vorspringenden Turmstumpf aufgewogen, den ein Belvederegitter bekrönte. Die Dächer waren als Pultdächer entworfen und lehnten sich an das innenseitig hochgeführte Mauerwerk der zentralen Halle, das über diesem Dachansatz den durchfensterten Pavillonaufsatz tragen sollte.

In dieser interessanten Formdurchmischung lag auch die Schwäche des Entwurfs. So war für das Innere des Hauses ein intimeres Wohnen nicht möglich, da die durch alle Geschosse führende Halle jede Bewegung im Hause übermittelte. Nach außen bestimmten mit dem Pavillonaufsatz letztlich barocke Elemente die ansonsten klassizistische Architektur. Auch war der sehr langgestreckte Dachanschluss an den Turmstumpf ungünstig und die dichte, umlaufende Fensterreihe brachte Unruhe in die harmonische Proportion des Gebäudekubus.

Der Neubau

Dieser erste Entwurf fand nicht den Gefallen des Bauherrn. So entwickelte Wallé einen Alternativplan, der von der gleichen Grundrissform des Baukörpers ausging und allein die innere Disposition der Räume und das Fassadenäußere mit der Verteilung der Fensterachsen variierte.

Nach außen blieb der Mauerwerkskubus auf der gleichen Grundfläche des ersten Entwurfs. Die Anzahl der Fensterachsen wurde jedoch zurückgenommen, was – im Verhältnis von geschlossenen zu offenen Fassadenflächen – eine bessere Proportionierung der Gesamtfassade zur Folge hatte. Auch der außermittige Hauptzugang und die großen Treppenhausfenster nach Norden wurden aus dem Vorentwurf übernommen. Das Problem der Dachgestaltung über dem trapezoiden Hausgrundriss erfuhr eine konsequent einfache Lösung, ohne die Dachform überproportional hoch zu führen: Wallé setzte zwei Walmdächer nebeneinander und fand damit auch einen eleganteren Dachanschluss der flachen Turmterrasse, die weiterhin als Belvedere genutzt werden konnte.

Im Inneren wurde die Idee einer von oben belichteten Halle verworfen. Relikt dieser Idee blieb die zum Eingang und zum Treppenhaus quer gelagerte breite Flurzone mit einer allerdings nur für das Obergeschoss wirksamen Oberlichtbeleuchtung, eingepasst in die dortige Kassettendecke. Dabei gewannen die angrenzenden Räume an Tiefe hinzu. Ergänzt wurde der Grundriss allerdings durch ein zusätzliches Nebentreppenhaus.[57]

Diese Planung sandte Wallé am 8. Januar 1839 an seinen Auftraggeber: „Folgende kurze Erklärungen erlaube ich mir beizufügen:
1) Grundriß des Kellers:
Enthält an der Ostseite den Hauseingang von außen, links geht man in einige Keller des Rentmeisters, rechts

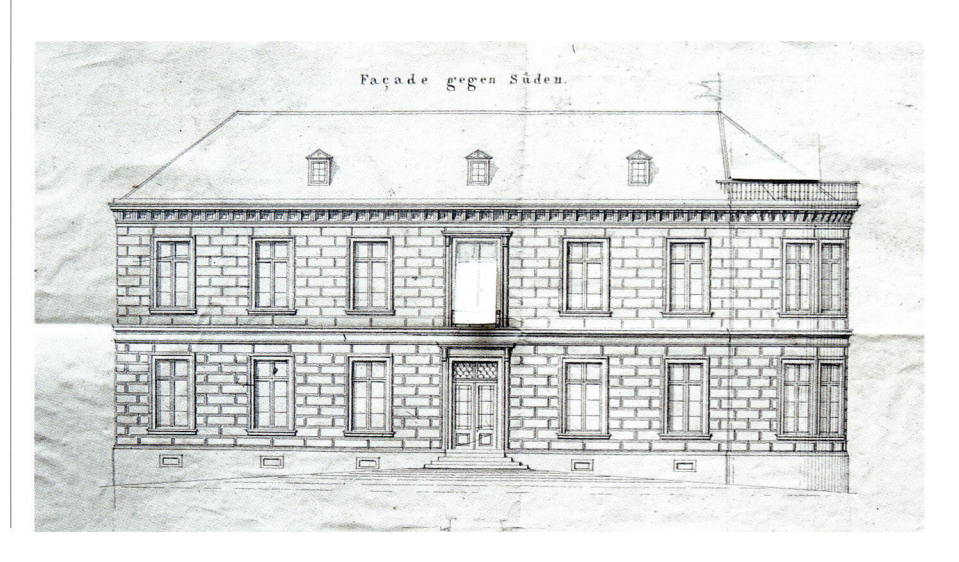

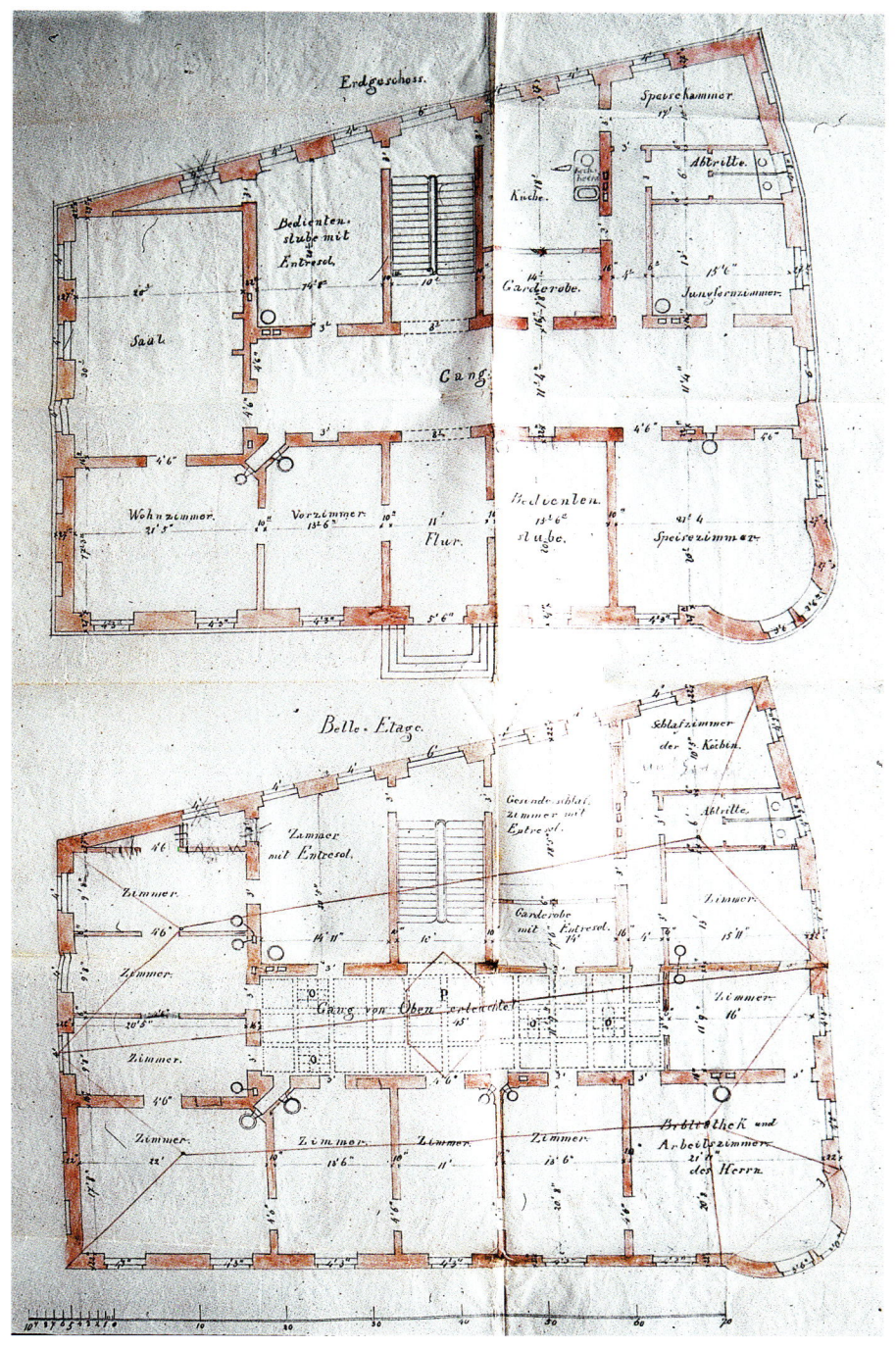

und gerade aus in die herrschaftlichen Keller. Ueberhaupt können hier Keller abgegraben oder behalten werden, wie es ihnen gefällig ist. Dieser Haupteingang von außen soll vorzüglich dazu dienen, die Keller zu füllen, wogegen die Küchenbedürfnisse im Einzelnen über die Treppe (N), welche unter der Haupttreppe liegt, herbeigeschafft werden. Die Kamine werden größtenteils im Keller gereinigt – an den kleinen viereckigen dunklen Stellen..."

Im März 1839 begannen die Neubauarbeiten. So heißt es am 1. März in einem Brief Wallés an den Reichsgrafen: „... erlaube ich mir zu benachrichtigen, daß mit dem Abbruch der Umfassungsmauern bis auf die nöthige Tiefe fortgefahren wird u. daß ich vorigen Montag und Dienstag dort zur Nachsicht gewesen bin. Das äußere Gemäuer ist namentlich an der Nordseite stark verwittert und muß 1-1 1/2 Fuß tief gänzlich abgeschroten werden, um wieder festen Grund zu bekommen. Die Biegung der Ostseite läßt sich bei dieser Gelegenheit sehr gut wegbringen, was ich auch angeordnet habe, so daß wir hier – wie an den übrigen Seiten – eine gerade Flucht bekommen ..."

Im Brief vom 20. März: „... habe ich die Ehre zu antworten: daß nicht alle alten Keller der neuen Einrichtung wegen abgetragen werden müssen, vielmehr die Keller längs der Westseite ganz gut auf den neuen Plan passen."

OBEN: *Holzkonsole des Traufgesimses am Burghaus, 1840.*

LINKS: *Der Grundriss vom Erdgeschoss und der Ersten Etage, noch ohne Nebentreppenhaus. Der obere Flur mit Oberlichtbeleuchtung.*

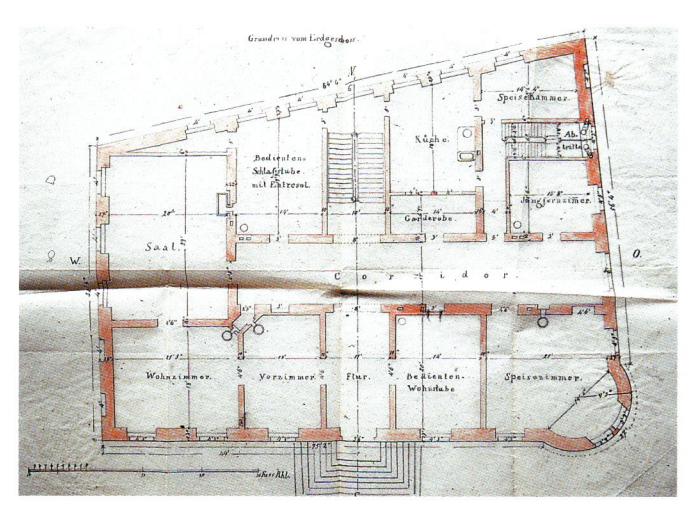

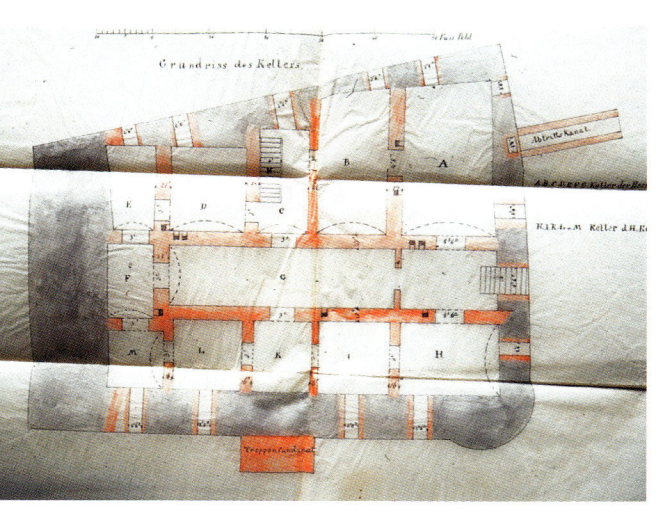

LINKS: *Die ausgeführten Grundrisse: links das Erdgeschoss, rechts der Keller mit älteren Grundmauern, 1839.*

RECHTS: *Fassadenansichten und Schnittzeichnung des Burghauses von Wallé, 1839.*

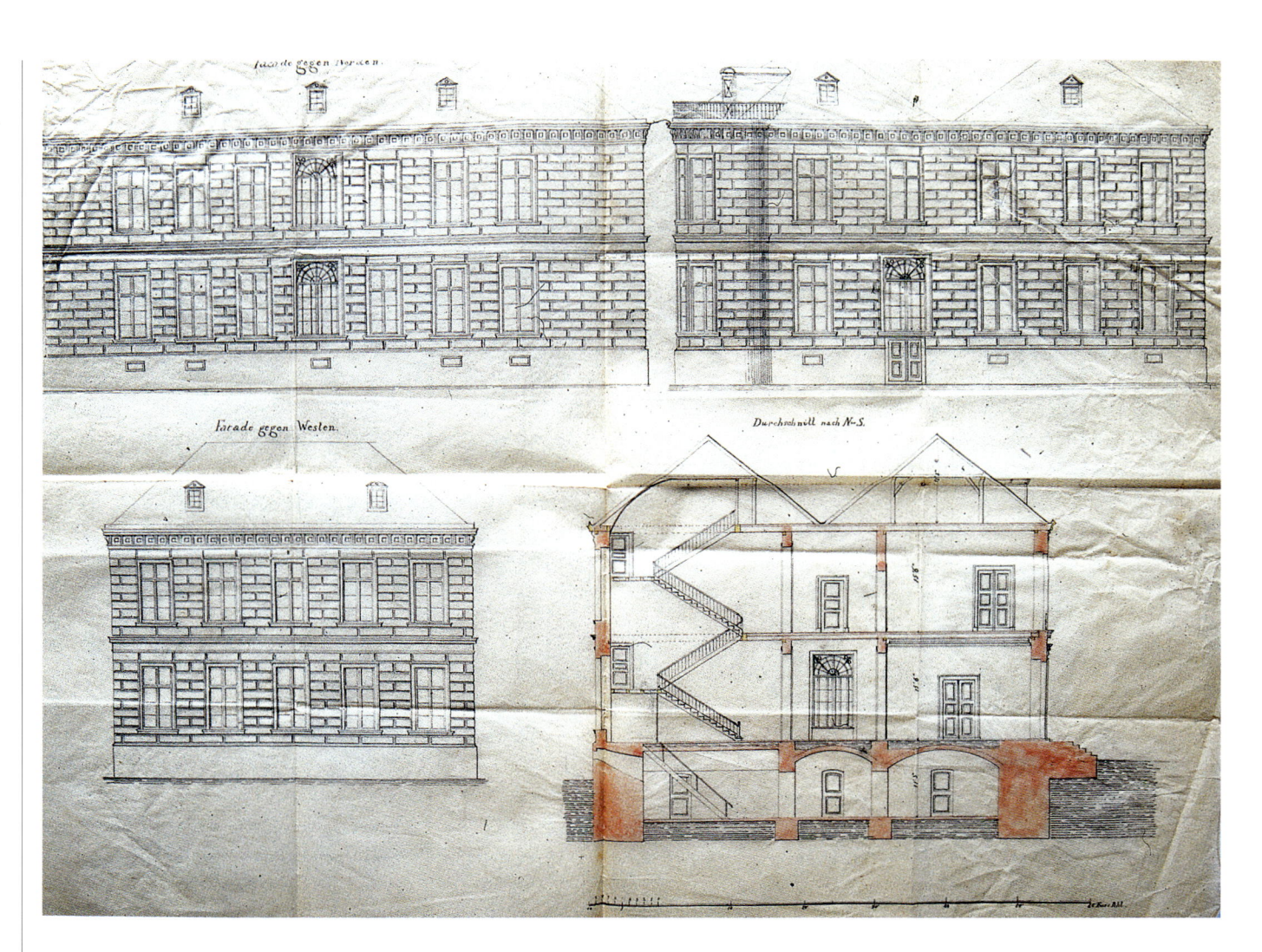

RECHTS: *Der Eingang der Hauptburg, 1961.*

Am 30. Januar 1840 neigen sich die Rohbauarbeiten allmählich ihrem Ende zu: „Was die Fortsetzung des Baus angeht, so bemerke ich, daß die Arbeiten des Zimmermanns und Dachdeckers noch zu vermessen und zu berechnen sind; ferner sind Zeichnungen zu den Dachlaternen, Treppen, Geländer, Stuckleisten und Nischen, Thüren, Fenster, Fußleisten etc. anzufertigen und zu bestellen. Das Glas und die Freitreppe sind noch zu bestellen, die Verputzarbeiten, das Legen der Flurplatten etc. mit dem Maurer zu verakkordiren, desgleichen die Einrichtung der Abtritte etc. zu besorgen..." [58]

Im übernächsten Jahr war der Neubau des nunmehrigen Schlosses ausgeführt.

Ab 1876
Umbau und Erweiterung

Durch die besonderen gesellschaftlichen Verpflichtungen des Reichsgrafen Clemens Maximilian, der von Kaiser Wilhelm I. zum Kammerjunker und von dessen Enkel Wilhelm II. schließlich zum Kämmerer ernannt worden war, sah sich der Nachfahr von Ignaz Eduard genötigt, Erweiterungen in der Burg vorzunehmen.

Ein fünfachsiger Grundrissplan zeigt die neuen Fremdenzimmer, die 1876 über dem Pferdestall eingerichtet werden sollten. Möglicherweise ist damit der nördliche Stallungsflügel auf der Westseite der Vorburg gemeint. Die innere Aufteilung sah Trennwände aus Fachwerk vor.[59]

Am 21. Dezember 1879 legte der Kölner Architekt Joseph Seché eine Rechnung zur Rentmeisterwohnung vor: „September 20, Reise nach Horrem, Fassadenzeichnung der Rentmeisterei, 3 Blatt Detailzeichnungen, Zeichnung der Trottoiranlage, Zeichnung der Haustür."[60] Aufgelistet werden die Plattierung, die Asphaltierung eines Trottoirs vor der Wohnung mit Durchgang, vier Türen, Gewände, ein Spülstein. Im Grundriss ist ein Laufteppich für den Korridor vorgesehen, im Saal mit großem zentralem Ofen ein „etwas elegantes Muster" für den Fußboden und im Schlafzimmer ein „Scandinavier Teppich zum Schutz gegen die Kälte". Der erwähnte Durchgang – es gibt in der Vorburg nur einen – liegt im Ostflügel vor der Gartenbrücke.

Im Sommer des Jahres 1889 führte Joseph Seché für den Reichsgrafen eine Erneuerung der bislang einläufigen Freitreppe in das Herrenhaus durch: „...Ausfertigung einer geschweiften Freitreppe im Rococotyp sowie einer Fassadenskizze im Maßstab 1:100 ... zum Bau der jetzt fertiggestellten Treppe auf Burg Hemmersbach."

Eine erhaltene Zeichnung zeigt eine zweiläufige, geschwungene Freitreppe mit zentralem oberem Podest, das söllerartig vorschwingt. Steinbalustraden rahmen die Aufgänge. Als Material wurde Sandstein gewählt, den eine Firma aus Königswinter lieferte.[61]

1897 erhielt das Schloss eine elektrische Schellenanlage von den Herrschaftsräumen zum Personal.

Die Neugestaltung des Herrenhauses

Als wichtigste Neubaumaßnahme ließ Clemens Maximilian von 1899 bis 1903 einen größeren und repräsentativen „Rittersaal" als Festsaal an das Herrenhaus anfügen. Der bisherige Saal war für gesellschaftliche Veranstaltungen einfach zu klein und in seiner Ausgestaltung nicht mehr angemessen. In diesem Zusammenhang wurde aber auch das Burghaus selbst vergrößert.

Im Mai 1899 legte der Kölner Architekt Karl Thoma die Pläne zum Umbau vor. Thoma scheint noch im gleichen Jahr als Regierungsbaumeister nach Bonn, in die Kaiserstraße 55, gezogen zu sein und die anschließende Bauleitung von dort ausgeführt zu haben.[62] Offenbar wurde, parallel zur Anfertigung der benötigten Mauerziegel in eigenen Feldbrandöfen (s. S. 93), umgehend und mit Hochdruck an den Baumaßnahmen gearbeitet.

An die Nordostecke des Herrenhauses fügte man einen im Grundriss fast quadratischen Flügel an, der in den dort verbreiterten Burggraben gestellt wurde und die gleiche, mehrgeschossige Höhe und neue Dachform erhielt wie das Vordergebäude. Über seinem Kellergeschoss entstand der stattliche Festsaal mit Wandtäfelungen, Wandschränken und einer großen, in eine Nische eingefügten Glasvitrine als Büffet. Im Herbst des Jahres 1901 waren dieser Raum fertiggestellt und die letzten Rechnungen bezahlt. 1916 wurde ein offener Zierkamin aus weißem und schwarzem Marmor eingebaut, der in Renaissance-Formen mit zierlichen Balusterstützen und an seiner Rückwand mit alten, geprägten Kaminziegeln und einer eisernen Kaminplatte versehen war.[63] Zurückhaltende Stuckelemente mit profilierter Hohlkehle und Mittelrosette an der Decke kontrastierten mit dem Eichenparkett des Fußbodens.[64] In diesem Zusammenhang wurde wohl auch eine repräsentative Deckenlampe mit 15 elektrischen Birnen angeschafft.

LINKS: *Blick von Nordosten auf Burg Hemmersbach um 1860. Interessant auf dieser Lithografie von Ferdinand Müller sind die Detailzeichnungen im Rankenwerk rings um die Hauptansicht.*

BURG HEMMERSBACH

OBEN: Karl Thoma's Pläne für die Erweiterung der Burg aus dem Jahr 1899.

OBEN: Türgriff mit dem Trips'schen Wappen.

IN DER HAUPTBURG

Die Baumaßnahmen des 19. Jahrhunderts schufen ein gesellschaftlich-repräsentatives Schloss. Alte Statussymbole wie das Turmmotiv, der offene Kamin, die Wappenembleme der Tür- und Fenstergriffe knüpften bewusst an die große Tradition des Adelssitzes an. Die Elektrifizierung von 1916 bot moderne Qualität.

OBEN: Der ehemalige Speisesaal und Festraum mit Wandkamin im Jahr 2000. Graf Clemens Maximilian hatte diesen „Rittersaal" zwischen 1899 und 1903 neu an das Herrenhaus anfügen lassen.

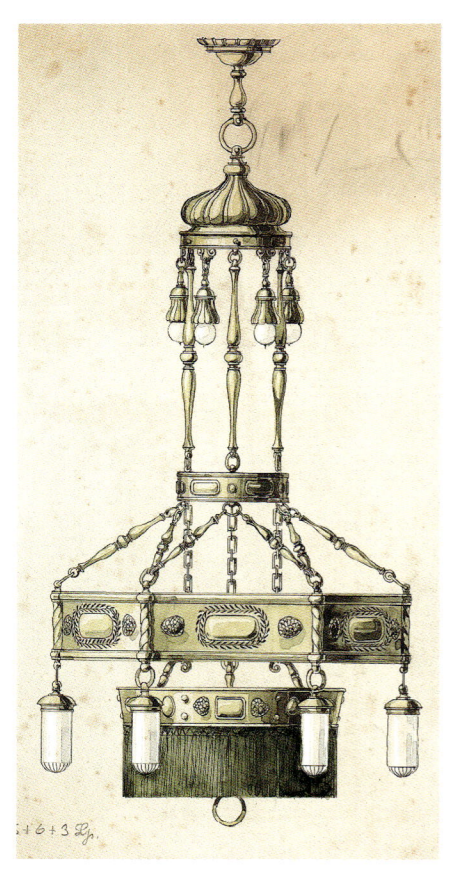

OBEN: Elektrischer Kronleuchter für den Speisesaal, 1916.

IN DER VORBURG

LINKS OBEN: *Stall für Zuchtbullen im Südflügel der Vorburg in den 1920er Jahren.*

LINKS MITTE: *In den 1980er Jahren wurden die Stallungen zu einer Büroeinheit umgebaut, die historischen Eisengusssäulen blieben in die Neugestaltung integriert.*

LINKS UNTEN UND OBEN MITTE: *Die wieder freigelegten Säulen, nachdem die Einbauten 2001 entfernt worden sind.*

RECHTS: *Säule Nr. 598 aus dem Musterblatt der Kölner Firma E. von Köppen & Co.*

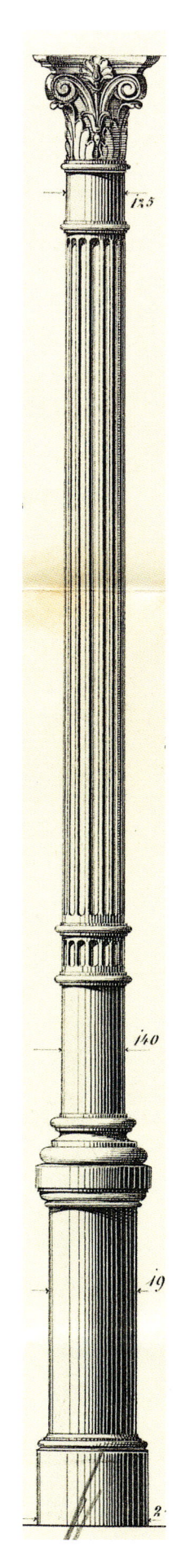

OBEN: *Der Westflügel der Vorburg, 1960.*

Im gleichen Jahr erhielt die Herrschaftsgarderobe einen zweiteiligen Marmorwaschtisch.

Ein weiterer großer Saal entstand im Obergeschoss dieses Flügels, der als Schlafzimmer der Herrschaften diente. Ein östlicher Austritt über dem dortigen Erdgeschosserker bot der Morgensonne Einlass.

Der ältere Bauteil des Architekten Wallé blieb in seinen wesentlichen Grundzügen in dem Umbau erhalten und sichtbar. Gleichwohl waren die Veränderungen beachtlich. Geht man von den Ursprungsplänen aus, so war das Gelände vor der Hauptfassade um die Hälfte des Sockelgeschosses angeschüttet und die Kellerfenster entsprechend klein. Entweder mit der Treppenerneuerung des Architekten Seché oder spätestens mit diesem Umbau wurde das Terrain auf das allgemeine Hofniveau abgesenkt, wurden die Kellerfenster deutlich vergrößert und die erst zehn Jahre zuvor neu gebaute, barockisierende Freitreppe gegen eine in klassizistischem Stil gehaltene Freitreppe mit rechtwinkligen Wendelungen, Eisengittern und Putzpfeilern mit Vasenbekrönungen ausgetauscht. Die Fenster und die Fassadengliederungen mit ihren aufgeputzten Quadergliederungen blieben unangetastet, desgleichen das auf hölzernen Volutenkonsolen aufruhende Traufgesims, das auch in den Neubautrakt weitergeführt wurde.

Das Dach allerdings erhielt ein völlig neues Gesicht. Die beiden parallel angeordneten Walmdächer von 1840 wurden entfernt und an ihre Stelle gelangte ein umlaufendes Mansarddach mit Schieferdeckung. Für den breiteren Altbau wurde ein zusätzliches, abgeflachtes Metalldach aus Zink notwendig.[65] Klassizistische Satteldachgauben rhythmisieren nun in regelmäßiger Anordnung und abgestufter Größe die Dachflächen. Über dem betonten Haupteingang entstand ein gestufter Zwerggiebel mit seitlichen Voluten und einer eingepassten, bis heute erhaltenen Uhr. Die Dominanz wurde indessen dem aus der Fassade auskragenden Turmelement der Wallé'schen Planung zugestanden, das jetzt mit einem hohen geschieferten Aufsatz und einer Glockenhaube mit Laternenbekrönung und Wetterfahne zum beherrschenden Architekturelement des Herrenhauses wurde und mit diesem Element an die mittelalterliche Burgtradition anschloss.

Die inneren Raumgrundrisse blieben weitestgehend unangetastet. Nur musste ein angemessener Zugang vom zentralen Flur in den großen Saal geschaffen werden, wozu kleinere Raumeinheiten Wandlungen erfuhren.

Einer Planauflistung des Jahres 1909, die anlässlich der beabsichtigten Elektrifizierung der Gesamtanlage erstellt wurde, lässt sich die Nutzung der jeweiligen Räume entnehmen.[66] Vom Haupteingang gesehen ergibt sich für jede Ebene des Gebäudes im Uhrzeigersinn, links angefangen folgende Raumzuordnung:

Keller: Vorratskeller, Kokskeller, 2 Essräume, Flur, Kohlenkeller, Treppe, Vorratskeller, Küche.

Erdgeschoss: Haupteingang, Kleiner Salon, Roter Salon, Grosser Salon, Musik-Salon, Treppenhaus, Garderobe, Spülraum (darüber ein Zwischengeschoss über interne Treppe erreichbar mit Dienerzimmer, Nebenzimmer, Burschenzimmer, Flur), Flur, Speisesalon, Nebentreppe, Garderobe, Toilette, großer Flur, Salon des Grafen (Turmzimmer), Schreibzimmer des Grafen.

1. Stock: Fremdenzimmer (über dem Haupteingang), Fremdenzimmer, Fremdenzimmer, Nebenräume, Fremdenzimmer, Fremdenzimmer, Treppe, Nebenräume (mit Treppenzugang vom unteren Zwischengeschoss), Flur, Garderobe, Schlafzimmer der Herrschaft, Nebentreppe, Leinenzimmer, Zimmer des Dienstmädchens, großer Flur, Salon der Frau Gräfin (Turmzimmer), Salon des ältesten Sohnes.

2. Stock: Zimmer der Lehrerin (über dem Haupteingang), Schulzimmer, Zimmer Nr. 15, Zimmer des Sohnes Graf Friedrich, Kinderzimmer, Kinderzimmer, Treppe, Badezimmer, Lehr-Zimmer für Knaben, Treppe zum Dachboden, Flur, Schneiderin, Küchen-

OBEN: *Die Treppe der Rentmeisterwohnung neben dem Torturm, die 1985 zerstört wurde.*

magd, Köchin, Kammer-Jungfer, Nebentreppe, Salon der jungen Gräfin, Nähzimmer der jungen Gräfin, großer Flur, Schlafsaal der jungen Gräfin (Turmzimmer), Schlafsaal der jungen Gräfin.

Mansarde (Dachgeschoss), neben der hinteren Treppenstiege gelegen: Zimmer für Stubenmädchen, Zimmer für Küchenmädchen, Zimmer für Stubenmädchen (Turmzimmer), Kammer-Jungfer. Der restliche Bereich dieser Ebene war nicht unterteilt und wurde als Dachboden genutzt.

In der Vorburg begannen größere Um- und Neubauarbeiten ab 1904. Der Kuhstall, Pferde- und Schweineställe sowie die Scheune wurden neu errichtet, wobei man die Mauerteile der bisherigen Gebäude, die verwertbar waren, übernahm. In die Stallungen des Südflügels kamen gusseiserne Stützen der Köln-Ehrenfelder Firma E. von Köppen. Sie wurden mit der Bahn angeliefert und sind über die letzten Umbauten hinweg bis heute erhalten geblieben.

Im gleichen Jahr lag der Baubehörde ein Antrag zur Wiederherstellung des südwestlichen Eckturmes vor, dessen grabenseitiges Obergeschoss neu aufgemauert werden sollte. Vorgesehen waren zwei neue Gewölbe aus Schwemmstein in den beiden Nutzebenen und wenige spitzbogige und einige Schlitzfenster, dazu ein äußerer Spitzbogenfries. Eine geschweifte barocke Haube bekrönte schließlich das prägnante Bauwerk, das zur Innenseite und im Sockel noch sein älteres Mauerwerk bewahrt hatte. Ein schmaler Flur mit festen Türen verbindet diesen Turm, der in der Folge als Archivraum diente,[67] mit dem Innenhof.

1907 entstand die Gartenbrücke neu, ein Jahr später folgte eine neue Feldscheune und 1912/13 neue Hunde- und Hühnerställe. 1934 schließlich kam der kleine Anbau in die Hofecke vor dem Burgtor. Er diente als Kühlraum für die Milch.

Heutiger Zustand und Alter der Bauten

Durch die Baumaßnahmen des 19. und 20. Jahrhunderts hat sich die alte Burg zu einer schlossähnlichen Anlage gewandelt und trägt alle Spuren einer langen Vergangenheit in sich. Verloren ist heute jedoch die Nutzung und der über Jahrhunderte bestehende Charakter als Herrensitz und „besseres" Wohnhaus einer Familie.

Als zweifellos ältester Bauteil ist das System der Wassergräben – einst wichtiger Schutz für Leib und Leben, heute romantischer Aspekt einer entrückten Kulturinsel – erhalten geblieben, auch wenn sich die Formgebung partiell etwas gewandelt hat. Weiterhin existieren noch vier Türme an den wichtigsten Ecken der Anlage. Der Torturm der Vorburg ist sicher der älteste von ihnen und kann mit seinem Gewölbe und dem spitzbogigen Trachytgewände in das 15. Jahrhundert datiert werden. Die äußere rechteckige Mauerblende zeigt noch, wo einstmals die Zugbrücke einschwingen konnte. Im linken Mauerzwickel findet sich – inzwischen zugeputzt – ein kleiner Mauerschlitz. In ihm saß das Rad, über das die Kette der Zugbrücke

UNTEN: *Der südwestliche Eckturm der Vorburg, der als Archiv diente, 1960. Gut zu unterscheiden sind die Spuren des Umbaus im Mauerwerk, ab 1904.*

OBEN: *Die beiden Südtürme der Burg, um 1908.*

ins Innere zur Winde geführt wurde.

Es folgt der schräg in die südwestliche Vorburgecke eingefügte Turm mit seiner reizvollen Haube, die ihm im Jahre 1904 aufgesetzt wurde. Er diente der Sicherung der Außenseiten. Die beiden nördlichen Türme kamen im späteren 17. Jahrhundert als Ersatz für ältere Bauten dazu. Sie repräsentierten einst weltliche Macht mit Recht und Gesetz der Herrschaft Hemmersbach, denn in ihnen waren das Gefängnis und die Wärterwohnung untergebracht.

In allen Vorburgflügeln stecken Reste der aus der Barockzeit stammenden Mauern, doch sind sie im späteren 19. und zu Anfang des 20. Jahrhunderts im Wesentlichen überformt und ansonsten erneuert worden.

Das Burghaus der Hauptburg steht an derselben Stelle wie die Vorgängerbauten, sein Mauerwerk stammt aus dem 19. Jahrhundert. Einzelne Fundamente und mindestens die westlichen Tonnengewölbe des Kellers wurden von den alten Gebäuden übernommen, der trennende Graben zur Vorburg verfüllt.

Die Ausstattungen dagegen wurden frühestens im 19. Jahrhundert nach dem Wiederaufbau der Anlage eingefügt. Das Mobiliar ist nahezu vollständig entfernt. Restliche Gegenstände, Möbel, Bilder, Bibliothek und Weiteres finden sich nur noch in den Beständen des angrenzenden Stiftungsgebäudes.

Allein die hölzernen Torflügel des Burgtores, die seit dem 15. Jahrhundert Abweisung oder Einlass boten, reichen in Zeiten zurück, in denen sie Musketenkugeln Widerstand leisten mussten.

Die Wasserumwehrung

Der schnurgerade Verbindungsweg zwischen dem östlich, in hochwasserfreier Zone gelegenen Dorf Horrem und der Burg Hemmersbach führt mit seinem Fahrdamm in die ehemals feuchte Erftniederung und direkt auf den gotischen Torturm der Vorburg zu. Früher, d.h. im 17. Jahrhundert, wurde dieser Wirtschaftshof der Burg auch „unterhoff" genannt. Die Hauptburg war ausschließlich über diesen Hof zu erreichen.

Traditionell schützten jeweils mehrere Wassergräben die zahlreichen rheinischen Wasserburgen. Sie waren, wie auch hier, in den zumeist morastigen Flusstälern im Randverlauf des breiten, politisch einst hoch bedeutenden Grenzgebietes des damals breit versumpften Erfttales angelegt. Den überlieferten Kartendokumenten zufolge besaß Hemmersbach insgesamt vier schützende, wassergefüllte Grabenringe von unterschiedlicher Breite: Drei äußere Wassergräben umzogen das gesamte Areal mit Vorburg und Burghaus, getrennt durch schmale Dämme, die ein rasches Vordringen von Angreifern mit Booten und Flößen behinderten.

Das mittelalterliche Burghaus stand auf einer separat wasserumgrenzten Kerninsel. Eine Brücke führte von der Vorburg zum inneren Wohnbezirk des Burgherrn.

Die Wassergräben bestanden in der Regel nicht aus stehenden Gewässern, in denen das Wasser vor sich hin faulte, sondern waren in ein ausgeklügeltes System von Wasserzufuhr und -ableitung eingebunden. Entsprechend wurde Frischwasser vom Oberlauf des Talgefälles über schmalere Zuleitungskanäle zugeführt und konnte über Wehre geregelt werden. Davon profitierten auch die herrschaftlichen Bannmühlen („Zwangmühlen"), die als Wassermühlen von der Fließgeschwindigkeit der Wasserzufuhr abhängig waren und somit nicht immer in unmittelbarer Nachbarschaft der Burgen, wie z.B. in Türnich oder Bedburg errichtet werden konnten. Zur

OBEN: *Die Gartenbrücke zur Ostseite, 1907 errichtet. Im Hintergrund ist der nordöstliche Dammturm zu erkennen.*

OBEN: *Dieser aus Ästen zusammengefügte Steg entstand zu Beginn des 20. Jahrhunderts und führte über den Burgweiher zur kleinen Garteninsel.*

VON DER WASSERBURG ZUM SCHLOSS – BAUGESCHICHTE UND BESTAND | 53

LINKS: *Luftaufnahme von Burg Hemmersbach aus dem Jahr 1933, rechts im Bild sieht man die großen Gemüsegärten.*

Abdichtung findet man im Sohlenbereich der Wassergräben oftmals eine künstlich eingebrachte Tonschicht.

In direkter Zugehörigkeit zu Hemmersbach stand die weiter südlich, nahe der Straße nach Sindorf gelegene Horremer Mühle, später noch die Sindorfer (s. S. 86-89) und kurzzeitig auch die Mödrather Mühle – letztere gehörte allerdings rechtmäßig zum Bottenbroicher Kloster.

Die lebenswichtige Wasserversorgung der Burg erfolgte im Mittelalter über Brunnen und direkt aus der Gräfte, die allerdings auch die Abwässer aufnahm. Der Verschmutzungsgrad des Grabenwassers war im Verlauf des 17. Jahrhunderts derart unhaltbar geworden, dass der damalige Besitzer, Philipp Heinrich von Vercken, gegen 1677 die Versorgung der Burg mit einer sicherlich kostspieligen unterirdischen Wasserleitung aus Blei sicherstellen musste, die das Frischwasser aus einem Brunnen im Dorf Hemmersbach herbeiführte.[68] Der für 1679 überlieferte Hinweis auf eine Brauerei innerhalb der Vorburg, die dem Eigenbedarf diente, veranschaulicht die prekäre Situation der Wasserversorgung, da Bier schon im Mittelalter neben seinen berauschenden Eigenschaften dazu dienen musste, die mangelhaften Qualitäten des Trinkwasserangebotes in einer Stadt oder, wie in diesem Falle, in einer Burg auszugleichen. Das Hauptgetränk aller Gesellschaftsschichten war Bier.

Sicherlich wurden in den Wassergräben der Burg auch Fische gehalten, zumal der äußere Graben besonders breit war. Neben der direkten Eigenversorgung der Burgküche musste ansonsten die benachbarte, am Oberlauf liegende Mühle Abgaben an Fisch liefern.

In früheren Zeiten sicherten Zugbrücken den Zugang über die Wassergräben. Ihre Zahl war auf das Notwendigste beschränkt. Im 18./19. Jahrhundert sind die traditionelle Brücke vor dem Tor der Vorburg, die Brücke zur Hauptburg und eine östliche als Nebenzugang für Fußgänger dokumentiert. Letztere diente wahrscheinlich der Direktversorgung aus den angrenzenden Gärten. Erhaltene Fotos vom Anfang des 20. Jahrhunderts zeigen einen weiteren Brückensteg, kunstvoll aus Ästen zusammengefügt, der in eine blumengeschmückte Gartenkonzeption nahe dem Herrenhaus eingebunden war und seitlich des nordwestlichen Inselturms auf eine äußere kleine Insel führte.

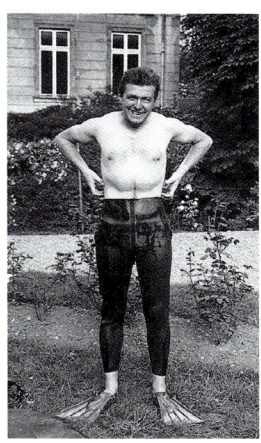

OBEN: *Graf Wolfgang im Taucheranzug vor dem Burggraben. Offensichtlich war er bei der Reinigung des Burggrabens behilflich. Der Taucheranzug ist noch vorhanden, er befindet sich in der Ausstellung im Rennsportmuseum der „Villa Trips".*

LINKS: *Der südliche Burggraben.*

RECHTS: *Eine Flurkarte von Horrem aus dem Jahr 1862: links Schloss Frens, rechts Burg Hemmersbach.*

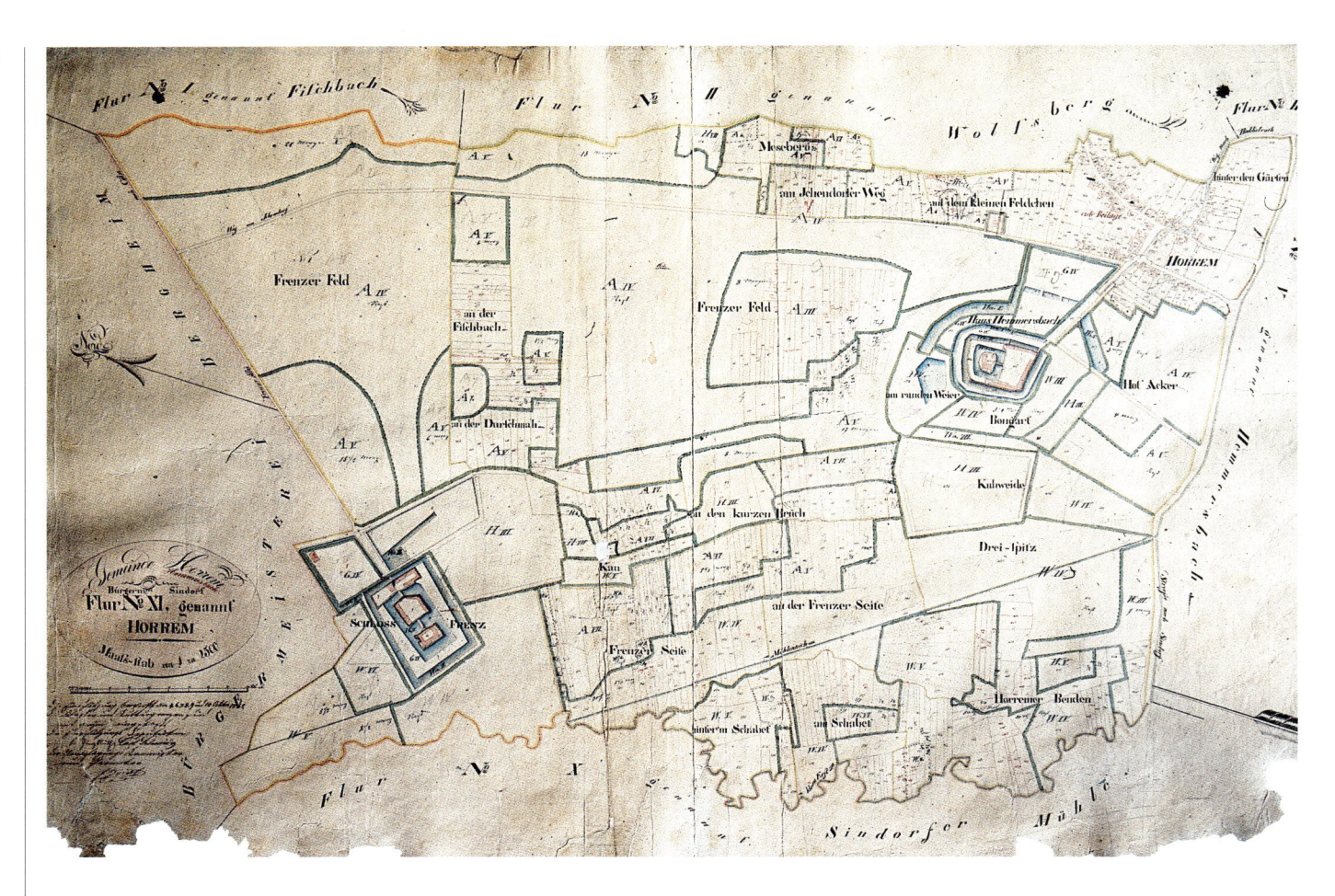

Garten und Park, Allee und Wege

Gartenanlagen, deren Funktion über die eines reinen Nutzgartens hinausgingen, kamen seit der Renaissance, wie etwa in Kleve oder Blankenheim, in der rheinischen Burgenlandschaft relativ spät auf. Erst im ausgehenden 17. Jahrhundert werden allmähliche Gestaltungen von Ziergärten in den überlieferten Karten, in Plänen und Ansichten erkennbar. Bedeutendes Vorbild war dabei weniger die holländische als vielmehr die französische Gartenkunst mit ihren streng geordneten, geometrischen Gartenräumen, den Achsbeziehungen, den Wasserspielen, den Gartenbauten und Plastiken. Hochblüte war zweifellos das 18. Jahrhundert eines Kurfürsten wie Clemens August, der ein Gartenkunstwerk fürstlichen Rangs um das Brühler Schloss Augustusburg schuf. Zuvor hatte schon der Reichsfreiherr Wolff-Metternich zur Gracht um den Wechsel vom 17. zum 18. Jahrhundert einen kleineren, jedoch ungemein repräsentativen französischen Barockgarten angelegt.

Im Verlauf des 19. Jahrhunderts erfuhren diese und andere Gärten Umwandlungen oder Neuanlagen im Stil des englisch beeinflussten Landschaftsgartens.

Eigentümlicherweise blieb bei nahezu allen ehemaligen Wasserburgen dieses Gebietes das trennende Grabenelement zwischen Burghaus oder Schloss und der Parterreanlage ihrer Gärten erhalten. Im Liblarer Schloss Gracht, in Gymnich oder in der Walberberger Kitzburg sind im Verlauf des 17./18. Jahrhunderts verbindende Zugbrücken vom Herrenhaus zu den Gartenanlagen errichtet worden. Ansonsten schuf man von den Fenstern der Häuser lediglich Blickbeziehungen über die Wasserflächen in die durch Wege gerasterten Gärten. Dies war in Türnich und auch in Hemmersbach der Fall.

Auf dem napoleonischen Kartenwerk Tranchot/Müffling von 1807/08 ist in Hemmersbach, ähnlich wie im benachbarten Türnich, zur Ostseite ein außerhalb der inneren Burggräben angelegtes rechteckiges Gartenraster dargestellt, mit Wegekreuzung, dominanter Mittelachse und kleineren rechtwinkligen Beet-Einteilungen mit internen Diagonalen. Dieser Garten grenzt dort an den Vorburggraben, den Winkel der heutigen Parkstraße und die Hauptstraße zwischen Horrem und Ichendorf. Eine für Barockanlagen typische zentrale Achsbeziehung auf das Herrenhaus ist nicht gegeben. Innerhalb des äußeren der drei mittelalterlichen Grabenringe setzt sich nach Norden und Süden eine begrünte Zone fort, die zur Süd- und Westseite eine durchgängige regelmäßige Baumpflanzung, wahrscheinlich mit Obstbäumen, zeigt.

Doch die Tranchot/Müffling-Karte ist nicht der älteste Beleg über Hemmersbacher Gartenstrukturen. Schon in der Ansicht des Codex Welser (S. 41) aus dem Jahre 1723 sind regelmäßig gestaltete Nutzgärten in Gestalt von rechteckigen Beeten, allerdings mit regelmäßigen Eck- und Mittenbetonungen durch Taxus(?)-Pyramiden, angegeben. Auch wird in den Unterlagen des Jahres 1677 von dem im Garten stehenden „oranienhauß"[69], d.h. also der Orangerie gesprochen, das wieder neu aufgebaut wird und demnach offenbar schon vor den Zerstörungen durch den 30-jährigen Krieg bestanden haben könnte.

Eine Karte von 1827 kennzeichnet diese Gartenzone als „Bongart", d.h. Obstbaumgarten. Wegegliederungen fehlen hier. Zur Nordseite weitet sich der Burggraben zu einem unregelmäßigen großen Weiher mit Landzunge und Insel aus, was unter Umständen ein landschaftsgärtnerisches Element im unmittelbaren Blickbereich des Burghauses gewesen sein kann. Weiter nach Westen, in die Niederung der Kleinen Erft verlegt, sieht man ein großes, fast regelmäßig ausgegrenztes Areal mit sternförmig auf einen Mittelpunkt zulaufenden Linien. Diese Fläche ist bis heute erhalten geblieben. Bei den Linien handelt es sich um Wassergräben, die offenbar bereits im 18. Jahrhundert als Drainagegräben dienten. Die von ihnen begrenzten dreieckigen Zwickel liegen wie Inseln erhöht und sind von hohen Bäumen bewachsen. Im Urkataster von 1827 findet sich hierzu die Bezeichnung „Kuhweide", sodass man von einem ehemals geschützten Weidegebiet der herrschaftlichen Viehhaltung ausgehen kann.

Da das Burghaus zum Zeitpunkt der Kartenaufnahme Tranchots bereits seit etlichen Jahren nur noch als Brandruine im Zentrum der Anlage stand und die Burg seit 1793 über einige Jahrzehnte nicht mehr als herrschaftlicher Wohnsitz genutzt wurde, bleibt ungeklärt, inwieweit tatsächlich eine landschaftliche Gartenanlage mit dem Wasserteich zur Nordseite im Ansatz bestanden hat und durch die Kriegsereignisse und den Brand der Burg nicht weiter entwickelt werden konnte. In den detaillierten Kartenunterlagen von 1827 jedenfalls ist der dort als „runder Weiher" gekennzeichnete Teich nur mit kantigen Böschungsverläufen ohne Landzunge und Insel dargestellt.

Die französische Gartenzone auf der Ostseite ist in ihren Binnenstrukturen so uneinheitlich, dass man hier weniger von einem reinen Zier- als vielmehr von einem ästhetisch gestalteten Nutzgarten innerhalb einer festgesetzten Rahmenstruktur ausgehen muss. Bei einem derartigen Nutzgarten wurde der Obst- und Gemüseanbau mit seinen unterschiedlichen Farbentwicklungen des Blattwerks und der Früchte als sich jahreszeitlich wandelndes Gestaltungselement eingesetzt, bei dem paarweise spiegelbildliche Effekte erzielt wurden.

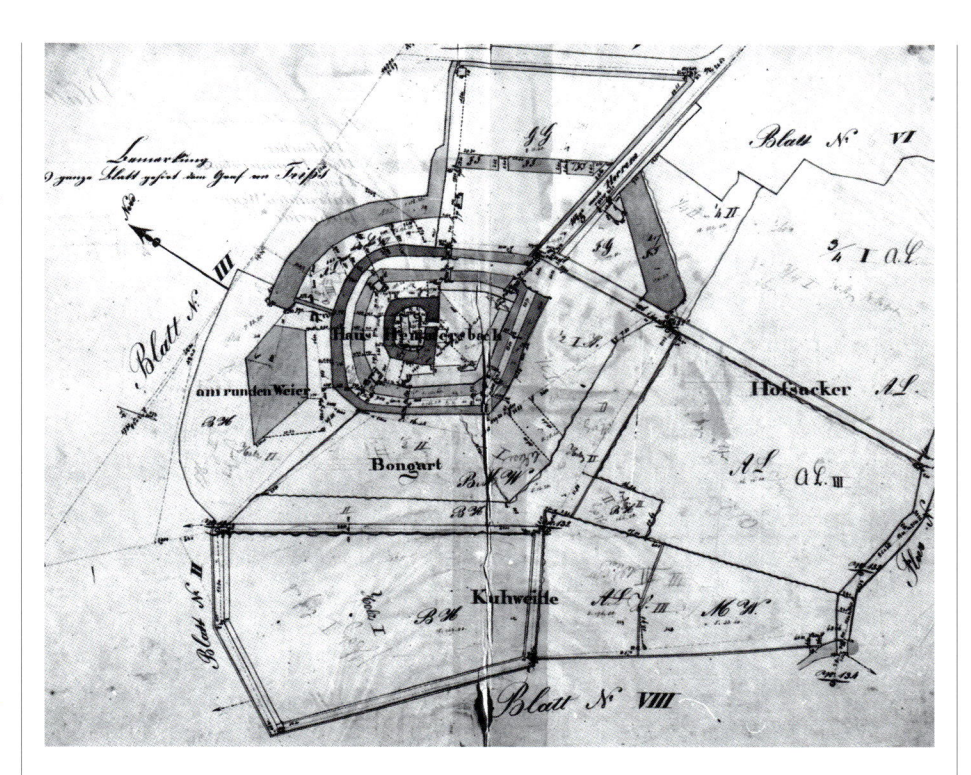

LINKS: *Auf diesem Ur-Riss aus dem Jahr 1827 ist das ursprünglich die Burg umgebende Wassergrabensystem erkennbar, außerdem die Anlage der 1793 abgebrannten Burg.*

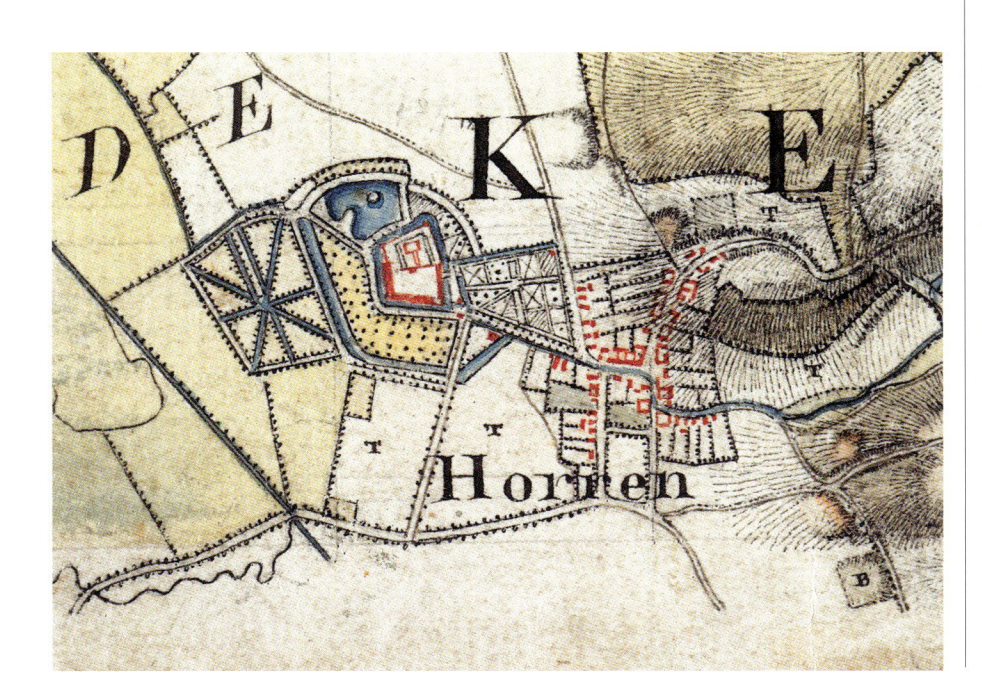

LINKS: *Ausschnitt aus der Tranchot/Müffling-Karte von 1807/08. Neben Gebäudebestand und Grabensystem sind auch die Gartenanlagen dargestellt.*

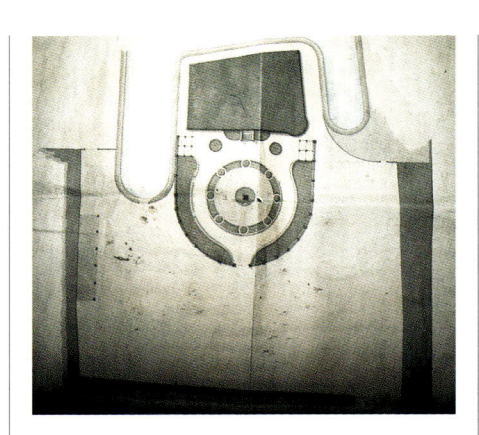

OBEN: *Plan einer Parterreanlage vor dem Burghaus, Entwurf von Wallé, um 1841.*

Die Neugestaltung im 19. Jahrhundert

Dieser ersten, in ihren Anfängen nicht sicher bestimmbaren Gartenform folgte mit den Baumaßnahmen der 1839/40er Jahre eine zumindest teilweise Neugestaltung des direkten Umfeldes um das neu errichtete Burghaus.

Eine wahrscheinlich vom Architekten Johann Anton Wallé angefertigte Entwurfszeichnung zeigt den neuen Grundriss des Burghauses. Der trennende Graben zur Vorburg ist zugeschüttet, allerdings fassen die mit Wasser gefüllten Seitenarme das Gebäude bis in die Hofzone ein. Der westliche führt weiter auf die Pferdestallungen zu und besitzt in seinem abgerundeten Scheitel eine Rampe, die offensichtlich als Pferdeschwemme dienen sollte.

UNTEN: *Der Burghof auf einem Gemälde des Reppert von Bismarck aus den 1950er Jahren.*

Erstmals wird nun eine axial ausgerichtete, gartenartige Parterrekonzeption vor die Hauptfassade des schlossartigen Burghauses in den bisherigen Wirtschaftshof der Vorburg verlegt. Ein großer begrünter und mittig zum Hof geöffneter Halbkreis wird durch einen Gitterzaun vom Wirtschaftshof abgegrenzt und umfasst eine kreisrunde Zufahrt zur baumgerahmten Freitreppe des Herrenhauses. Die Halbkreisrahmungen enden kurz vor dem Haus in vierjochigen Spalierlauben. Die Vorfahrt führt um ein kreisförmiges Beet mit Randverzierung, regelmäßig angeordneten Büschen oder Spalierbäumen, in dessen Mitte sich ein Piedestal, vielleicht für eine Skulptur gedacht, befindet.

Wie detailliert dieser Plan in der Ausführung tatsächlich befolgt wurde, ist nicht bekannt. Allerdings blieb das runde große Beet vor der Freitreppe als Motiv bis heute tradiert. Eine lithographische Ansicht der Hofsituation, von dem Maler Ferdinand Müller Mitte des 19. Jahrhunderts angefertigt, zeigt vor dem Wallé'schen Hauptgebäude anstelle des begrenzenden Gitterzaunes eine entsprechende Mauer mit axialer Toröffnung in den Innenhof.[70] Dessen Wirtschaftsfunktion wurde dadurch vom Herrenhaus abgetrennt. Beiderseits dieser Begrenzungsmauer finden sich Baumpflanzungen. Entsprechende Bäume sind über alle späteren Dokumentationen hinweg bis heute nachweisbar und in einzelnen stattlichen Exemplaren noch erhalten. Auch das kreisrunde Mittelbeet vor der einläufigen Freitreppe ist mit kleineren Randbäumchen in einer anderen Vignette des gleichen Lithographieblattes abgebildet. Nach 1900 verschleifen sich die Randkonturen dieses Beetes ein wenig. Zeitweilig wurde es von einem Jägerzaun umrahmt. In die Mitte wurde

OBEN: *Blumenrondell vor der Westfassade, Mitte der 1950er Jahre.*

schließlich ein rundes Brunnenbecken eingefügt. Während der Kriegszeit wurde hier ein Schutzbunker gebaut, nach dem letzten Krieg dann erneut ein rundes Wasserbecken mit Fontäne angelegt. Die Mauer ist wahrscheinlich schon im 19. Jahrhundert wieder entfernt worden. Dafür sind nahe vor die Wirtschaftsflügel Mauern, Zäune und Fachwerkschuppen gesetzt, die den landwirtschaftlichen Betrieb mit einer Baumreihe optisch vom Hauptgebäude abschirmen.

Luftbilder vom Anfang der 1930er Jahre zeigen eine Ausweitung gartenspezifischer Elemente um das Hauptgebäude herum. So sind die dortigen Dämme zwischen den Wassergräben entlang der beiden Backsteintürme über einen umlaufenden Weg mit dem Vorplatz des Herrenhauses verbunden, desgleichen die äußeren Gräben. Unterschiedliche Baumpflanzungen von Solitärbäumen und Buschwerk sowie Rosensträucher, hochstämmige Rosen und Blumenrabatten säumen die Wege. Nach Norden und Westen ist der äußere Zwischendamm zugunsten einer Ausweitung der Wasserflächen teilweise entfernt oder in Insellagen isoliert worden und mit Lebensbäumen, Trauerweiden und anderen ins Auge fallenden Bäumen bepflanzt. Die gegenüberliegende Uferzone wird von dichteren Baumreihen abgegrenzt. Eine Dammausweitung vor dem westlichen Dammturm ist mit einer weiteren kreisrunden Parterrezone und Holzspalieren gestaltet. Eine rosenumrankte Spalierlaube birgt eine Sitzecke vor dem Turm, die an Sonnentagen anscheinend ein bevorzugter Aufenthaltsort der Familie gewesen ist. Von dort aus führte ein aus Ästen gefertigter Brückensteg auf eine kleine, dicht bewachsene Insel.

Die Türme scheinen in diesen ersten Jahrzehnten des 20. Jahrhunderts noch als Wohnmöglichkeit oder Gartenpavillons gedient zu haben. Einen nutzte der Maler Reppert von Bismarck nach dem letzten Krieg als Atelier. Der westliche Turm war früher einmal ein Gefängnis und verfügt über einen Keller. Vor dem östlichen Bau lag – als „dekorative Zutat" – das aus dem 18. Jahrhundert stammende, erhaltene Kanonenrohr. Kurzzeitig war an diesen Turm auch eine kleine Orangerie als Blumenhaus angebaut, die 1912 eine neue Heizung erhielt [71] und mindestens bis 1929 existierte.[72] Danach wurden hier Blumenbeete angelegt.

Ein Ruderboot wie auch ein bescheidenes Segelboot dienten anscheinend dem Freizeitvergnügen des Nachwuchses.

Das südliche und westliche Gelände vor der Burganlage war in den 1930er Jahren Wiesenzone und wurde damals neu mit Obstbäumen bepflanzt. Weiter zur Kleinen Erft entstand ein Parkwald, der sich in den Nachkriegsjahren bis an die Burg ausdehnte und sie schließlich mit hohen Baumkronen gänzlich umschloss. Der Obst- und Gemüsegarten zur Ostseite behielt seine barocken Wegestrukturen und Kreuzungspunkte mit entsprechenden Bepflanzungen bis zur Bebauung der Hauptstraße mit modernen Wohnblöcken bei. Der äußere nördliche Weg von der Hauptstraße des Dorfes über die Gärten und Steinbrücken in die Vorburg wurde größtenteils von einer Hecke gesäumt. Der Nutzgarten verschwand schrittweise mit dem Neu-

RECHTS: *Diese Luftaufnahme zeigt die Burg mit Garten und Park in den 1950er Jahren.*

RECHTS: *Blick auf die bepflanzte Grabenböschung und den westlichen Hofflügel.*

RECHTS: *Auf dem Wehrdamm am nordöstlichen Turm war ein Rosengarten angelegt, um 1930.*

RECHTS: *Rosenspalier vor dem Burggraben.*

UNTEN: *Die Glocke der ehemaligen Burgkapelle. Laut Inschrift stammt sie aus dem Jahr 1540.*

bau der Wohnhäuser und der Anlage von ausgedehnten Parkplätzen.

Obwohl man in Hemmersbach nicht von einem echten, einheitlich gestalteten Park sprechen kann, weist er genügend Elemente eines nach und nach gewachsenen Landschaftsgartens auf, die inzwischen ihre eigene Bedeutung erworben haben.

Die Pflanzungen wurden zuletzt in den 1960er Jahren aufgelistet: „Rosenparterre an Auffahrt, Innenhof mit dichter Bepflanzung, um Haus herum Ziergarten mit umfangreichen Rosenpflanzungen, langsam in umgrenzenden Wald-Wildpark übergehend. Dieser eichen-eschen-reiche Wald-Wildpark wird forstlich genutzt. Parterreartige Anlage zwischen den beiden Innengräben war früher noch typischer gestaltet. Gehölze: Kastanien, Robinien, Jasmin, Magnolien, Pflaumen, Azaleen, Rhododendron, Zypressen, Platanen, Forsythien, Linden, Eichen, Eschen, Berberitzen, Sequoien, Blutbuchen, Trauerweiden, Cotoneaster, Ulmen, Eiben ..." und zahlreiche weitere Baumarten.[73]

Die Hauptzufahrt zur Burg bestand aus einem geradlinigen Fahrdamm mit seitlichen Fußwegen, der zwischen zwei Wassergräben entlangführte. Diese Seitenzonen erhielten im 19. Jahrhundert beidseitige Baumreihen, die eine Allee bildeten und mit ihren schattenspendenden Kronen die lange Zufahrt beschirmten. Zugleich dienten sie, den barocken Vorbildern folgend, der äußeren Repräsentation des Herrensitzes und dem Geleit seiner standesgemäßen Besucher.

Die Entwicklung der Gartenanlagen hat in den letzten 160 Jahren ein ständiges Auf und Ab erlebt, je nach der Intensität der Pflegemaßnahmen.

Im Zuge der Erftmelioration wurden bisherige Feuchtzonen allmählich trockengelegt. Die in einer Reisebeschreibung des Jahres 1859 beschriebenen Pappelreihen längs der Kleinen Erft, die auch in der vorerwähnten Burgansicht von Ferdinand Müller dargestellt sind, wurden später abgeholzt und gegen andere Laubbäume ausgetauscht. 1881 gab es einen Kostenvoranschlag zur Ent- und Bewässerung der Burgwiesen.[74] So bemühte man sich zumindest, um das Burghaus eine gärtnerische Zierde des Herrensitzes zu gestalten. Indessen wurden der Nutzgarten und weitere Freiflächen im Verlauf des frühen 20. Jahrhunderts zu einem geschäftsmäßigen Gartenbetrieb umgewandelt, für den ab Ende der 1920er Jahre eigene Gewächshäuser erbaut wurden. Mit dem vorzeitigen Tod des letzten Stammhalters, der neben seinen sportlichen Aktivitäten zugleich eine landwirtschaftliche Ausbildung absolviert hatte, endete auch dieses Unternehmen.

Burgkapelle

Die Hemmersbacher Burgkapelle lag außerhalb der Vorburg, aber noch innerhalb der äußersten der drei Wasserumwehrungen. Sie grenzte mit ihrem „Westportal" unmittelbar an den südlichen Wegesrand neben dem Zufahrtsdamm zwischen Burg und Dorf Hemmersbach. Dieser in jüngerer Zeit alleegesäumte Dammweg in die Feuchtniederung des Erfttales bildete die einzige Verbindung zwischen dem höher gelegenen Dorf und dem Torturm der Vorburg.

Als verputzter Backsteinbau war die relativ hohe Burgkapelle in ihrer äußeren Bauform einfach gestaltet. Den Grundriss bildete ein längsrechteckiger Saal mit dreiteilig gebrochenem Chorabschluss. Die Ausrichtung nach Osten, wie es für einen Sakralbau üblich ist, war hier zugunsten einer südlichen Orientierung längs des dicht angrenzenden Wassergrabens aufgegeben worden, sodass ihre Achse rechtwinklig zum Weg lag. Zwei gedrungen große, spitzbogige Fenster mit Außenvergitterungen öffneten die Seitenwände. Sie waren bleiverglast. Die Anordnung des Chorfensters ist nicht überliefert. Das „Westportal" war rundbogig, mit kämpfer-

OBEN: *Das geschmiedete Eisenkreuz mit Wetterhahn aus dem 18. Jahrhundert saß wahrscheinlich auf dem Turm der ehemaligen Burgkapelle.*

und schlusssteinbetontem Gewände in einem rechteckigen, leicht erhaben aus der Putzfläche hervortretenden Blendrahmen, auf dem zwei obeliskartige Randbekrönungen aufsaßen. Wahrscheinlich war hier auch der Hinweis auf das Jahr 1706 als Baudatum der Kapelle zu finden. Das zweiteilige hölzerne Türblatt aus Eiche, mit genagelter Fischgrätverbretterung, schloss in seiner oberen Rundung mit einem Sonnenmotiv ab, wie es zur Zeit des Barock in dieser Landschaft üblich war. Diese Tür ist im Besitz der Gräflich Berghe von Trips'schen Sportstiftung erhalten geblieben.

Das abgewalmte und schieferbedeckte Satteldach kragte in seiner gesamten Walmtraufe weit über die Eingangsfassade vor und bildete den Ansatz eines schützenden Baldachins. Jede Dachseite trug eine kleine Dachgaube. Über dem Ostscheitel saß ein offener Dachreiter mit der heute in der Stiftung erhaltenen Glocke, die 1540 für den Vorgängerbau der Kapelle gegossen worden war. Ihre Datierung findet sich in gotischen Minuskeln aufgelegt. Der helle Klang dieser kleinen Glocke ertönte, wenn der in den Kapellenchor herabhängende Strick gezogen wurde. Auch ein kunstvoll geschmiedetes Eisenkreuz mit einem Wetterhahn, das einmal auf einem Dachreiter der Burgkapelle oder auf dem Turm der Pfarrkirche St. Clemens aufsaß und in das 18. Jahrhundert zu datieren ist, befindet sich im Besitz der Stiftung.

Wie das Innere der Kapelle aussah, ist nicht überliefert. Das im Foto dokumentierte äußere Erscheinungsbild lässt vermuten, dass hier kein Steingewölbe vorhanden war, eher eine stuckierte Flachdecke mit Randkehle, wie es für die Erbauungszeit des Jahres 1706 üblich war.[75] Die Ausstattungen sind nicht mehr bekannt. In den 1970er Jahren befanden sich noch drei stark beschädigte, hölzerne Heiligengestalten in der Burg, ihr Verbleib ist unbekannt.

Erhalten blieben zwei Totenschilde der Familie. Sie hingen im Innern der Kapelle an der Wand und wurden 1854 und 1856 anlässlich des Todes der kinderlos gebliebenen Gräfin Elisabeth Berghe von Trips, geborene von Lemmen, und ihres Neffen, Eduard, der den Besitz erbte, für die jeweiligen Trauerfeiern angefertigt. Elisabeth von Lemmen wurde neben ihrem Gatten, Ignaz Eduard, Reichsgraf Berghe von Trips, der schon am 19. April 1842 verstorben war, in der außen liegenden Gruft bestattet.

Beide Schilder sind einander in der Gestaltung gleich. Auf dem einen Rahmen steht: „Die hochgeborene Frau Elisabeth, Gräfin Bergh von Trips, geb. Freyin von Lemmen, geboren den 6ten Oktober 1777." In dem zentralen Bildfeld ist ein großes Allianzwappen dargestellt und es findet sich dort der Hinweis: „Die 7 mo obiit Oktobr. 1854." Im Trips'schen Wappen steht der Wahlspruch der Familie: „In hoc signo vinces!"

Der Altar war im 19. Jahrhundert durch den Kölner Erzbischof Paulus Melchers (1866-1885) der Heiligen Agnes geweiht worden.[76]

Die Kapelle besaß das 1706 kirchlich verbriefte Recht einer Frühmesse. 1753 übernahmen die katholischen Berghe von Trips den Herrschaftsbesitz und nutzten die Kapelle wieder regelmäßig.

1876 reichte Graf Max Berghe von Trips bei Papst Pius IV. ein Gesuch ein, um die Messrechte in seiner Burgkapelle auch für sein Personal und für alte Dorfbewohner zu erweitern.

Kriegsschäden führten zum Abbruch der Kapelle nach 1945.[77]

Die Burgkapelle von 1706 ersetzte einen älteren Vorgängerbau, den Philipp Heinrich von Vercken beim Tod seines Vaters im Jahre 1677 mit der – nach den Kriegsereignissen der Jahre 1642/46 – stark geschädigten Burg als weiteres baufälliges und wohl auch durch Brandschatzung im Zuge der Belagerung halbzerstörtes Gemäuer übernommen hatte: Es wurde von ihm „new mit steinernem mauerwerck aufgebawt".[78]

Das genaue Alter dieses Vorgängerbaus, seine Gestalt und Größe sind nicht überliefert. Einen bescheidenen Hinweis auf Bautätigkeiten an einer früheren Burgkapelle liefert die gerettete kleine Glocke aus dem Jahr 1540. Ansonsten muss auf die ursprüngliche Eigenkirche der Herren von Hemmersbach, St. Clemens, verwiesen werden, die neben dem ursprünglichen Burgstandort auf dem westlichen Hang der Ville errichtet war und in ihrer späteren Entwicklung zur mehrfach erweiterten Pfarrkirche des Dorfes wurde.

OBEN: *Totentafel der Maria Elisabeth Gräfin Berghe von Trips, geborene Freiin von Lemmen.*

UNTEN: *Die erhaltenen barocken Türflügel der Burgkapelle.*

OBEN: *Die Burgkapelle vor ihrem Abriss.*

OBEN: *Grundriss der Burgkapelle mit Gruftanlage, inmitten der kleinen Gartenanlage gelegen.*

UNTEN:
Im Juni 2001 wurde bei Bauarbeiten die Öffnung der Gruftanlage freigelegt.

UNTEN RECHTS:
Die geborgenen Zinksärge vor der Umbettung in das Mausoleum

Grablegen in den Kirchen

Die Angehörigen der Burgherrschaft wurden zunächst in der ursprünglichen Eigenkirche St. Clemens, oberhalb des Dorfes Horrem, bestattet.

Gegen Mitte des 15. Jahrhunderts wählten die Scheiffart von Merode, Herren von Hemmersbach, das in ihrem Herrschaftsbereich gelegene Kloster Bottenbroich als Hauskloster und Begräbnisstätte.[79] Auf diese Weise sicherten sie sich die Betreuung der Grablegen und eine konstante geistliche Fürbitte der Nonnen und wenig später, 1448, nach Umwandlung des Frauenklosters in ein Zisterzienserpriorat, dann die Fürbitte der Mönche für die verstorbenen Familienmitglieder. Im Gegenzug unterstützten im weiteren Verlauf des 15. und 16. Jahrhunderts reiche Stiftungen der Scheiffarts die Entwicklung des Bottenbroicher Klosters.

Der 1480 gestorbene Heinrich Scheiffart von Merode stiftete ein Jahr vor seinem Tod den Neubau des Kirchenchores sowie zwei Altäre; des weiteren finanzierte er den Neubau des Dormitoriums und ergänzte das notwendige Kirchengerät durch ein neues Ziborium.[80] In der Folge erhielt das Kloster Land- und Hofschenkungen. 1510 und 1533 spendeten die Herren von Hemmersbach dem Kloster neue Glasfenster für den Kirchenchor. Das außergewöhnlich kostbare Fenster von 1533, eine Stiftung Johann Scheiffarts von Merode und seiner Gattin Irmgard von Wisch, schildert in den damals modernsten künstlerischen Stilmitteln der Renaissance das „Jüngste Gericht". Zu Füßen des Glasgemäldes sind sie selbst in herrschaftlicher Tracht und Rüstung als Stifter mit ihren Allianzwappen dargestellt. (s. S.13) Das Fenster blieb nach Abriss des Klosters im Jahre 1951 erhalten. Eine exakte Kopie befindet sich heute in der 1962/64 neu errichteten Kirche St. Mariä Himmelfahrt in Frechen-Grefrath, in der auch andere bedeutende Ausstattungen des untergegangenen Klosters aufbewahrt werden. Nicht bekannt ist, wie lange Bottenbroich Begräbnisse des Hauses Hemmersbach aufnahm.

In der Folgezeit des 17. Jahrhunderts scheint auch die Burgkapelle vor Burg Hemmersbach als Grabkapelle genutzt worden zu sein.

Die Gruftanlage

Gruftanlagen der Hemmersbacher Adelsfamilien, die sich außerhalb sakraler Räume befanden, entstanden erst im Verlauf des 19. Jahrhunderts unter den Berghe von Trips.

So waren Ignaz Eduard Berghe von Trips, gestorben am 19. April 1842,

OBEN: *Die Pfarrkirche St. Clemens auf dem Friedhof Horrem.*

und seine Frau Maria Elisabeth Freiin von Lemmen, gestorben am 7. Oktober 1854, in einer kleinen Gruft neben der Burgkapelle bestattet worden. Nach Abriss der Burgkapelle gerieten die Gräber in Vergessenheit. Mehrfache Besitzerwechsel des Grundstücks und mangelnde Sensibilität führten im Jahre 2001 schließlich zu einer Baugenehmigung für ein Wohnhaus am alten Standort der Burgkapelle. Beim Bodenaushub wurden die Bestattungen in ihrer gemauerten Gruft dann wiederentdeckt und mit den Holz- und Bleisärgen in die neugotische spätere Familiengruft der Berghe von Trips auf dem Horremer Friedhof umgebettet.

Die archäologischen Untersuchungsergebnisse bestätigten im Wesentlichen eine Projektbeschreibung des Kölner Architekten Johann Anton Wallé aus dem Jahre 1837, in der dieser eine geplante Gruft außen, vor dem Chorscheitel der Burgkapelle entwirft. Wie genau die spätere Ausführung der Gruft diesen Plänen folgte, ist den verfügbaren Unterlagen nicht zu entnehmen. Dass sie ausgeführt wurden, ist jedoch wahrscheinlich und von der Gestaltung mit ihrer romantischen Einbindung in eine Gartenanlage her interessant. Das Schreiben an Ignaz Berghe von Trips erläutert die Vorstellungen des Architekten: „Das Grabmal besteht aus einem Gewölbe welches theilweise über der Erde liegt, um die Gruft trocken zu halten. Die Gruft ist nur zur Aufnahme von zwei Särgen bestimmt, welche durch eine Oeffnung im Gewölbe, die gewöhnlich mit drei großen Steinplatten bedeckt ist, eingesenkt werden. Um die Gruft nach oben trocken zu erhalten, und bei Lebzeiten noch ein angenehmes Schattenplätzchen daselbst zu haben, ist das Gewölbe mit einem kleinen Portikus oder Baldachin überbaut und bedeckt, welcher sich unmittelbar an die Kapelle anschließt. Im Hintergrunde des Portikus an der Wand, steht in einer verzierten Einfassung der Grabstein oder auch Deckstein mit Ihrem Wappen u(nd) der erforderlichen Schrift versehen, welche letztere jederzeit darauf angebracht werden kann. Die Säulen- und Pilaster-Kapitäle sind mit Efeu verziert als Sinnbild des ewigen Lebens. Auf den 3 Seiten sind im Friese: Glaube, Hoffnung und Liebe symbolisch mit Arabesken umgeben angebracht. Im Fronton ist der Kopf eines Engels befindlich denen wir gleich zu kommen streben. Auf der Spitze des Fronton befindet sich ein Kreuz, welches als Zeichen des christlichen Glaubens und seines Stifters uns jederzeit verleuchtet. Die nächste Umgebung wird durch hübsche Blumenzeothiene verziert, so daß das Ganze wie gesagt ein angenehmes Schattenplätzchen am Abend eines heißen Tages abgibt.

Die Arbeit selbst wird im Heilbronner Sandstein ausgeführt, mit Ausnahme der Stufen und Deckplatten, welche von Stenzelberger Stein angefertigt werden. Das Dach ist mit Zink gedeckt, und über die Kosten erst nach Ihrer Genehmigung des Planes ein Anschlag anzufertigen." [81]

Von den beigefügten Plänen ist ein Grundriss erhalten, auf dem der Zuweg zum Gruftbereich rechts neben die Kapelle gelegt ist, dort, wo ein Foto ein Eisengittertor mit gemauertem Pfeiler dokumentiert. Der im Konzept erwähnte beschriftete Grabstein befand sich bis in die 1980er Jahre noch am alten Standort, heute steht er neben der Zufahrt vom ehemaligen Dorf in die Parkstraße.

Das Mausoleum

Auf dem Friedhof, unmittelbar südlich neben der Horremer Pfarrkirche St. Clemens, erhebt sich ein kleinerer Hügel, der möglicherweise einmal in Verbindung mit der benachbarten alten Burgmotte Knöffelsberg stand. In der zweiten Hälfte des 19. Jahrhunderts, wahrscheinlich zwischen 1857 und 1859, errichtete die Familie Berghe von Trips dort eine neue Gruft, die sich mit ihrer architektonisch gestalteten Schaufront nach Westen zum Friedhofseingang orientierte. [82] Der ebenerdige Gruftraum ist in den Hügel hineingebaut. An den Innenwänden hängen einige Totenschilder der hier bestatteten Mitglieder der Familie Berghe von Trips.

Der Typus dieser Totenschilder hat sich etwa seit dem 12. Jahrhundert aus den Bestattungsriten der Ritterschaft entwickelt, als deren Wappenschilde mit anderen Teilen der Rüstung und der Waffen über den Grabstellen der Kircheninnenräume aufgehängt wurden. Allmählich verlor sich die Sitte, Originalwaffen aufzuhängen, stattdessen bemalte man Totentafeln, die regional bedingt verschiedene Formen hatten. Die Totenschilder der rheinischen Landschaft bestanden spätestens seit dem 18. Jahrhundert aus einem breiten, quadratischen Rahmen, in dem zunächst auf einer Holztafel, später auf Leinwand, das Familienwappen der jeweils Verstorbenen in reicher, rahmender Zier aufgemalt war. Der Rahmen selbst war schwarz, in goldener Schrift standen darauf die notwendigen Hinweise auf die Verstorbenen, mit Namen, Funktion, Lebens- und Todesdaten. Die Schilder wurden mit einer Ecke nach unten aufgehängt.

Die Fassade der Familiengruft ist sehr aufwändig aus Sandsteinquadern ausgeführt. Ein eingezogener Giebel mit aufgesetzten Ecklaternen und zentralem Kreuzaufsatz umrahmt das breite Bogenportal mit profiliertem Gewände. Feingliedrige Maßwerkblenden zieren friesartig den oberen Abschluss, gerahmt von schmalen Eckpilastern. Im zentralen Giebelfeld ist ein breites, von Löwen gestütztes Wappenschild der Berghe von Trips unter Helmzier und einem mit der Grafenkrone bekrönten Schleierbaldachin in die Fassade eingeschnitten. Darunter ein Spruchband in lateinischer Schrift: „Im Tod ist das Leben." Ein zweiflügeliges Holztor mit verglastem Oberlicht in reicher neugotischer Ausformung führt in den Vorraum, in den zu beiden Seiten die vermauerten Grabnischen münden. Ein ebenfalls im neugotischen Stil geschmiedetes Gitter, 1897/98 angefertigt [83], zäunt die Freifläche vor der Gruft ein.

Als letzter Nachkomme der Hemmersbacher Linie fand Wolfgang Reichsgraf Berghe von Trips hier seine endgültige Ruhestätte, nachdem er am 10. September 1961 als der damals populärste und erfolgreichste deutsche Autorennfahrer der Fomel 1 der Nachkriegszeit in Monza tödlich verunglückt war.

LINKS: *Blick in das Innere des Mausoleums, in dem die Mitglieder der Familie Berghe von Trips bestattet sind.*

LINKS: *Der Eingang zum Mausoleum auf dem Horremer Friedhof.*

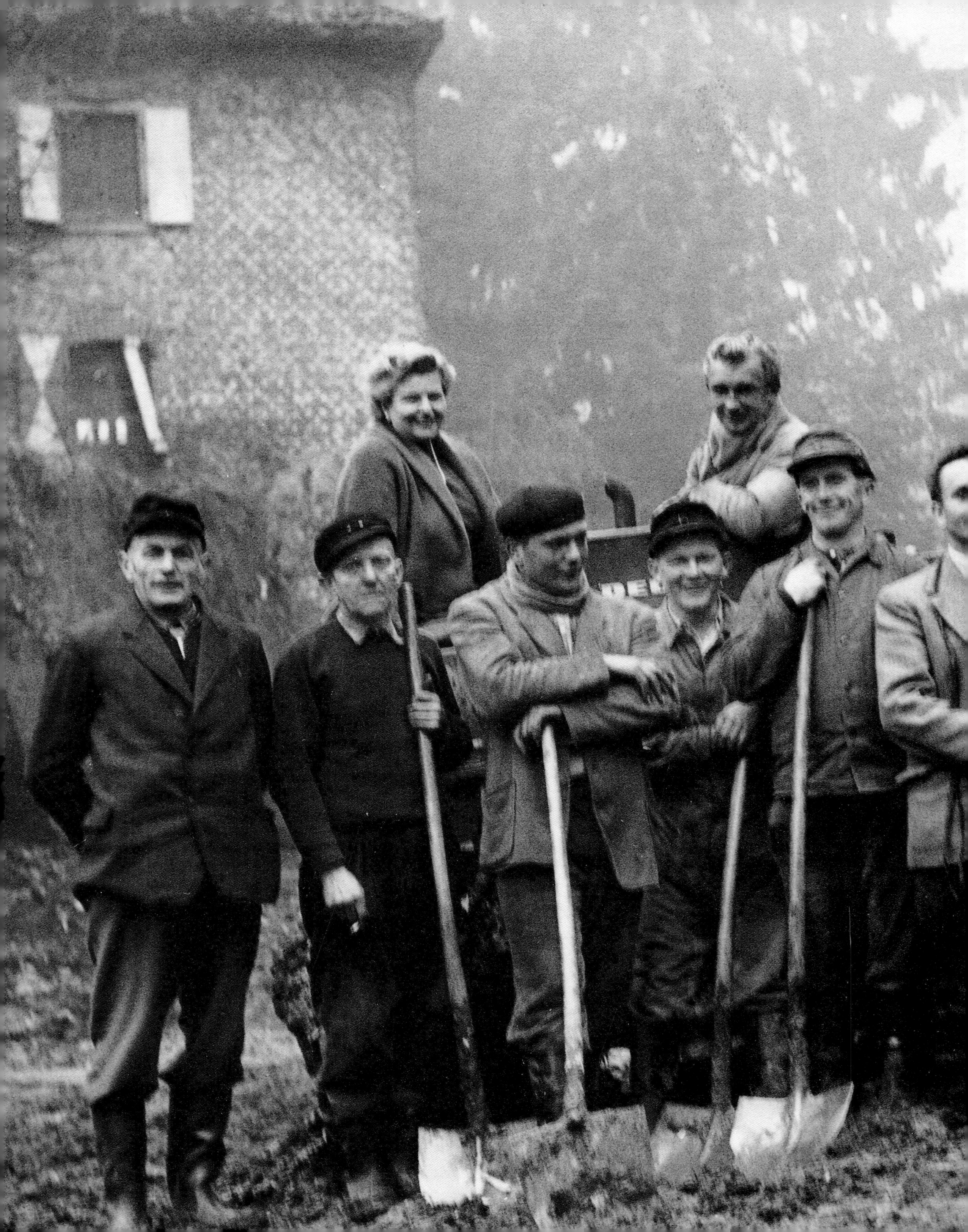

ALLTAGSSPUREN
UND
TRADITIONEN

ALLTAGSSPUREN UND TRADITIONEN – LEBEN AUF UND UM BURG HEMMERSBACH

VORHERIGE DOPPELSEITE:
Gräfin Thessa (links) und Graf Eduard (rechts) mit Arbeitern während der Reinigung des Burggrabens, 1950er Jahre.
DANEBEN OBEN:
Einladungskarte zur Jagd in Hemmersbach.
DANEBEN UNTEN:
Siegelstempel und Siegelringe der Familie.

UNTEN: *Der westliche Turm auf dem Damm diente einmal als Gefängnis der Herrschaft Hemmersbach.*

Das Burginventar von 1733

Mit dem Ableben des Grafen Hompesch im Jahre 1733 begannen Erbstreitigkeiten zwischen den Familien Merode, Schaesberg, Bentinck und Trips um den großen Besitz Hemmersbach. Aus dem im gleichen Jahr angefertigten Inventar lassen sich die damaligen Nutzungen in der Burg und der Vorburg erkennen.[84]

Hemmersbach hatte zu diesem Zeitpunkt noch ein anderes Erscheinungsbild als heute. Die Anlage war stärker von der mittelalterlichen Tradition und der überlieferten Bausubstanz geprägt. So besaß die Hauptburg noch ihren trennenden Wassergraben zur Vorburg, ein kleineres Herrenhaus und einen eigenen, bergfriedartigen Turm. Die U-förmige Vorburg diente als Wirtschaftshof und die beiden äußeren Türme nutzte man als Gefangenenturm und als Wohnhaus des Wächters. Ein „Schiff" auf dem Burgweiher wird zwar erwähnt, doch wird nicht deutlich, ob hiermit ein Boot gemeint ist, das zu Wartungsarbeiten und für den Fischfang genutzt wurde oder ob es, wie auch zu vermuten, zur gesellschaftlichen Zerstreuung diente.

Sieht man sich in der Inventarbeschreibung die Nutzungsbereiche der Vorburgflügel an, kristallisieren sich vier Funktionen heraus: Wohnen, Wirtschaften, Lagerung und Tierhaltung.

Der Rentmeister war für die Leitung der Wirtschaftsfunktion des Gutes zuständig. Er bewohnte 1733 allerdings nur eine Kammer in der Vorburg – im 19. Jahrhundert gestand man ihm eine eigene Wohnung für sich und seine Familie im Torflügel zu.

Ferner wird eine „Laquaien-Kammer" erwähnt, eine „Jäger-Kammer", eine „Gärtner-Kammer". Der „Wachtmeister" besaß als einziger ein eigenes Vorzimmer, das möglicherweise als Schreibstube für seine offizielle rechtliche Funktion dienen musste. Die „Knecht-Stube" wird kursorisch behandelt, sodass die Bewohnerzahl dieses Raumes nicht klar wird.

Zum Wirtschaften wird die „Koch-Kammer" aufgeführt, des Weiteren eine Schmiede, die Milchkammer, ein Backhaus mit großem Kupferkessel und ein Brauhaus mit „zwey kupferne Bierkesseln und ein eiserner Schöpflöffel" als Hausbrauerei.

Verschiedene Lagerräume dienten der Unterbringung der Gerätschaften für den Gutsbetrieb, andere den Gerätschaften für den Ackerbau, der demnach auch von der Burg aus auf den zugehörigen Ländereien betrieben wurde. Des Weiteren gab es Karren- und Wagenremisen für den Bedarf des Gutes wie auch der Herrschaften zur standesgemäßen Beförderung.

Ein „Orangeriegebäude" gibt den Hinweis auf die damalige Möglichkeit, Zier- und Nutzpflanzen schonend über die kalte Jahreszeit hinweg zu bewahren. Zugleich kann man daraus schließen, dass wohl auch eine gärtnerische Ziergestaltung vorhanden war, deren Aussehen uns heute leider nicht mehr bekannt ist.

Die Stallungen des Jahres 1733 gliederten sich in einen Pferdestall, einen Gutsstall und einen Ackerstall – möglicherweise wurden die Pferde nach ihrer Qualität und Verwendung voneinander getrennt gehalten. Daneben gab es je einen Kuhstall, einen Kälberstall, einen Schweinestall, einen Schafstall und zwölf Bienenstöcke. Tauben- und Geflügelhaltung sind erstaunlicherweise nicht aufgeführt. Dass sie zu dieser Zeit nicht existiert, ist allerdings kaum anzunehmen und ihre Nicht-Erwähnung wahrscheinlich ein Versehen.

Das Herrenhaus auf der inneren Burginsel beherbergte in seinen abschließbaren Kellern wertvolle Vorräte, die zum Teil in der Vorburg erzeugt oder aber zugekauft wurden. So gibt es in der Aufzählung einen eigenen Weinkeller mit 60 weidenumflochtenen Flaschen, 20 glatten, d.h. einfachen Glasflaschen und zwei Weinfässern für die Versorgung mit besseren Tafelfreuden. Ein Bierkeller mit zwei großen und zwei kleinen Fässern und ein Milchkeller mit am Erfassungstag gezählten 91 Portionen Milchbutter dienten wahrscheinlich mehr dem alltäglichen Bedarf der Grafenfamilie.

Die Ausstattung der Wohnräume ist bezüglich der Möbel, der Bilder, der Vorhangstoffe, der Kleidung in den Schränken im üblichen Rahmen der Zeit um 1733. Deutlich wird die Einfachheit der Personalräume. Strohsäcke haben alle Betten des Hauses. Allein die Stoffqualitäten der Decken, Kissen und „Püllen" – wahrscheinlich sind hier Stoffwürste gemeint – unterscheiden sich bei der Herrschaft deutlich von den einfachen Stoffen für die Dienerschaft. Und selbstverständlich sind die Möbel der Herrschaft aus Eiche oder anderen besseren Hölzern gefertigt im Gegensatz zu den Tannenholzmöbeln der Nebenräume. Offene Kamine waren anscheinend nicht so häufig wie Eisenöfen. Der Hausherr hatte in seinem Raum einen besonders großen Holzofen, vielleicht einen aus zusammengesetzten Eisenplatten, die im 17. und 18. Jahrhundert kunstvoll mit szenischen und Wappen-Darstellungen gegossen wurden. Derartige Öfen boten den Vorteil, dass sie vom Flur aus zu beheizen waren und Ruß wie auch die Störung durch Diener im Wohnraum vermieden wurde.

Ein kurzer Blick auf Gegenstände in den Räumen sei erlaubt: „auff der plunder cammer finden sich 17 papierne schilder ... 15 kleine papierne schilder, einige mit ubergulden rahmen ... ein Tannenschrank mit 2 Türen und 6 austreckenden schöffer ... darin gefunden ein geschnitten glaserne boutaile ... 2 pyramitger mit nußbaumen fußen und glasernen fuderalen ... ein austreckenes dännen tischchen mit einem eichen fuß ... ein alt eichen ... ribal mit 16 austreckenden schöffer worin sich allerley briefschafften gefunden ... ein klein sammet bügelgen ... 2 groß und 2 klein thee büchsen ... ein bley thee buchs ... ein ... repetir uhr uberguldet mit einem glockenspiel ein pachkasten briefschafften ... Ein englische Gold repetir ... uhr sambt 2 pitschaften und ketten, ein silber sackuhr ohne kett ein silbern tabachquir mit einem perlenmuttern deckel ..."

Der Reichtum eines damaligen Herrensitzes war nicht zuletzt an der Ausstattung des Hauses mit edlem Tafelgeschirr aus Porzellan und Silber ablesbar, das bei großen Gesellschaften die Tafel schmückte. So ist die Hemmersbacher Ausstattung in dieser Hinsicht erstaunlich umfangreich:
- „... Eine sächsische porceline kann, Eingelegt mit gold sambt deckel und Fürs in einen fuderal
- Ein uberzogenes altes kupfer
- Ein douzen theeschüttelger und köpper so grau mit golden blöhmger und Golden ... sambt spülkump noch 12 thee schüttelger und köppe weiß mit einer ...und golden blohmen sambt 2 thee dosen, ein Zuckerdose, ein theepötgen sambt schüssel und zu der ... ein halb douzen großer caffe schüttelger und cottger weiß und blau mit spühlkump
- 2 porcelin blomen pott weiß und blaw und drey aufsätz mit deckeln
- 26 mittelmäßige porceline aufsätz blaw und weiß ...
- 20 gantz kleine porceline auffsätz blaw und weiß ...
- 4 gantz kleine porceline theepöttger samt cötgen und zerbrochenen kumpf ...
- 4 große Caffeetassen ohne blaw und weiß
- ein klein porcelin spühlkumpen blaw und weiß mit rippen
- 6 große porceline brau köpper und schählger sambt einer weiß und blaw spühlkump ...
- ein weiß und blaw porceline treckpötger ...
- 3 rother thee treckpötger ... 4 porceline cönen ...
- 8 puppen von porceline ... und zwie fläschger ...
- 5 tassen und 5 schuttelgen sambt ... kump und zucker schüsselgen von feinem porceline roth blaw und mit göld sambt theepötgen und schüsslegen ...
- 2 ovale kümpger ...blaw roth und gold
- 6 theepöttger mit schüsselger leicht braun mit dito spühlkump

in der gnädigen fraw stub an der Erd
- ... 6 tassen und 6 schüsselger sambt dito spühlkump ...
- 2 kümper und 2 becher so roth ...
- 2 Morianen und vier der gleichen postürgen
- 2 marmele salzfäßer
- 4 schocolade tassen mit silberohr und silber füßen
- ein Indianischer großer spühlkump blaw mit gold
- 5 kleine theeschüsselger mit köpper Indianisch
- Noch 2 große spühlkumpen mit Deckeln blaw und weiß."

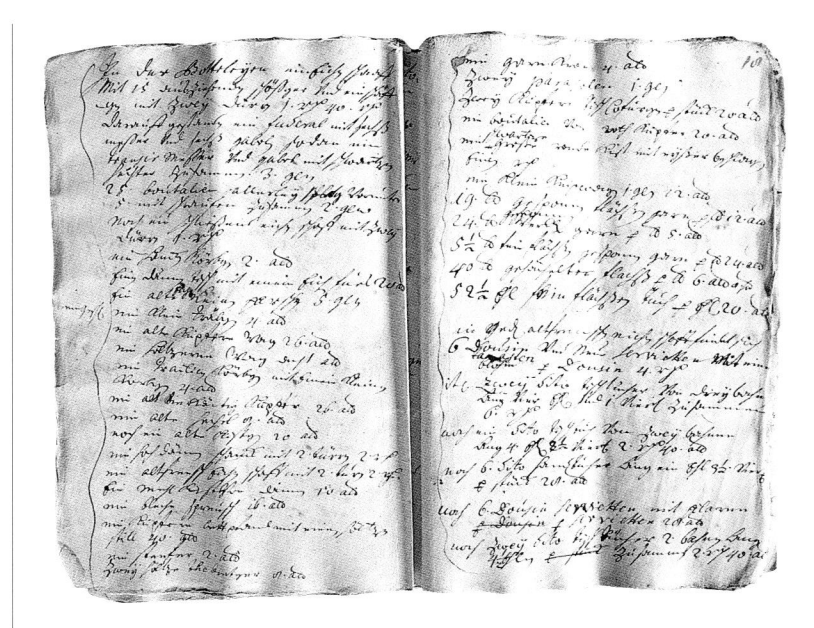

Außerdem „indianisches Porzellan, 6 Schokoladentassen, 27 Porzellantassen mittelmäßig etc. ... in einem schrank in einer mauernische sind nach eröffnung gefunden worden:
- Aufbewahrungsgefäße, Tassen, Schüsseln, Teedosen, 2 Vogelkörbe ein Service roth übergüldet porceline bestehend aus 13 schüsseln, 22 dito teller und 21 dito schahlen
- ... ein Service porcelin blaw überguldet bestehend in 22 tellern, 6 dito schüsseln un 2 großer salat schalen ...
- ein großer blaw porcelin schale, 11 dito teller und 1 kump mit ..."

„... in das speis zimmer Woselbst sich findet ...
- 1 altes gestreiftes Zimmerbehängsle,
- ein Spiegel mit vergoldetem Rahmen, ein Tanne-Tisch, noch ein Tisch, 9 Strohstühle, 1 Strohsessel, noch 1 alter Sessel, ein Holzofen mit Pfeife und eiserner Gallerie zum Tellerabsetzen, 1 Gläserschrank, 23 Weingläser, 8 Weingläser, 2 Gesundheitsgläser mit Deckel,

OBEN: *Ein Auszug aus dem handschriftlichen Inventar der Burg von 1733.*

- Noch ein Gesundheitsglas mit Kriegswappen, weitere Gläser, gläserne Karaffe mit Zinndeckel, Glaskannen mit Gläsern, Kannen umit Glasdeckeln, 2 „kristtalene Carefinger". Weiter Gläser, Likörgläser, 3 „Schilderey" mit Malerei (Blumen, Muttergottes)..."

„...in der kuchen findet sich ahn kupfer werck alß folgt:
- ca. 50 Kessel, Pfannen, Töpfe, Kasserolen etc. aus Kupfer, Küchen-Mobiliar: Englisch zinn bestehend in eilff Schusseln 13 assietten ...
- Englisch zinn bestehend 69 tellern und eine Suppenschüssel
- Englisch zinn bestehend in drey Lampatt sambt den schüsseln, 6 schüsseln
- 49 tellern ein leuchter ... noch mehr englisches Zinn, außerdem blockzinn
- Dießen hat man das silber Geschirr inventiert und taxiert Augsburger Silber bestehend in Besteck, Leuchter, Vorlageplatten, Tabakdosen, Teesiebe, Zuckerdosen, Salzfäßchen, Schokoladetassen ..."[85]

Die Bibliothek von 1733

Beim Tode des Kurfürsten Clemens August im Jahre 1761 notierte man im Inventarverzeichnis seines Schlosses Augustusburg über 700 Titel in seiner Brühler Bibliothek.[86] Die Auswahl der Bücher gibt sicher auch einen Einblick in die persönliche Interessenlage des Prinzen und Erzbischofs von Köln, die den Bibliotheken der kleineren adeligen Häuser des Rheinlandes mit ihrer Bandbreite gegenüberstand und diese sicherlich mit ihrem fürstlichen Aufwand, doch vielleicht nicht immer in der Qualität übertraf.

Für Hemmersbach ist eine Inventarauflistung der Bibliotheksbestände aus dem Jahre 1733 erhalten geblieben, die in den Maßstäben eines ländlichen Adelssitzes einen ähnlichen Querschnitt der Interessenlage und Bildung seiner Bewohner, mindestens aber des in jenem Jahr verstorbenen Hausherrn Graf von Hompesch verrät.[87] Die Anzahl von „nur" etwa 90 Titeln ist einem Landsitz dieser Zeit angemessen und entspricht der geringeren Bedeutung des Ortes.

Die religiöse Literatur umfasst insgesamt neun Titel. Weitere Schwerpunkte bilden Einzelausgaben und größere Reihen zur Geschichte Frankreichs, des Rheinlandes, der Adelshäuser, der Politik und einzelne Übersichten über andere Weltkulturen mit Topographien und Cosmographien, bis hin zu einer „voyage autour du monde", einer „Reise um die Welt". Derartige Berichte erschienen seit dem frühen 18. Jahrhundert in mehreren Veröffentlichungen. Anfänglich standen sie mit Mischungen aus Dichtung und Wahrheit noch in der mittelalterlichen Tradition, allmählich jedoch wurden diese Berichte exakter und waren der Naturbeobachtung und anderen Wissenschaften verpflichtet. Fast ein Drittel der Buchtitel sind diesen Themen zuzuordnen.

Im Verlauf des 17. und 18. Jahrhunderts findet sich in den adligen Kreisen ein zunehmendes Interesse an Architektur – eine Hinwendung, die mit dem Wunsch nach gesellschaftlicher Anerkennung, Repräsentation und Nachruhm verbunden ist. Architektonische Leistungen sollten Zeugnis über das eigene Lebenswerk geben. Vorbilder waren die großen Fürstenhäuser, die die Elite der Baumeister ihrer Zeit zur Ausführung ihrer Gestaltungswünsche engagierten. Nach diesen großen Vorbildern dilettierte auch der einfachere Adel dieser Zeiten gerne in Architekturfragen, baute je nach Vermögen selbst im neuen Geschmack der Zeit und beteiligte sich an der Konversation in den gesellschaftlichen Zirkeln.

So findet sich ein Mindestmaß an architektonischer Fachliteratur, an Traktaten und Bildbänden in nahezu allen Adelsbibliotheken jener Zeit – und bis in das 20. Jahrhundert hinein. Dabei handelt es sich um Veröffentlichungen über Sakralbauten, Schloss- und andere Profanbauten, Festungs- und Militärbauten und über die Gestaltung von Gärten und Gartenbauten. In Hemmersbach finden sich neun Titel zu diesen Themen. Ein Gartenbuch behandelt interessanterweise das große französische Vorbild der Barockzeit: „Labyrinthe de Versailles".

Vier verschiedene Wörterbuchausgaben verweisen auf die sprachliche Bildung der Burgherren und ihren Wunsch nach Informationen aus zeitgenössischen ausländischen Veröffentlichungen. Neben der eigenen Sprache Deutsch sind Latein, Italienisch und Französisch vorhanden. Englisch fehlt.

Entsprechend pendelte das literarische Interesse zwischen anspruchsvoller Literatur von der Antike bis zu zeitgenössischen Publikationen, einschließlich den zerstreuenden Theaterthemen. Man findet insgesamt 13 Titel, darunter „Les Métamorphoses d'Ovide", „Alcibiades", „Oeuvres burlesques de M. Charon", „La vie de Molière" und „Histoire des amours et infortunes d'Abélard et d'Eloyse".

Gleichzeitig finden sich, angeführt von der arabischen Zauber- und Erotikwelt der „Mille et une nuits", auch die modischen galanten Romane wie etwa „Les galanteries de la cour" in insgesamt fünf Titeln.

Die üblichen Standardwerke für den Hausgebrauch, mit vielleicht einigen Sonderinteressen, schlagen einen größeren Bogen. Medizin und Apothekenkenntnisse waren beim damaligen allgemeinen Stand der heilenden Wissenschaften sicherlich eine kleine alltägliche Hilfe. Auch ein Band über das Rechtswesen und Kriminalrecht half möglicherweise bei Grenzkonflikten mit Nachbarn oder bei Erbschaftsstreitigkeiten in der eigenen weitläufigen Familie. In zwei weiteren Bänden tauchen Jagdthemen, Pferde und Kavallerie auf.

Land- und Hauswirtschaft, Obst- und Gemüsegärten waren wichtige Aspekte des Grundeigentums und seiner Wirtschaftsführung. Exotisch mutet das Interesse an sehr teuren höfischen Genüssen an, die allmählich auch von betuchten bürgerlichen Kreisen geschätzt wurden: Kaffee, Tee und Schokolade. Hierauf geht eine weitere Buchausgabe ein, die über diese Genussmittel informiert, die aus anderen Teilen der Welt über die globalen Handelsbeziehungen der ostindischen Kompagnien nach Europa eingeführt wurden.

Abschließend wird noch ein Buch aufgeführt, das sich mit Erziehungsfragen beschäftigt, die in diesen Jahren sicher noch nicht vom Geist der Aufklärung und den Gedanken eines Rousseau geprägt waren. Weitere Titelangaben sind nicht einzuordnen.

Durch den familiären Wechsel der Burgherrschaft Hemmersbach im Verlauf des 18. Jahrhunderts wird dieser Bibliotheksbestand wahrscheinlich aus der Burg entfernt worden sein. Der Bibliotheksbestand der nachfolgenden Familie Berghe von Trips dagegen ist im Brand des Burghauses 1793 in Flammen aufgegangen.

Die Bibliothek des 19. Jahrhunderts

Die Bibliotheksbestände im Jahre 1978 sind nicht identisch mit Werken aus dem alten Inventar und nur wenige Veröffentlichungen reichen zurück in das 18. Jahrhundert.

Mit etwa 1.200 Bänden ist dieser Bestand sehr umfangreich. Aufgrund einer testamentarischen Verfügung des letzten Grafenpaares wurde er zwischen der Stiftung und der Bibliothek des Landeskonservators aufgeteilt.

Dabei handelt es sich um große Enzyklopädien des späten 18. und vor allem des 19. Jahrhunderts, darunter eine Brockhausausgabe, Gesetzes- und Amtsblätter, Zeitungen, Zeitschriften, Handbücher, juristische Literatur, auch das Bergrecht, umfangreiche Literatur zur Militärkunde des frühen bis späten 19. Jahrhunderts, Politikthemen und Wörterbücher. Letztere in Deutsch, Französisch, Englisch, Italienisch.

Erweitert wird das Themenspektrum mit Büchern über Fischerei und Viehwirtschaft sowie Zuchtanleitungen, durch einige religiöse Bücher sowie Jugendliteratur (um 1780) und Reisebeschreibungen. Schöngeistiges intellektuelles Interesse offenbart sich in den Themen Geschichte, Kunst, Architektur, Literatur, lyrische Dichtung und Philosophie. Unter den literarischen Autoren sind erwähnenswert: Voltaire, Blaise Pascal, Shakespeare (Ausgaben um 1840), Augustinus, Mirabeau, Sokrates (1819), Sulzer (1792), Herder (Ausgaben 1809-1819), Aristophanes (1812), Cicero (1692); Pestalozzi (Ausgaben um 1819), Voss (1802), Schiller (1808), Dante (1834), Goethe (Ausgaben Anfang bis Mitte 19. Jahrhundert), Karl Theodor Körner (1813), Jean Paul und weitere.

An Klaviernoten finden sich unter anderem Brahms und Humperdinck.

Die Erscheinungsdaten der Bücher weisen darauf hin, dass ein wesentlicher Teil der literarischen Veröffentlichungen unter dem Reichsgrafen Ignaz Eduard Berghe von Trips angeschafft wurde, was zweifellos Aufschluss über seine weitreichenden Interessen und höheren geistigen Ansprüche gibt. Eine gleiche Intensität der Interessen ist anhand der Bibliotheksbestände bei seinen Nachfolgern im 19. und 20. Jahrhundert nicht mehr festzustellen.

Die letzten Ausstattungen

Aus dem Jahre 1929 ist eine Inventarliste des Hauses erhalten geblieben, die den damaligen Inhalt jedes Raumes aufführt, sodass er jederzeit mit seiner beweglichen Ausstattung wieder rekonstruiert werden könnte.[88] Allerdings hat es in der Zwischenzeit auch Kriegsverluste durch Vandalismus und Diebstahl gegeben.

Gleichwohl war das Haus auch in der Nachkriegszeit bewohnt und Mittelpunkt eines wenn auch wesentlich bescheideneren gräflichen Haushaltes als noch siebzig Jahre zuvor.

OBEN: *Bibliotheksbestände aus dem 19. Jahrhundert.*

RECHTS: *Das Uhrwerk der Burguhr, das im Dachboden des Herrenhauses untergebracht ist.*
MITTE: *Eckkamin mit Wandspiegel im Erdgeschoss, Bestandteil der ehemaligen Ausstattung.*

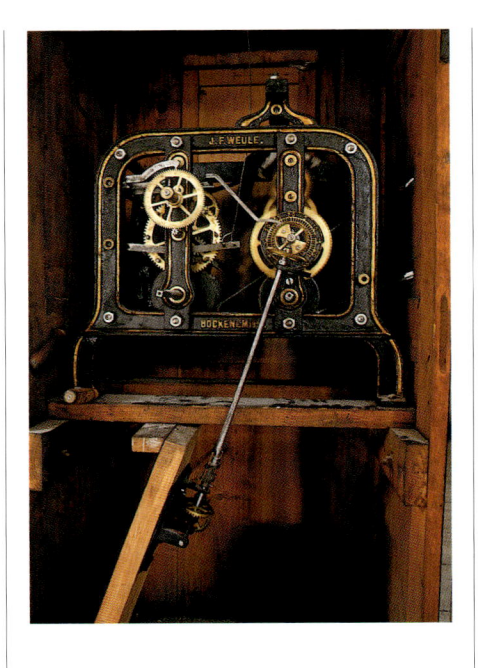

OBEN: *Der Flaschenkühler aus Messing stammt aus dem frühen 19. Jahrhundert.*

Nach dem Tode der Reichsgräfin Thessa 1978 ist nahezu die gesamte Ausstattung der Burg Hemmersbach ausgelagert und entfernt worden. Wenige Möbelstücke, die Bibliothek, das Archiv, Gemälde, Jagdtrophäen, persönliche Gegenstände der letzten Bewohner und der Nachlass des Grafen Wolfgang sind in das Eigentum der Gräflich Berghe von Trips'schen Sportstiftung zu Burg Hemmersbach übergegangen.

Der Verbleib der anderen, in Fotos dokumentierten alten Möbel, darunter geschnitzte barocke Schränke, verschiedene Stollenschränke, Truhen, Kommoden, Kredenzen, Sessel, Stühle, Tische, aber auch Zeichnungen, Stiche, Lampen, Stand- und Kaminuhren, Spiegel, Takenplatten, Flaschenkühler aus Messing und viele weitere Gerätschaften, eingeschlossen Porzellane und Gläser, ist nicht bekannt.

Das Archiv Burg Hemmersbach

Am 5. April 2001 übergab der Leiter des Rheinischen Archiv- und Museumsamtes, Dr. Norbert Kühn, das soeben fertiggestellte Findbuch zum Archiv Burg Hemmersbach dem Vorsitzenden der Gräflich Berghe von Trips'schen Sportstiftung zu Burg Hemmersbach als der Eigentümerin des Archivs, Herrn Reinold Louis. Gleichzeitig unterzeichneten Vertreter der Stadt Kerpen und der Stiftung einen Depositalvertrag. Danach wird der Bestand im Stadtarchiv Kerpen sicher und sachgerecht verwahrt und steht dort zur wissenschaftlichen Auswertung zur Verfügung.

Als eine der Kulturdienststellen des Landschaftsverbands Rheinland betreut die Archivberatungsstelle die nichtstaatlichen Archive im Rheinland. Ein großer Teil der Pflege entfällt dabei auf die wertvollen Adelsarchive, die einzigartiges Quellenmaterial zur rheinischen Geschichte enthalten. Das Findbuch zum Archiv Burg Hemmersbach wurde unter Federführung von Dr. Hans Werner Langbrandtner erstellt, der dabei von Mitarbeiterinnen und Mitarbeitern des Stadtarchivs Kerpen unterstützt wurde. Es erschließt auf fast 200 Seiten alle in diesem Archiv überlieferten Dokumente: 241 Urkunden aus der Zeit von 1375 bis 1812, 1003 Akten vom ausgehenden Mittelalter bis 1977 und 406 Karten, Pläne und Zeichnungen. Dabei ist auch der Nachlass des Rennfahrers Wolfgang von Trips erfasst, der allerdings nicht im Stadtarchiv Kerpen liegt, sondern in den Räumen der Stiftung in der so genannten Villa Trips neben der Burg Hemmersbach.

Auf rund 80 laufenden Regalmetern ist eine beeindruckende Fülle historischen Materials überliefert. Das Archiv zählt zu den bedeutendsten Adelsarchiven des Rheinlandes. Es enthält nicht nur Archivalien zur Geschichte der Familie Berghe von Trips, sondern auch der Vorgängerfamilien Scheiffart von Merode, Vercken und Hompesch. Die älteste Urkunde dokumentiert zum Beispiel den Verkauf Sindorfs an die Scheiffart von Merode im Jahr 1375. Die politische Geschichte der beiden Unterherrschaften ist seit dieser Zeit durch die Archive der jeweiligen Lehnsinhaber überliefert: Prozessakten über die Erb-Auseinandersetzungen um Hemmersbach, Akten der Schöffengerichte, Unterlagen zu den beiden Mühlen in Horrem und Sindorf. Neben Dokumenten, die die Geschichte von Hemmersbach und Sindorf erhellen, enthält das Archiv überregional interessantes Material aus der Rhein-Maas-Gegend. Die Berghe von Trips brachten, als sie 1751 Hemmersbach erwar-

RECHTS: *Das Zifferblatt der Uhr am Giebel des Hauses.*

ben, ihr ins 14. Jahrhundert zurückreichendes Archiv aus ihren limburgischen Stammlanden mit. Im so genannten Renteiarchiv sind mit den Verwaltungsakten von Burg und Rittergut Hemmersbach die Akten zum landwirtschaftlichen Betrieb und zu den Industrieunternehmungen der Familie überliefert. Wirtschaftsgeschichtlich hochinteressant sind hier die Unterlagen zur Erschließung und Führung der Braunkohlegruben und Brikettfabriken. Der Abbau des Turfs, der Braunkohle, ist seit 1776 nachgewiesen und lässt sich bis zum Übergang der Unternehmen an die Rheinischen Braunkohlewerke im 20. Jahrhundert verfolgen.

Fast 60 Jahre lang konnte das Archiv nicht benutzt werden. Über den Verbleib des kurz vor dem Ersten Weltkrieg erstellten Findbuchs war nichts herauszubekommen. Die Auslagerung des Archivs im Kriegsjahr 1943, die Plünderungen der Burg im Jahr 1945 und die bei der Rückführung des Archivs nicht wieder hergestellte Ordnung machten eine gezielte Suche nach Quellen völlig unmöglich. Nach dem Tod von Graf Eduard und Gräfin Thessa wurde die Burg verkauft, das mittlerweile von Schädlingen befallene Archiv wurde zwischengelagert und 1991 zunächst im neu erbauten Kommunikationszentrum der Stiftung in Bergheim-Quadrath untergebracht. 1992 begannen die immer wieder unterbrochenen Ordnungsarbeiten durch die Archivberatungsstelle. Nachdem der Stiftungsrat den Abschluss eines Depositalvertrages mit der Stadt Kerpen beschlossen hatte, wurde das Familienarchiv wegen der günstigeren Arbeits- und Lagerbedingungen schon 1996 ins Kerpener Stadtarchiv übernommen, 1997 folgte das umfangreiche Renteiarchiv.

Aufmerksamen Leserinnen und Lesern wird nicht entgangen sein, dass eine Vielzahl der in diesem Buch erzählten Begebenheiten sich nicht auf bereits erschienene Veröffentlichungen stützt, sondern eben auf zum Teil noch nie publizierte Archivalien aus der Burg Hemmersbach. Auch sind auf zahlreichen Abbildungen in diesem Band erstmals Schätze des Familienarchivs zu sehen. So war denn die Fertigstellung des Findbuches im Frühjahr 2001 eine unerlässliche Voraussetzung für die nun vorliegende Publikation über die lange Geschichte der Burg Hemmersbach.

RECHTS: *In der hölzernen Siegelschatulle befindet sich das kaiserliche Siegel Franz II., der Maria Anna von Trips 1793 als Stiftsdame investierte.*

Jagdtrophäen

Forstrechte und Jagdausübung gehören zu den ältesten adeligen Privilegien. Entsprechend nutzten die Hemmersbacher Grafen ihre Jagdrechte auf eigenem Territorium weidlich aus.

Eine umfangreiche Trophäensammlung aus dem 17. bis 20. Jahrhundert belegt recht eindrucksvoll den Jagdeifer vieler Hemmersbacher Generationen. Zahlreiche Geweihe und Gehörne sind beschriftet und datiert. Nicht alle wurden im eigenen Revier geschossen. Denn man lud Jagdgesellschaften ein, wie man auch selbst eingeladen wurde.

Die prunkvollste Trophäe ist die eines Sechzehnenders. Die Stangen sind unterschiedlich ausgebildet. So hat die rechte in ihren Schaufelendungen insgesamt 16 Enden, während die linke nur 11 aufweist. Sie sind mit Schrauben in einen lebensecht geschnitzten und bemalten Hirschkopf eingepasst. Er sitzt auf einer breit ausladenden, geschnitzten Hintergrundkartusche aus Eichenholz, die mit reliefiertem Blattwerk und farbigen Früchtegirlanden besetzt ist. Um den Hals des Tieres hängt ein geschnitztes Stoffband mit erhaben ausgearbeiteten Lettern: „ I . W . C . F . A o . 1697"

In einer unteren Schriftkartusche erläutert der aufgemalte Text Näheres: „Anno 1697 den 17. Sept. haben Ihro Chur-Fürstliche Durchlau zu pfaltz. Diesen hiersch in dem Bilcken-Busch Geburst 387 pfund ."

OBEN: *Bis nach dem Zweiten Weltkrieg wurden im Turm der Vorburg die Archivalien von Burg Hemmersbach, die bis ins 14. Jahrhundert zurückreichen, verwahrt.*

RECHTS: *Prunkvoller Sechzehnender – Jagdtrophäe des Kurfürsten Jan Wellem aus dem Jahr 1697.*

RECHTS: *Damwild im Burgpark.*

Allem Anschein nach hat der pfälzische Kurfürst „Jan Wellem" selbst diese Trophäe anlässlich einer Jagdpartie erlegt. Seine Initialen entsprechen den Lettern des Halsbandes: „Iohann . Wilhelm . Chur . Fürst . Anno . 1697." Ein derartiges Prachtexemplar war selbst für einen Fürsten ein großartiges Jagdergebnis.

Nur zwei weitere Trophäen sitzen auf – allerdings einfacheren – geschnitzten Rehbockköpfen auf: erlegt im Juli 1856 von Eduard Graf Berghe von Trips bei Schloss Zeil und 1851 „erlegt im Revier Eisenbach im Kgr. Würtemberg an der Bayerischen Gränze".

Sucht man im Archiv nach Aussagen zur Jagdgeschichte der Herrschaft Hemmersbach, so sind wiederholte kurze Erwähnungen aufgeführt, die in ihrer Aussagekraft nicht weit führen.

Jagdstreitigkeiten

In der Zeit des Heinrich von Vercken gab es allerdings einen handfesten Streit um forstliche Jagdrechte mit dem unmittelbaren Nachbarn auf Schloss Frens, Adolf Sigismund Raitz von Frentz. Anlass zu dieser um 1630 ausgebrochenen Auseinandersetzung war offensichtlich die Annahme des Raitz von Frentz, dass Heinrich von Vercken in seinem Waldbezirk gewildert habe. Er erreichte ein erzbischöfliches Jagdverbot für den Hemmersbacher Burgherren. Dieser setzte sich in ausführlichen Schriftsätzen mit Hinweis auf die Rechtmäßigkeit seiner Jagd bis zu einer vertraglichen Einigung im Jahre 1641 über die genaue Abgrenzung seines Jagdrechtes in den fraglichen Waldparzellen zur Wehr: „Jetzt und sagt daruff anfenglich wahr und unleughbar zu sein, dass des hauses und herligkeiten Hemmerßbachs besitzer und einhaber von vielen uralten zeiten, mehr und weiters als sich einiges menschem gedachtnuß erstreckt, ja ein, zwey, dreyhundert und mehr jahren sich der groben und kleinen jagt gebrauchen, welche jagens gerechtigkeit ihnen niemalß verwehret oder benohmen."

In diesem Zusammenhang erwähnt er auch ein älteres Ereignis: „Inmassen dan wahr unnd werden zeugen ungezweiffelt auch woll gehort haben, dass am hauß frentz ein förster gewesen, der Lange Herman zu Ichendorff genandt, welcher uff dem Neuwenarischen Haw gros wildt, nemblich ein rehe sich verkühnet hatt. Wahr alß der Herr zu Hemmerßbach, Adolph von der Horst, solches erfahren, ist befohlen, den Langen Herman, wan er in der Hemmerßbachischen bottenmeßigkeit betreffen wurde, solchen schießens halber anzuhalten. Wahr dass selbiger Lange Herman weil er daran zu viel unnd wieder uralte herkommen gethan in die herligkeit Hemmerßbach eine geraume Zeit nit hat kommen dörfen. Wahr dass endtlich uff vorbitt underschiedtlicher vom adell zu sonderheit junckern Ilems als Frentzischen vormunders obgemelten Langen Herman die verbrechung ist pardonniert worden."[89]

Auch 1767 gab es Streit zwischen den Nachbarn an der Erft. Die Beteiligten waren dieses Mal Franz Adolf Anselm Berghe von Trips und der Freiherr von Rolshausen, Herr des südlich gelegenen Schlosses Türnich. Wieder ging es um Vorwürfe, die Grenze des Jagdgebietes unerlaubt überschritten zu haben: „als im Jahr 1767 der herrschaftliche Jäger des Freyherrn von Rolshausen in dem so genannten Priors-Hau mit Gewehr und Hunden die Jagd exercierte wurdt demselben von dem Hemmersbacher herrschaftlicher Jäger daselbst die Flint samt der Waide Tasch gewalttätig abgenommen ..."[90] Erneut löste ein gerichtlicher Vergleich den Streit.

Erlass einer Buschordnung

Bezüglich der missbräuchlichen Nutzung des Sindorfer Erb-Busches war es Anfang des 18. Jahrhunderts zu einigen Unstimmigkeiten gekommen.[91] Der damalige Eigentümer des Hauses Breitmahr, der Herr von der Portzen, beklagte sich beim Landesherren in Düsseldorf und erreichte damit eine Untersuchung der Verhältnisse durch alle Beteiligten. Um weiteren Missbrauch zu unterbinden oder möglicherweise nur einfachen Missverständnissen vorzubeugen, einigte man sich – auch „weilen keine alte buschordnung vorhanden" – auf die Aufstellung einer neuen Buschordnung, die in 26 Punkten alle nur denkbaren Fragen sehr umfassend und präzise regelte. Die neue Ordnung sollte jedoch widerrufen werden, wenn doch noch eine alte und womöglich bessere Ordnung gefunden würde.

Die einzelnen Regelungen verraten – und dies wird auch durch vergleichbare Waldordnungen, die teilweise viel älter sind, noch bestätigt –, dass sich die damalige Gesellschaft auch ohne die heutigen wissenschaftlichen Erkenntnisse sehr um die Erhaltung der natürlichen Ressourcen sorgte. Während heute nicht nur die Umweltschützer „Nachhaltigkeit" im Umgang mit unseren Reserven einfordern, um auch künftigen Generationen eine bewohnbare Erde zu hinterlassen, wurde schon seit dem Mittelalter das nachhaltige Umgehen mit den nicht unbegrenzt nachwachsenden Rohstoffen wie Holz praktiziert.

Wie überall bei gemeinschaftlich genutzten Wäldern war der Sindorfer Erb-Busch für alle Beteiligten ein unentbehrlicher Wirtschaftsfaktor. Das Holz wurde nicht nur zum Bauen, sondern auch als Brennmaterial sowie für die Eichelmast benötigt. Um Missbrauch, wie er in der Vergangenheit offensichtlich vorgekommen war, künftig auszuschließen, wurde die Verteilung des Holzes nun in mehrere Hände gelegt. Man beschloss gemeinschaftlich, sich anstelle des üblich gewordenen Missbrauchs mit „einer flaschen bier" zu vergnügen. Der Eigentümer des Hauses Breitmahr, der Bürgermeister oder der Buschverwalter und fünf Buschbeerbte mussten eingeschaltet werden. Bauholz sollte nur bewilligt werden, wenn vorher auch ein Sachverständiger nachgewiesen hatte, dass der Bau erforderlich war. Auch ökologische Denkweisen waren dem 18. Jahrhundert nicht fremd: Das noch verwendbare Holz von Abbrüchen musste wiederverwendet werden. Außerdem wurde darauf verwiesen, dass Holzeinschlag nur zu bestimmten Zeiten wirtschaftlich sinnvoll ist. Es war häufig vorgekommen, dass Zimmerleute unabhängig von der Jahreszeit angewiesen wurden, Holz nach akutem Bedarf zu schlagen. Jetzt wurden bestimmte Einschlags- und Pflanzzeiten vereinbart. Die Ausfuhr von Holz (also z.B. nach

OBEN: *Graf Wolfgang präsentiert vor dem Burghaus einen erlegten Rehbock.*

Erb-Büsche oder Erbenwälder

Die Einrichtung von gemeinschaftlich genutzten Ländereien hat eine lange Tradition, die bis ins Hochmittelalter zurückgeht. Dabei handelte es sich oft um reine Waldgebiete, später kamen auch Weideflächen dazu, die von allen Einwohnern gemeinsam genutzt wurden. Bekanntes Beispiel ist das heute noch als „Bürge" bezeichnete Waldgebiet zwischen Düren, Elsdorf und Kerpen. Ursprünglich fränkischer Königsbesitz, wurde das Gebiet schon 922 als „communi silva", als gemeinsamer Wald, bezeichnet. Als Otto II. dem Kölner Erzbischof 973 das Wildbannrecht in dem dort als „Burgina" erwähnten Wald bestätigte, überlieferte er damit erstmals den noch heute geläufigen Namen. Um 1150 wurden die Namen der 20 am Waldrand liegenden Orte genannt, die gewisse Nutzungsrechte an der Bürge hatten, so zum Beispiel die Entnahme von Bau- und Brennholz oder die Ausübung von Weiderechten und der Eichelmast. Zu den berechtigten Orten gehörte damals auch Sindorf. Um 1550 war die Verwaltung des fast 8.000 Morgen großen Waldgebietes so kompliziert geworden, dass es in vier Quartiere eingeteilt wurde, die in der Folgezeit weiter parzelliert wurden. Auf diese Tradition gehen die so genannten Erb-Büsche oder Erbenwälder der Gemeinden zurück. Aus der gemeinsamen Nutzung aller entwickelte sich jedoch die Nutzung durch die Busch-Beerbten. Dieser zu einem bestimmten Zeitpunkt festgelegte Personenkreis vererbte – wie der Name schon sagt – das Nutzungsrecht jeweils auf seine Nachkommen weiter.

RECHTS: *Der vereidigte Geometer W. Mack zeichnete 1835 die Karte des Trips'schen Waldbesitzes in Habbelrath und Grefrath.*

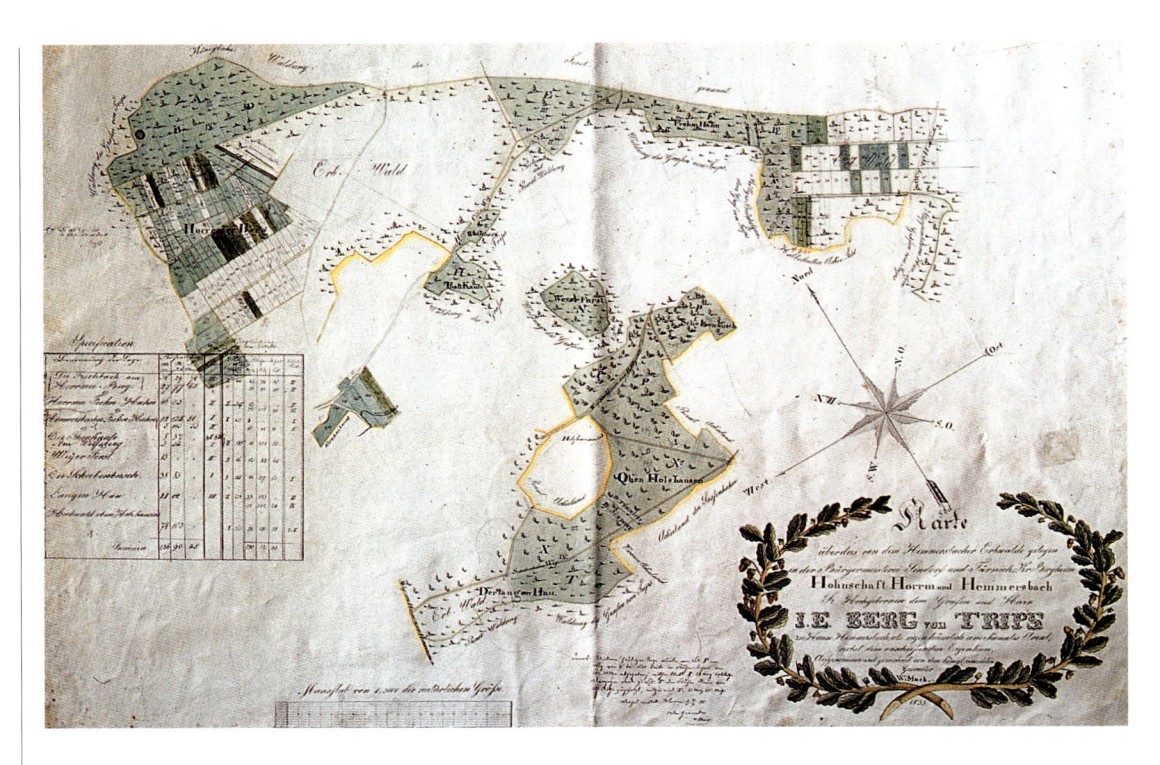

Blatzheim oder Kerpen) wurde unter strenge Strafe gestellt. Die Verteilung von Holz aus Sturmschäden wurde ebenfalls geregelt. Bei leichteren Schäden wurde es unter dem Buschverwalter, dem Förster, dem Feldschütz und dem Bürgermeister aufgeteilt. Wenn aber „ein solcher wind wie mehrmalen geschehen sich heben würde dass vielle holtzer durch dessen ungestummigkeit würden umgeworfen werden", sollte das gesamte Holz den Buscherben verbleiben und anteilig aufgeteilt bzw. ausgezahlt werden.

Eine gewisse soziale Komponente fand ebenfalls Berücksichtigung: Die so genannten „haußarmen" erhielten die Erlaubnis, zwei- bis dreimal in der Woche im Wald Holz zu sammeln. Wer allerdings mit einer Axt erwischt wurde, musste mit Strafe rechnen. Auch der so genannte „Christbrand", wohl die Zuteilung von Brandholz zur Weihnachtszeit, wurde den Bedürftigen nur zugestanden, wenn sie sich vorher meldeten. Eigenmächtiges Handeln wurde unter Strafe gestellt.

Die Eichelmast wurde unter bestimmten Bedingungen, keinesfalls aber für Auswärtige, erlaubt. Zuwiderhandlungen konnten zur Beschlagnahme der Schweine führen. Dabei war es verboten, die Zahl der aufgetriebenen Schweine zu erhöhen.

Das für die Ausbesserung der Straßen und Wege benötigte Holz wie auch den Lohn zahlte die Gemeinde. Diejenigen Sindorfer, deren Felder am Ortsrand lagen, hatten dafür Sorge zu tragen, dass ihre Felder stets geschlossen waren. Für Schaden, der entweder durch ihre oder auch durch anderer Leute Unachtsamkeit entstand, mussten die jeweiligen Verursacher aufkommen. Der hierbei entstehende Aufwand wurde durch eine entsprechende Menge Holz und ein tägliches Maß Bier vergütet.

Um die Einhaltung dieser Regeln auch kontrollieren zu können, wurden der Förster und der Feldschütz verpflichtet, mindestens alle drei Monate Bericht zu erstatten. Falls sie dem nicht nachkamen, drohte ihnen der Verlust ihres Jahresgehalts. Entsprechend gemeldete Missetäter sollten dann dem Herren von Hemmersbach vorgeführt werden. Zur Sicherstellung der Autorität aller Funktionsträger im Erb-Busch wurde beschlossen, sie zu vereidigen. Nach Verlesung aller Punkte erklärten sich alle einverstanden und unterschrieben – soweit sie konnten – die Buschordnung.

Die nächsten 60 Jahre verliefen im Sindorfer Busch offensichtlich friedlich. Erst als es 1766 bei der Anstellung des Försters zum Disput zwischen Franz Adolph Anselm von Trips und den Sindorfern kam, wurde bei dessen Beilegung beschlossen, die Buschordnung von 1707 auf nützliche und unnütze Bestandteile hin zu überprüfen. In den Folgejahren kam es erneut zu Missverständnissen. Schließlich schlossen die Buschbeerbten und Franz Adolph Anselm 1781 einen Vergleich, der bis auf einige spezielle Einigungen jedoch die 1707 erlassene Buschordnung bestätigte.

Die gemeinschaftliche Nutzung des Erb-Busches überlebte trotz zahlreicher Auseinandersetzungen das Ende des Alten Reichs. Erst 1854 wurde vor dem Königlichen Landgericht in Köln das über 1.000 Morgen umfassende Waldgebiet in Sindorf unter den 102 Beteiligten aufgeteilt.[92] Damit verlor natürlich auch die 1707 erlassene Buschordnung ihre Gültigkeit. 20 Jahre zuvor war übrigens auch in Hemmersbach der Erbenwald unter den Berechtigten aufgeteilt worden.

Jagd und Waldbesitz

Verschiedentlich bekleideten die Hemmersbacher Herren auch höfische Funktionen mit Jäger-Ehrentiteln. Bedeutsam war beispielsweise Franz Adolph Anselm Berghe von Trips, der 1796 seine kaiserliche Ernennung zum erblichen Reichsgraf erhielt und neben seinem Titel auch die Funktionen eines bergischen Obristjägermeisters und Generalbuschinspektors erfüllte.

Als Ignaz Eduard Graf Berghe von Trips zu Beginn des 19. Jahrhunderts den hoch verschuldeten Besitz erbte, sollte sich dies als Glücksfall für Hemmersbach herausstellen, denn er schaffte es innerhalb einiger Jahrzehnte unter großer Mithilfe seiner Frau Elisabeth, Freiin von Lemmen, den Gesamtbesitz wieder aufleben zu lassen und sogar die zerstörte Burganlage erneut zum Wohnsitz der Familie auszubauen.

Obwohl er die Geschicke der Burg im Wesentlichen von seinem Wohnsitz in Düsseldorf aus steuern musste, kümmerte er sich um alle Details des Besitzes. Dazu gehörten natürlich der Wald und der Jagdbetrieb. Da der Bedarf an Holz durch die allmähliche Entfaltung der Industrie und des Bauwesens anstieg, machte er sich frühzeitig Sorgen um eine auch in die Zukunft weisende, ausreichende Holzbewirtschaftung in seinen Wäldern. Er schrieb „forstwirtschaftliche Bemerkungen" nieder, die erhalten geblieben sind und seine Weitsicht deutlich machen.[93]

Seine Nachfolger bewahrten den Fideikommiss-Besitz mit den weitläufigen Wäldern im Hangbereich der Ville und den Auenzonen, den Weiden und Feldfluren der Erftlandschaft.

Im späteren 19. Jahrhundert zeigt eine offizielle Statistik des Kreises Bergheim, dass das „Rittergut Burg Hemmersbach" mit weitem Abstand das größte private Besitztum des Kreisgebietes darstellte; es umfasste 778 Hektar Land.[94]

Um 1898 wurden die Waldbesitzungen solcher Großanwesen einschließlich der öffentlichen Waldungen alle ähnlich bewirtschaftet: „Der forstwirthschaftliche Betrieb in den Kommunal- und Privatwaldungen des Kreises ist eine Schlagholzzucht nach den Grundsätzen der Niederwaldwirtschaft, in den Staatswaldungen wird Nieder- und Hoch-Waldzucht betrieben. Verbesserungen haben durch Anlagen von Abzugsgräben an nassen Waldstellen stattgefunden. Dominierend in den Waldbeständen ist die Eiche, jedoch kommen sämtliche Laubholzarten, sowie Kiefern und Fichten eingesprengt vor."[95]

In früheren Jahrhunderten sowie noch einmal im 19. Jahrhundert lebten Jagdaufseher in der Vorburg. Sie waren zugehörig zum Personal des Herrensitzes. Die Jagdwaffen haben sich nicht erhalten, wohl aber ein neuzeitliches Jagdhorn. Ein großes barockes Jagdhorn ist lediglich in Fotos überliefert.

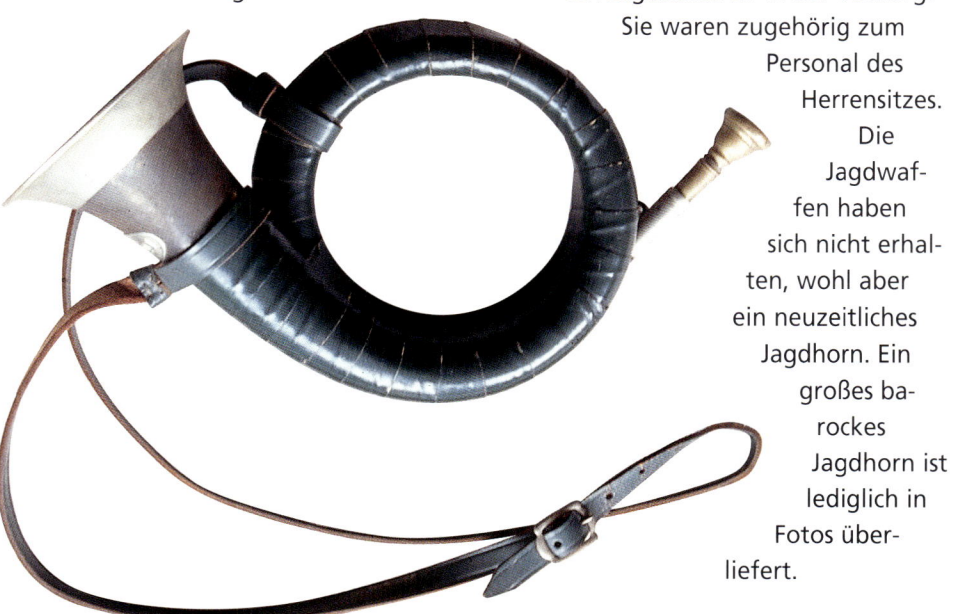

Zwischen 1875 und 1878 ließ Graf Berghe von Trips für den von ihm eingestellten Förster das Forsthaus Einhang erbauen. Es lag etwa 500 Meter südlich der damaligen Brikettfabrik Horrem, am späteren Ginsterpfad im heutigen Neu-Bottenbroich. Die Pläne entwarf der Baumeister August Lange, dem auch viele Kirchenneubauten im Rheinland zu verdanken sind. Für den Grafen Trips hatte er bereits ein neues Wohnhaus für die Sindorfer Mühle erbaut.

Haus und Stallung wurden aus Feldbrandziegeln errichtet. Der Grundriss wurde L-förmig angelegt, wobei das breitgelagerte eingeschossige Wohnhaus mit hohem Kniestock giebelständig vortrat. Vier stichbogige Fenster im Erdgeschoss und drei Fenster im Dachgeschoss erlaubten der Försterfamilie eine Wohnnutzung auf zwei Ebenen. Nur ein Teil des Hauses erhielt eine Unterkellerung, was der landschaftlichen Bautradition entspricht. Der Hauseingang lag traufseitig zum seitlich angefügten, niedrigeren Schuppenbau orientiert. Einfache Ziergesimse, ein umlaufender Dachüberstand, eine Ziegeldeckung mit Schiefergraten und ein Hirschgeweih am oberen Giebel schmückten das Äußere.[96] Dazu gehörte eine Hoffläche und ein Garten. An Kosten entstanden insgesamt 8.000 Mark.

1902/03 wurde der zugehörige Brunnen repariert, 1911 konnte eine Anbindung an das Wasserleitungsnetz der Braunkohlengrube erfolgen, 1913 baute man einen Schuppen an.[97] Im Verlauf der 1950er Jahre wurde das Gebäude abgerissen.

Der einst so große zusammenhängende Besitz Hemmersbach existiert heute nicht mehr. Waren in den letzten Jahrzehnten bereits die Jagden verpachtet worden, so sind die Waldbesitzungen inzwischen in andere Hände übergegangen. Allein noch der Parkwald unmittelbar um die Burganlage ist übriggeblieben.

LINKS: *Jagdhorn aus dem Familienbesitz.*

RECHTS: *Entwurfszeichnung für das Forsthaus Einhang, die von dem Architekten August Lange um 1875 angefertigt wurde.*

UNTEN: *Der Fischer in der Herrschaftsküche. Holzschnitt aus dem 19. Jahrhundert.*

Fischfang

Aus Pachtverträgen mit den Mühlenbetreibern ist bekannt, dass die Pacht neben den üblichen Abgaben auch gewisse Jahresmengen an Fisch umfasste, die aus den Fischteichen der jeweiligen Mühlen an die Burg zu liefern waren.[98] Man kann davon ausgehen, dass dies über Jahrhunderte hinweg so üblich war.

Gleichwohl besaß die Wasserburg mit ihren vorgelagerten Gräben und Teichen, deren Wasserstand mit Hilfe von Wehren geregelt werden konnte, die besten eigenen Möglichkeiten, Fisch für den täglichen Bedarf und für den Verkauf zu bekommen.

Unterlagen aus dem 19. Jahrhundert belegen die systematische Aufzucht der Jungfische in jener Zeit. Sie wurden jedes Jahr, gegen Ende April/Anfang Mai und Ende August/Anfang September ihrer Sorte gemäß in den einen oder anderen Weiher (Graben) eingesetzt, damit sie sich dort artenspezifisch entwickeln konnten.

„Am 16. September 1830 wurden aus dem neuen Weyer an dem Garten folgende Portion Fisch in die Behälter genommen:

Hechte 10
Karpfen 20
Barsche 1
Schleyen 6
Karauschen 2."

„1832, den 21. August wurden aus dem Kapellen-Weyer folgende junge Schleyen und Karpfen genommen, in den ersten Weyer um die Kuhställ circa 1200 Karauschen und 800 Schleyen, in den 2. Weyer um das Haus circa 4000 Karpfen. Als Bestand bleiben im Kapellen-Weyer 30 bis 40 Karpfen und 8 Schleyen."

„1842, 14. Mai aus Kapellenweyer junge Karpfen genommen. in den 2. Weyer um das Haus Karpfen: 1100 in den Frenzer Weyer: 800. in den neuen Weyer an der Marly: 300."

„1845, den 13ten September sind aus dem 1. Weyer um die Mühl in die Behälter gekommen:
Karpfen 35. aus dem 2. Weyer ... Karpfen 37. und aus dem Kapellen-Weyer junge Karpfen. in den Frenzer Weyer 600 Stück und in den neuen Weyer ... 1000 Stück, 14 Karpfen bleiben in dem Kapellen-Weyer als Hausfische."[99]

Die politische Tätigkeit der Burgherren

Die Hemmersbacher Herren zeichneten sich seit dem Mittelalter auch durch ihre politischen Funktionen aus. So ist schon von den Mitgliedern der Familie, die sich noch nach dem Sitz Hemmersbach benannten, überliefert, dass sie im Dienst der jeweiligen Kölner Erzbischöfe standen. Diese Tradition setzten alle nachfolgenden Familien unterschiedlich ausgeprägt fort. Wie bereits geschildert machte zum Beispiel Johann Scheiffart von Merode Ende des 14. Jahrhunderts eine herausragende politische Karriere. Er diente nicht nur dem Erzbischof als dem unmittelbaren Landesherrn, sondern dehnte seine politische Tätigkeit auch auf die brabantischen sowie burgundischen Höfe aus und unterhielt sogar enge Kontakte zum aragonischen Königshaus. Auch die Herren von Vercken und die Berghe von Trips hatten politische Ämter am Hof des Herzogs von Jülich-Berg inne. Franz Adolph Anselm Berghe von Trips wurde als besondere politische Auszeichnung 1796 sogar in den Reichsgrafenstand erhoben und damit unmittelbar dem Kaiser des Heiligen Römischen Reichs unterstellt. Er starb 1799 als „Herr zu Hemmersbach und Sindorf, Juntersdorf, Anstel, Kirchrath, kurpfälzisch bayrischer wirklicher geheimer Rat, bergischer Oberst-Jägermeister, General-Buschinspektor und Ritter des kurpfälzischen Löwenordens". Auch sein Sohn und Nachfolger Ignaz Eduard strebte eine entsprechende Karriere am Düsseldorfer Hof an. Mit dem Ende des Ancien Régime verlor er jedoch nicht nur seine Ämter am Düsseldorfer Hof, sondern auch die Funktion als Vertreter des Landesherrn in Hemmersbach und Sindorf. Infolge dieser Veränderungen waren die Vertreter des Adels, ihrer bisherigen Vorrechte beraubt, gezwungen, sich wirtschaftlich wie politisch neu zu orientieren. Die Zeit der Restauration nach 1815 brachte allerdings eine preußische Verfassung, in der wieder etliche ständische Elemente verankert waren. 1824 wurde in der Rheinprovinz ein Landtag eingerichtet, in dem entgegen den ursprünglichen Versprechungen des Königs eine führende Rolle des Adels festgeschrieben war. Graf Ignaz war von 1826 bis zu seinem Tod 1842 als Vertreter der Ritterschaft Mitglied des Landtags.[100] 1841 wurde er zum Vizemarschall des Landtags ernannt. Außerdem war er lange Jahre Vorsitzender des Ausschusses für Kirchen- und Schulangelegenheiten. Seine politische Einstellung ist für uns heute zwar nicht mehr klar erkennbar, aber anscheinend galt er als Vertreter eines aufgeklärten Katholizismus und gehörte – auch aufgrund seiner Kontakte zu führenden Liberalen – eher dem liberalen Lager an. Andererseits zeigte er sich im Umgang mit der Bevölkerung in Hemmersbach und Sindorf als konservativer Patriarch. In zahlreichen Auseinandersetzungen berief er sich auf die nicht mehr bestehenden feudalen Vorrechte seiner Vorfahren, deren erneute Installierung er offensichtlich begrüßt hätte. Eine Tätigkeit in den Gemeinderäten von Hemmersbach und Sindorf lässt sich aufgrund nicht überlieferter Ratsprotokolle leider nicht nachweisen.

Das Dreiklassenwahlrecht, das von 1845 bis 1918 in ganz Preußen galt, gewährleistete den Eigentümern der Burg Hemmersbach einen ständigen Sitz im Gemeinderat. Der Nachfolger von Graf Ignaz, sein Neffe Eduard Franz Oskar Clemens, hatte also allein aufgrund seines Vermögens Anrecht auf einen Sitz im Gemeinderat. Nach seinem frühen Tod im Jahr 1856 blieb der Platz dort allerdings lange leer: Seiner Witwe Bertha stand natürlich kein entsprechendes Mandat zu. Die Beteiligung von Frauen im politischen Leben wurde bekanntlich erst in der Weimarer Reichsverfassung schriftlich fixiert.

Der für die Berghe von Trips reservierte Platz in den Räten der Gemeinden Hemmersbach und Sindorf bzw. der Bürgermeisterei, dem späteren Amt, war also zunächst frei. Erst 1876 wurde „Herr Graf Max Bergh von Trips zu Burg Hemmersbach als geborenes Mitglied" in die entsprechenden Gremien eingeführt.[101] Diese Funktionen behielt er bis 1919. In dieser Zeit trug Clemens Maximilian u.a. folgende Entscheidungen mit: 1903 wurde gegen die Stimmen der Sindorfer Verordneten beschlossen, das Bürgermeisteramt nach Hemmersbach zu verlegen. Clemens Maximilian wurde Mitglied der Kommission, die den Verkauf des alten und den Bau eines neuen Rathauses in Hemmersbach realisieren sollte. Das neue Rathaus – heute erinnert nur noch die „Rathausapotheke" an diesen Standort – konnte 1905 bezogen werden. 1906 beschloss der Hemmersbacher Gemeinderat, die Gemeinde Hemmersbach in „Horrem" umzubenennen, da dies mittlerweile der bedeutendere Ortsteil war, in dem nicht nur das Rathaus stand, sondern sich auch die beiden Bahnhöfe, die Brikettfabrik und das Gaswerk befanden.

1919 schied Clemens Maximilian aus allen politischen Gremien in Horrem und Sindorf aus. Als überzeugter Monarchist stand er der neuen Ordnung in der Weimarer Republik vermutlich eher ablehnend gegenüber. Einer demokratischen Wahl der Bürgerinnen und Bürger, wie sie nach der neuen Reichsverfassung obligatorisch wurde, stellte er sich wahrscheinlich aus Überzeugung nicht.

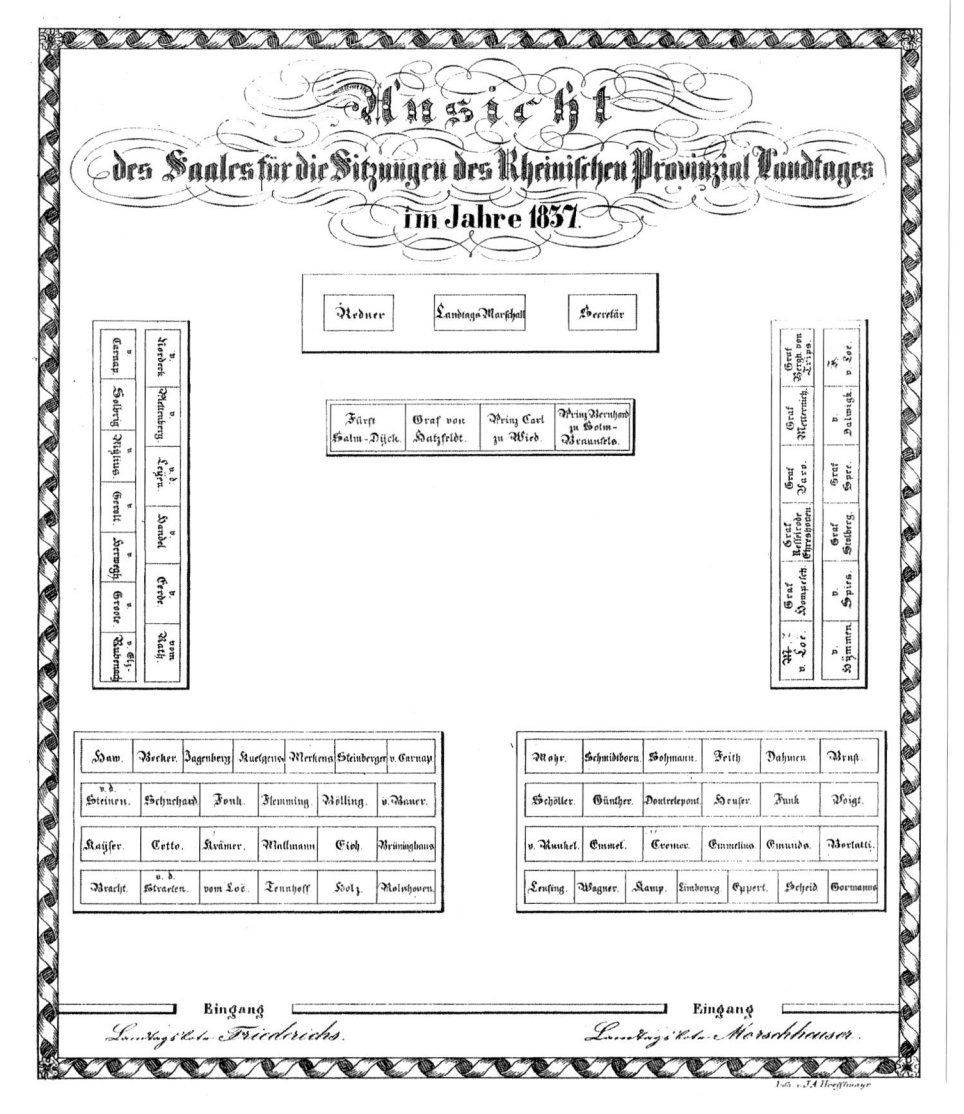

LINKS: *Ignaz Berghe von Trips war von 1826 bis 1842 Mitglied des Rheinischen Provinzial-Landtages. Nach der Sitzordnung befand sich sein Platz vorne in der rechten Bank.*

OBEN: *Gewölbekonsole in der Kirche St. Ulrich, Sindorf, mit dem Wappen der Familie Scheiffart.*

Nach mehr als 900 Jahren endete damit das politische Engagement der ehemaligen Hemmersbacher Unterherren. 1932 kehrte Graf Eduard nach Horrem zurück. Er verhielt sich sowohl im Dritten Reich als auch in der Nachkriegszeit unpolitisch. Das einzige öffentliche Amt, das er bekleidete, war 1948 das eines Landwirtschaftsrichters am Kerpener Amtsgericht.[102]

Stiftungen, Schenkungen und Patronate

Als Thessa und Eduard Berghe von Trips der Kirchengemeinde Christus-König in Horrem 1970 Geld für die Anschaffung einer neuen Glocke zur Verfügung stellten, folgten sie damit unzähligen Beispielen ihrer Vorgänger auf Burg Hemmersbach. Insbesondere in den umliegenden Kirchen sind die Spuren von Stiftungen und Schenkungen bis heute zu sehen. In der Sindorfer St. Ulrichkirche zeugen Wappendarstellungen der Scheiffart von Merode davon, dass Mittel für den Neubau der 1484 eingestürzten Kirche zur Verfügung gestellt wurden. Zur gleichen Zeit unterstützte die Familie auch den Neubau der Bottenbroicher Klosterkirche, für die kurze Zeit später Johann Scheiffart und seine Frau Irmgard von Wisch das bereits erwähnte wertvolle Glasgemälde, in dem die Stifter selbst abgebildet sind, schenkten. Selbst Heinrich von Vercken, bekannt für seine zahlreichen Auseinandersetzungen, die ihn schließlich finanziell ruinierten, hatte Sorge um sein Seelenheil. Nachdem er 1647 mit den Sindorfern einen langjährigen Rechtsstreit beendet hatte, ließ er 1648 für die Hemmersbacher Clemenskirche die gleichnamige Glocke gießen. Die 115 kg schwere Glocke, im Durchmesser 90 cm, schlägt im Ton f'. Ihre Inschrift lautet: „S. Clemens heischen ich, den lebenden und totten luiden ich, alles ungewedder verdreiben ich." Ein Hinweis auf den Stifter und sein Wappen sind ebenfalls abgebildet. Seine Tochter Maria Anna und ihr Mann Johann Friedrich von Metternich zu Niederberg stellten um 1685 Mittel für die Beschaffung eines Ziboriums zur Verfügung, das sich noch in der Ulrichkirche in Sindorf befindet. Das silbervergoldete Ziborium, das ein Düsseldorfer Goldschmied anfertigte, zeigt im Fuß das Allianzwappen der beiden Stifter.

Als besonders großzügige Wohltäterin hat sich zweifelsohne Elisabeth Gräfin Berghe von Trips erwiesen. Der Sindorfer Kirchenvorstand lobte ihr vorbildhaftes Engagement und beantragte 1843 beim Kölner Erzbischof, ihr „für die Dauer ihres Lebens einen für sie passenden Stuhl in die Kirche zu stellen".[103] Elisabeth, die sich gewöhnlich im Frühling und Sommer auf der neu errichteten Burg Hemmersbach aufhielt, besuchte den Gottesdienst in St. Ulrich, weil die Hemmersbacher Kirche zu klein war „und auch die Feuchtigkeit derselben schädlich auf die Gesundheit der Gräfin einwirkt". Sie zeigte sich für die Aufnahme in Sindorf erkenntlich, indem sie unter anderem der damals gerade gegründeten Mädchenschule einen jährlichen Betrag von 125 Talern zukommen ließ. Außerdem unterstützte sie etliche Bedürftige in Sindorf. 1850 stiftete sie gemeinsam mit Bürgermeister Dünnwald eine der drei neuen Glocken für St. Ulrich. Auf der Inschrift der bei Petit und Edelbrock gegossenen Elisabeth-Glocke, die seit 1956 in der neuen Sindorfer Kirche läutet, wird sie als Patin der Glocke namentlich erwähnt. Später gab sie Geld zum Bau einer Sakristei in St. Clemens. Den dortigen Anbau an die Kirche, der 1852 geweiht wurde,

RECHTS: *Die Federzeichnung aus dem Jahr 1893 zeigt die Pfarrkirche St. Ulrich in Sindorf von Südosten.*

OBEN: *Zur Fronleichnamsprozession 1930 wurde im Hauseingang der Burg ein Altar errichtet. Der Pfarrer zeigte den anwesenden Gläubigen die 1732/33 angefertigte Strahlenmonstranz.*

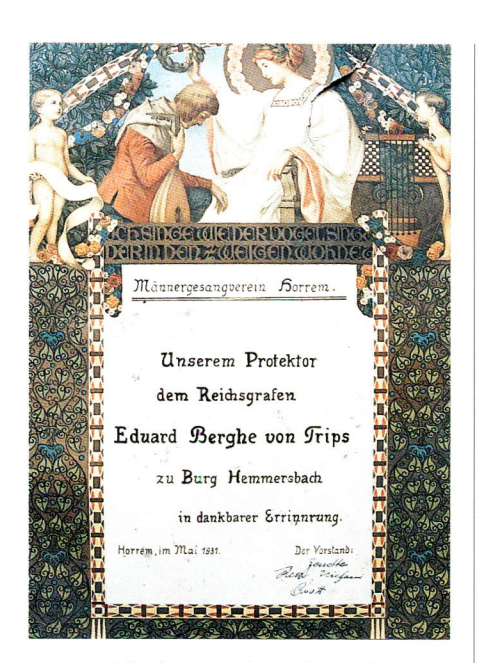

OBEN: *Mit dieser reich verzierten Urkunde dankte der Horremer Männergesangverein seinem „Protektor" Graf Eduard für dessen langjährige Unterstützung.*

machte sie durch ihre Spende in Höhe von 2.600 Talern – die gesamte Baumaßnahme kostete 4.600 Taler – überhaupt erst möglich. Von Elisabeths Großmut profitierten aber auch die Menschen in ihrer unmittelbaren Umgebung. Neben ihrer Nichte Bertha Gräfin Trips, die sie zur Universalerbin einsetzte, erbte ihre „weibliche Dienerschaft", ihre Zofe, ihre beiden Köchinnen und das Hausmädchen, Gegenstände im Wert von 200 Talern.[104]

Clemens Maximilian schenkte der Hemmersbacher Pfarrgemeinde im Jahr seiner Eheschließung mit Eugenie von Fürstenberg ein Glasfenster, in dem neben dem Trips'schen Wappen auch das der Merode abgebildet ist. Auch er war ziemlich großzügig und schenkte der Horremer Pfarrgemeinde 1913 und 1914 Grundstücke sowohl zum Bau der Christus-König-Kirche, für den Jünglingsverein und für die Sebastianus-Schützen. Er und später auch sein Sohn Eduard engagierten sich außerdem in zahlreichen Vereinen in Horrem, Hemmersbach und Sindorf. Die traditionelle Verbundenheit zum Männergesangverein

Horrem kommt bis heute dadurch zum Ausdruck, dass die Mitglieder zum Jahrgedächtnis anlässlich des Todestages von Wolfgang Graf Berghe von Trips einen gesanglichen Beitrag leisten und nach wie vor stolz das Trips'sche Wappen auf der Uniformjacke tragen. Natürlich unterstützten Thessa und Eduard Berghe von Trips nach dem Tod ihres Sohnes auch den nach Wolfgang benannten Verein der „Rennsportfreunde Wolfgang Graf Berghe von Trips". Bei der Einweihung der Horremer Kartbahn Ostern 1965, auf der Jahre später der heutige Formel 1-Weltmeister Michael Schumacher seine ersten Runden drehte, gab Gräfin Thessa die Bahn zum Betrieb frei.

Als die eingangs erwähnte Glocke der Christus-König-Kirche, die außer dem Wappenspruch „in hoc signo vinces" die Namen der letzten drei Mitglieder der Familie Trips nennt, 1979 von Prälat Norbert Feldhoff geweiht wurde, war auch Thessa Gräfin Trips bereits gestorben. Kurz vor ihrem Tod hatte sie die letzte Stiftung für die Horremer Bevölkerung bewirkt: den nach Graf Eduard benannten Park, der unmittelbar an das Gelände angrenzt, auf dem die alte Burg der ehemaligen Herren von Hemmersbach stand.

OBEN: *Der Männergesangsverein Horrem ist heute auch der Trips-Stiftung verbunden. Als Dank für eine Einladung in das neu eröffnete Museum ließ der Verein im Jahr 2000 diese Bronzemedaille anfertigen.*

LINKS: *Irmgard von Wisch, die Wohltäterin des Klosters Bottenbroich, auf dem Glasfenster, das sie und ihr Mann Johann Scheiffart von Merode dem Kloster 1533 gestiftet hatten.*

OBEN: *Seit dem 14. Jahrhundert sind in Hemmersbach, Horrem und Sindorf Schöffengerichte nachgewiesen, die jeweils ihr eigenes Siegel führten. Während Sindorf und Horrem die Anfangsbuchstaben des Ortsnamens darin aufnahmen, war im Hemmersbacher Schöffensiegel der Pfarrpatron St. Clemens abgebildet.*

UNTEN: *„Die Verderblichkeit menschlichen Tuns." Holzschnitt aus der Mitte des 16. Jahrhunderts.*

Was sind „Brüchten"

Als Brüchten werden im mittelalterlichen und frühneuzeitlichen Rechtswesen kleinere Verfehlungen bezeichnet. Bei diesem speziellen Bereich der Rechtspflege handelte es sich zum größten Teil um Verstöße gegen die öffentliche Ordnung. Die Strafe bestand zumeist aus der Zahlung eines Bußgeldes. Neben zivil-, familien- und strafrechtlichen Auseinandersetzungen zwischen Privatpersonen kam es auch zu Streitigkeiten zwischen Burgherren und Untertanen, die dann jeweils vom Gerichtsboten gemeldet wurden.

In Hemmersbach wird schon 1336 ein Gericht erwähnt, für Sindorf und Horrem sind 1387 und 1427 Gerichtsrechte nachgewiesen. Seit Anfang des 16. Jahrhunderts standen alle drei Schöffengerichte unter einem gemeinsamen Schultheißen, führten aber jeweils ihr eigenes Siegel. In den so genannten Brüchtenprotokollen der Gerichte, die aus dem 17. und 18. Jahrhundert stammen, sind die oben schon erwähnten Verfehlungen der Einwohner verzeichnet. Die entsprechende Strafe ist eher selten überliefert, da es sich hier nicht um klassische Gerichtsverfahren mit entsprechendem Aktenvorgang handelt.

Zeitweise scheint es so genannte „Brüchtenverhandlungen" in regelmäßigen Abständen gegeben zu haben. In den Kerpener Gerichtsakten finden sich Hinweise auf traditionell durchgeführte jährliche Brüchtenverhandlungen, die offensichtlich bezüglich der Aufrechterhaltung der bestehenden Ordnung eine wichtige Funktion hatten. Denn als sie nicht mehr regelmäßig durchgeführt wurden, verwilderten die guten Sitten offenbar und man folgte der Obrigkeit nicht mehr. In den Kerpener Wirtshäusern tobte man sich bei „saufen, balgen, schlagen, schelten, huren" und Kartenspiel bis tief in die Nacht aus.[105] Zur Wiederherstellung der „gutten Pollicey"-Ordnung wurde angeregt, die regelmäßige Brüchtentätigkeit wieder aufzunehmen. Es ist – wie an so vielen Stellen – nicht überliefert, ob tatsächlich die guten Sitten wiederhergestellt werden konnten. Man hat so seine Zweifel ...

Von Tagedieben, Gotteslästerern und Heiratsschwindlern: Einblicke in die Brüchtenprotokolle

Die Brüchtenprotokolle[106] der Gerichte in Hemmersbach, Horrem und Sindorf geben anschaulich Auskunft über den damals üblichen Umgang der Menschen miteinander, aber auch gegenüber der aus Pastor, Bürgermeister und Burgherr bestehenden Obrigkeit – also über die Alltagssorgen und Alltagsnöte der dortigen Bevölkerung. Die im Folgenden aufgeführten Beispiele stammen aus der Zeit zwischen 1657 und 1683.

So beschwerte sich der „Herr Pastor" darüber, dass ihn Wilhelm Ahren auf öffentlicher Straße ein „sacramentischen hundt, Sch(w)einhundt, Schelm etc. gescholten" und dabei noch gesagt hatte, „ein pfundt pfaffen fleiß soll so viel gelten wie ein pfundt bauern fleisch". Ahren hatte den Pastor außerdem mit einer Mistforke tätlich angegriffen und eine – möglicherweise übelriechende – Flüssigkeit in seinen Garten geschüttet.

Den Pfarrer auf so üble Weise öffentlich zu beschimpfen, käme sicherlich noch heute einem Skandal gleich. Es lässt sich kaum ausmalen, welche Folgen dies für den Schimpfenden hatte.

Der Sindorfer Gerichtsbote, verstärkt durch einige Helfer, erhielt den Auftrag, den Gerhard Weilandt auf herrschaftlichen Befehl des „haußes Hemmersbach" abzuholen, da dieser offensichtlich Frondienste ableisten sollte. Die Ausführung der Exekution scheiterte daran, dass Weilandt ein Schloss vor seine Tür hängte und weder den Boten noch dessen Helfer in sein Haus ließ. Er teilte ihnen lediglich mit, dass er bislang in Hemmersbach keinen Dienst getan hätte und es auch künftig nicht tun werde. Der hinzugekommene Heinrich Rixen unterstützte Weilandt, indem er noch hinzufügte, dass sie zur Ausübung von Diensten in Hemmersbach auch nicht verpflichtet seien. Über besagten Heinrich Rixen existiert indessen ein eigenes Brüchtenprotokoll.[107] Er lag nicht nur mit vielen seiner Nachbarn im Streit, die ihn zum Beispiel als „meineidigen Schelm" bezeichneten, sondern auch mit dem damaligen Burgherren Philipp Heinrich von Vercken. Der schrieb über Rixen, dieser sei ein „widdersetzlicher streitwütiger mensch, der keinen obrigkeitlichen gebotten pariren tut, sondern sobald ihme nit schmecket gleich uff dußeldorf laufet". In Düsseldorf saß damals die herzogliche, dem Herren von Vercken vorgesetzte Regierung. Offensichtlich gab es entgegen landläufiger Meinung auch im alten Ständestaat des Ancien Régime etliche, die nicht ausschließlich obrigkeitshörig waren.

Margarethe Ließen deckte sogar einen Fall von „Vorteilsnahme im Amt" auf, in den ein Schöffe des Sindorfer Gerichts verwickelt war. Friedrich Botz hatte ihr die Ehe versprochen und sie dann bestohlen. Das Diebesgut hatte er an einen der Schöffen verkauft. Nachdem diesem die Herausgabe des Diebesgutes befohlen worden war, hatte er sich ein „ehrliches attest" des Sindorfer Gerichtes beschafft. Allerdings stellte sich heraus, dass dieses Attest eine Fälschung war: Erstens war es weder vom Gerichtsherrn noch vom Vogt gegengezeichnet worden und zweitens waren wohl auch die beiden Unterschriften der anderen Schöffen gefälscht. Dies gaben sie bei drohender Strafe von einem Goldgulden jedenfalls an. Bestechliche Amtsträger gab es eben auch schon immer!

Dem Baumeister Peter Rixen war unter Strafandrohung von drei Goldgulden befohlen worden, die Wege und Stege in Sindorf instand zu setzen. Da er sich weigerte, den Befehl auszuführen, wurde dem Gerichtsboten aufgetragen, aus Rixens Stall eine Kuh zu pfänden. Rixen und seine Söhne widersetzten sich der Exekution mit Gewalt, der Gerichtsbote musste unverrichteter Dinge abziehen. Wenig später erhielt der bedauernswerte Gerichtsbote dann den Befehl, mit Hilfe einiger Schützen bei Rixen entweder dessen bestes Pferd zu pfänden oder ihn selbst auf die Burg zu bringen. Obwohl er das Pferd bereits aus dem Stall geholt hatte, scheiterte die Pfändung erneut am Einschreiten von Rixen. Als der Bote daraufhin Rixen selbst abführte, gelangten sie nur bis zum Weinhaus. Dort kamen etliche Sindorfer und nahmen ihm Rixen mit Gewalt wieder ab. Wegen der penetranten Weigerung, den Befehlen des Herren zu gehorchen – Rixen wurde zudem beschuldigt, der Rädelsführer in Sindorf zu sein – verurteilte ihn das Gericht zu einer Strafe von 150 Goldgulden.

Anscheinend hatte der Gerichtsbote in Sindorf keinen einfachen Job. Auch der nächste Auftrag stellte ihn vor große Probleme. Die gnädige Frau, Etta Sybilla von Westerholt, hatte befohlen, dass Früchte nach Köln zu fahren seien. Pflichtschuldig unterrichtete der Bote die Sindorfer nach dem Gottesdienst darüber – erhielt aber weder Zu- noch Absagen. Niemand schaute ihn an, alle blickten in eine andere Richtung. Erst nachdem sich Johann Graf öffentlich geweigert hatte, weil er selbst zu viel zu fahren hatte, gingen auch die anderen „ein jeder seines wegs". Erwartungsgemäß erschien auch am nächsten Tag niemand, um die Fuhren zu erledigen.

Der Förster versuchte auf besonders listige Weise, die Höhe seiner Steuern, also des zu zahlenden Zehnten, zu minimieren. Sonderbarerweise hatte er eines Sonntags schon vor dem Gottesdienst den größten Teil seiner Getreideernte weggefahren und nur einige wenige Garben auf dem Feld gelassen. Leider war er gesehen worden. Der Beobachter – oder vielleicht auch Denunziant? – meldete, was er gesehen hatte und bezweifelte, dass das fortgebrachte Getreide ordentlich „verzehnt", also versteuert gewesen sei.

Einem anderen waren die Grenzpfähle versetzt worden. Der nächste zeigte an, dass ihm sein Gras von der Wiese gemäht wurde. Außerdem sind Schlägereien innerhalb und außerhalb von Wirtshäusern ebenso überliefert wie Messerstechereien, Diebstahlsdelikte, Verleumdungen und Beschimpfungen, voreheliche geschlechtliche Beziehungen oder sonstiges unsittliches Verhalten. Drei Kerpener Soldaten hatten sich dreisterweise gar „den ganzen nachmittag aufgehalten und Bier gezapt gegen Verbott".

1798 Der „Bürger Trips" und die Folgen der Revolution

Die politischen Umwälzungen, insbesondere die Abschaffung der Vorrechte des Adels, trafen die kleinen Adligen auf dem Land ebenso hart wie ihre Standesgenossen in den jeweiligen Hauptstädten: Mit der landesherrlichen Funktion verloren sie zahlreiche liebgewonnene Privilegien. Wer sollte zum Beispiel künftig das Schloss bewachen oder lästige Arbeiten wie das Distelstechen übernehmen?

Schon vor dem Einmarsch der französischen Revolutionstruppen hatten die Ideen der Revolution das Rheinland erreicht. Dies zeigte sich auch beim Brand des Schlosses im Januar 1793. Nach dem Feuer beschwerte sich Rentmeister Obrien bei Graf Trips erbittert über das Verhalten der Untertanen, die sich weigerten, bei den Löscharbeiten zu helfen: „Bei allem diesem Unglück schmerzt nichts so sehr, als die wenige Hülfe der mehr als 200 anwesenden Untertanen. Gleich beim Ausbruche des Feuers wurde zu Hemmersbach und Sindorf die Glocke geschlagen, auch waren in einer kurzen Zeit manchen genug da, aber teils Räuber, teils Zuschauer und nur wenige Hälffer ... 2 Stund nach angefangenem Brand, wurden erst die Brandspritzen gebracht, nun waren keine Eimer vorhanden und die Thürme verschlossen. Es dauerte nun noch eine Stunde, ehe ich 20 Eimer zusammenbringen konnte, und als es hieße, gearbeitet, liefen Jung und Alt davon und nur wenige Rechtschaffene leisteten Hülffe. Ich ermahnte, bathe sogar einen großen Teil der Syndorfer Bewohner, Hülffe zu leisten. Allein Schadenfreude und Hohngelächter verrieten ihre Gesichtszüge . Und ihre Antwort ware, wir müssen an unsere Arbeit gehen ... Wäre gleich Hülffe gewesen, so wäre gewiß 2 Teile gerettet worden." In un-

OBEN: *Der Westturm auf dem Damm – ehemaliger Gefangenenturm der Herrlichkeit Hemmersbach.*

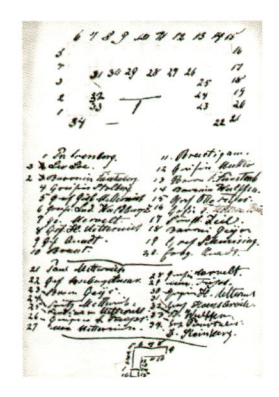

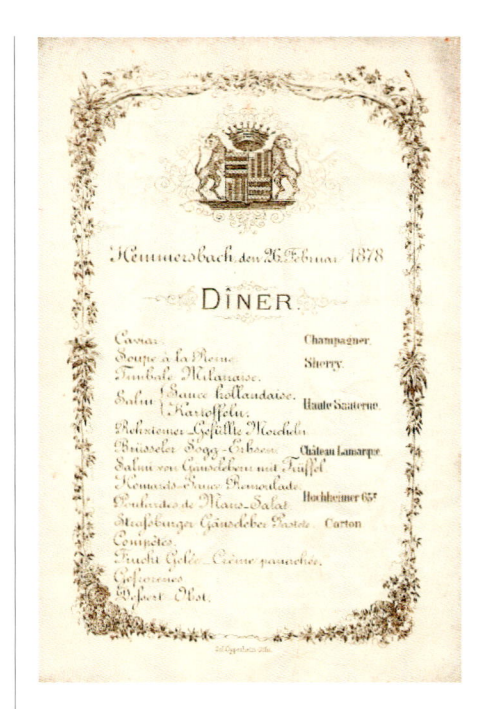

OBEN UND RECHTS: *Menüfolge des Hochzeitsdiners auf Burg Hemmersbach am 26. Februar 1878, rechts die Rückseite, auf der die Gästeliste mit der vorgesehenen Sitzordnung verzeichnet ist.*

UNTEN: *Zwei Messglöckchen der Türnicher Schlosskapelle mit dem Wappen der Berghe von Trips – ein Geschenk von Dietrich Graf Wolff-Metternich und seiner Frau Mechthilde, geborene Berghe von Trips, für den Schwager Eugen von Hoensbroech aus dem Jahr 1905.*

erschütterlicher Loyalität zu seinem Dienstherren warnte Obrien aber zugleich vor einem noch schlimmeren Feuer: „Ein anderes und noch weit gefährlicheres Feuer glimpft anjetzo unter der Asche. Aufrufe zur Empörung findet man auf der Gasse ...Gott gebe, dass doch in diesen Ausschweifungen bald eine Stockung geschehen möge, denn ich fürchte Bergheim wird diesem Beispiele bald folgen. Wircklich laufen die Emissäre – Jacobiner durch die Dörffer und verleiten die Untertanen, sich die Grube zum künftigen Unglücke und ewigen Verderben selbst zu graben. In der Herrschaft Hemmersbach ist noch alles still, und wir suchen zu jeder Gelegenheit, den Leuten die üble Folgen vorzustellen. Aber Sindorff, dafür ist mir bange, weilen zu viele schlechte Leute selbst darin wohnen."[108] Rentmeister Obrien wurde übrigens 1798 der erste Bürgermeister der von den Franzosen neugeschaffenen „Mairie Sindorf".

Die Weigerung der Untertanen, beim Löschen des Feuers zu helfen, zeigt deutlich deren Unzufriedenheit mit dem herrschenden System. In dieser spontanen Aktion hatten sie ihre gemeinsame Stimmung gegen den Grundherren zum Ausdruck gebracht, gleichzeitig aber auch ihre Hoffnung auf die Verwirklichung der Ideale der Französischen Revolution: Freiheit, Gleichheit, Brüderlichkeit.

1798, zwei Jahre nach seiner Erhebung in den Reichsgrafenstand, stellte Franz Adolph Anselm unter dem Symbol von Freiheit und Gleichheit als „Bürger Trips" einen Entschädigungsantrag bei der neuen französischen Zentralverwaltung für den erlittenen Schaden durch Krieg und Feuer. Anscheinend war dieser Antrag genauso erfolglos wie die zuvor an den Kurfürsten in München gestellten. Als Franz Adolph Anselm 1799 starb, hinterließ er seiner dritten Ehefrau Caroline von Rathsamhausen und den elf noch lebenden Kindern einen Schuldenberg. Sowohl die finanziellen Einbußen infolge des revolutionären Geschehens als auch der diesen veränderten Umständen nicht angepasste Lebenswandel hatten ihn ruiniert.

1878 Hochzeit und Diner auf Hemmersbach

Im Familienarchiv der Burg Hemmersbach ist eine Menükarte vom 26. Februar 1878 überliefert.[109] Aufmachung und Speisefolge verraten, dass es sich um ein festliches Diner gehandelt hat. Aber zu welchem Anlass? Auf der Rückseite der Karte findet sich eine fortlaufend numerierte Gästeliste und eine handgezeichnete, hufeisenförmige Tafel mit der Sitzordnung der insgesamt 33 Essensgäste auf Burg Hemmersbach. Erst das genauere Studium der einzelnen Namen verrät den Anlass der Festlichkeit: Neben den laufenden Nummern 10 und 11 ist notiert: „Braut" bzw. „Bräutigam", als Nummer 12 saß die „Gräfin Mutter" neben dem Bräutigam. Es wurde also eindeutig eine Hochzeit gefeiert. Aber wer heiratete wen? Hier hilft ein Blick in die im Stadtarchiv befindlichen Register des Standesamtes. Die fünfte Eheschließung des Jahres 1878 fand am 25. Februar statt. Der in Bonn wohnende Reichsgraf Dietrich Aloysius Carl Hubert Maria von Wolff-Metternich, „Lieutenant á la suite des königlichen Husaren Regiments", heiratete Reichsgräfin Mechtilde Ottoline Johanna Maria Hubertine Berghe von Trips. Das Amt der Trauzeugen nahmen die Brüder der Brautleute wahr, die Rittergutsbesitzer Max Graf Berghe von Trips und Gisbert Graf von Wolff-Metternich, wohnhaft auf Gut Vinsebeck in Westfalen. Bei der in der Gästeliste genannten „Gräfin Mutter" handelt es sich daher um Bertha, geborene Gräfin Quadt-Wickradt-Isny, die Witwe von Eduard Franz Oskar Clemens. Die Fahrt zum Bürgermeisteramt in Sindorf war der kleinen Gesellschaft erspart geblieben. Unter dem vorgedruckten Text der Urkunde ist zu lesen: „Es wird noch bemerkt, daß die Ehe vorbenannter Personen auf Burg Hemmersbach abgeschlossen worden ist." Am 26. Februar – also am Tag des Diners – wurde die kirchliche Trauung wohl in der Hauskapelle zu Burg Hemmersbach von Pfarrer Sistenich vorgenommen.[110] Das Menü bestand aus mehreren Gängen, zu denen neben Champagner und Sherry entsprechend abgestimmte Weiß- und Rotweine angeboten wurden. Kaviar und „königliche Suppe" führten in die Speisefolge ein. Vor dem Hauptgericht wurde eine „Timbale Milanaise", eine Mailänder Füllpastete,[111] gereicht, bestehend aus Makkaroni, Parmesan und Schweizer Käse, Tomatenpüree und Fleischglace, garniert mit Trüffelscheiben und Nudelteig. Danach folgten Salm, gefüllte Morcheln, ein Ragout von Gänseleber mit Trüffeln, Hummer, Poularden und Gänseleber-Pastete. Zum Nachtisch aß man Kompott, Fruchgelee, Eis und frisches Obst.

Die noble Gästeliste liest sich wie ein „Who is Who" des rheinischen Adels. Neben Familienangehörigen beider Seiten waren die Familien der benachbarten Burgen und Schlösser eingeladen, zu denen zum Teil wiederum verwandtschaftliche Beziehungen herrschten. Eugen Graf Hoensbroech von Schloss Türnich war mit Hermenegilde geborene Gräfin Wolff-Metternich verheiratet und somit ein Schwager des Bräutigams. Im Inventar der Türnicher Schlosskapelle befindet sich noch heute ein silbernes, vom Kölner Goldschmied Gabriel Hermeling gestaltetes Glockenpaar, das Dietrich Graf Wolff-Metternich und seine Frau Mechthilde geborene Berghe von Trips 1905 Graf Eugen schenkten. Die „dem Schwager" gewidmeten Glocken sind mit dem Allianzwappen Berghe von Trips und Wolff-Metternich versehen.

1913 Fest zum Gedenktag der Erhebung Preußens

Anfang des Jahres 1913 fand in Hemmersbach eine Besprechung statt,[112] an der neben Bürgermeister Breitbach und Pfarrer Keuchen mehrere Gemeindeverordnete sowie Vertreter der ortsansässigen Vereine teilnahmen. Ein Fest zum Gedenktag der „Erhebung Preußens" musste organisiert werden. Selbstverständlich durfte dabei auch der königlich-preußische Kämmerer seiner Majestät, Clemens Maximilian Berghe von Trips, nicht fehlen! Möglicherweise ging die Anregung zu dieser Veranstaltung sogar von ihm aus. Das Fest wurde bis ins kleinste Detail vorbereitet, um es am Sonntag, dem 9. März, in „rechter und würdiger" Weise begehen zu können. Die Vereine aus Hemmersbach, Horrem und Götzenkirchen sammelten sich an verschiedenen Stellen, diejenigen, die eine „geweihte Fahne" hatten, marschierten an der Spitze. Vom gemeinsamen Sammelplatz ging es weiter zur Clemenskirche, in der der Festgottesdienst stattfand. Über das Festlokal wurde abgestimmt. Abends um 8.00 Uhr begann die Feier im Gerath'schen Saal mit dem Festmarsch („die Musik stellt Herr Graf Trips unentgeltlich zur Verfügung"), verschiedenen Gesangs- und Vortragsdarbietungen des Männergesangvereins Horrem, des Jünglingsvereins, des Kirchenchores und des Gesangvereins Götzenkirchen. Das Arrangement der nachfolgenden Theateraufführung hatte der Horremer Männergesangverein übernommen. Der Kriegerverein Horrem erhielt die ehrenvolle Aufgabe, die Liederhefte zu besorgen, die jeder Eintretende für 10 Pfennig kaufen musste. Darauf, dass alle ihre Orden und Ehrenzeichen anzulegen hatten, wurde nochmals besonders aufmerksam gemacht. Musik sollte bei der „Festfeier" nach Bedarf eingefügt werden. Zur „Verherrlichung" der Feier wurden alle angehalten, ihre Häuser festlich zu beflaggen.

Wolfgang Berghe von Trips und die Horremer Jugend

Erst mit der Einschulung in die so genannte Horremer Nordschule im Jahr 1934 bekam der bis dahin isoliert aufgewachsene Wolfgang Graf Berghe von Trips Kontakt zu Jugendlichen aus Horrem. Seine damaligen Mitschülerinnen und Mitschüler trafen sich am 3. April 2001 im Museumscafe der „Villa Trips" zu einem Klassentreffen. Auch ihre Aussagen machten deutlich, dass die gräfliche Familie noch mitten im 20. Jahrhundert eine besondere Rolle innerhalb des Gemeindelebens spielte, die an ihre früheren Funktionen im Ständestaat erinnerte. Wolfgang „durfte" jeden Tag zwei seiner Mitschüler – allerdings immer nur Jungen – mit auf die Burg nehmen. Das geräumige Schloss, die weitläufigen Wirtschaftsgebäude sowie der Schlosspark mit den Weihern und Gräben boten nicht nur Wolfgang, sondern besonders auch den Horremer Jungen, die an durchschnittliche familiäre Wohnverhältnisse gewöhnt waren, geradezu abenteuerliche Entfaltungsmöglichkeiten. Allzu heftige Streiche der Jungen – zum Beispiel, Frösche aus dem Teich in das offene Küchenfenster zu werfen – hatten allerdings zur Folge, dass die Jungen nach Hause geschickt wurden. Als damalige Sensation war allen Mitschülern auch nach über 60 Jahren noch Wolfgangs elektrische Eisenbahn in Erinnerung geblieben – genauso wie ein wunderschönes, aber quietschendes Fahrrad von Gräfin Thessa ... Selbstverständlich nahmen die Klassenkameraden auch an den Mahlzeiten auf Burg Hemmersbach teil – allerdings ebenso selbstverständlich nicht bei der gräflichen Familie im Esszimmer, sondern beim Personal in der Küche.

Zu Wolfgangs Geburtstag wurden alle (wieder nur die männlichen) Mitschüler eingeladen. Jedes Jahr an St. Martin gab es für alle Mädchen und Jungen in der Klasse einen großen Weckmann.

UNTEN: *Postkarte vom Burghaus, die ein Freund in den 1930er Jahren an den „Schüler" Wolfgang schickte. Im Vordergrund der zukünftige Rennfahrer als kleiner Junge (rechts).*

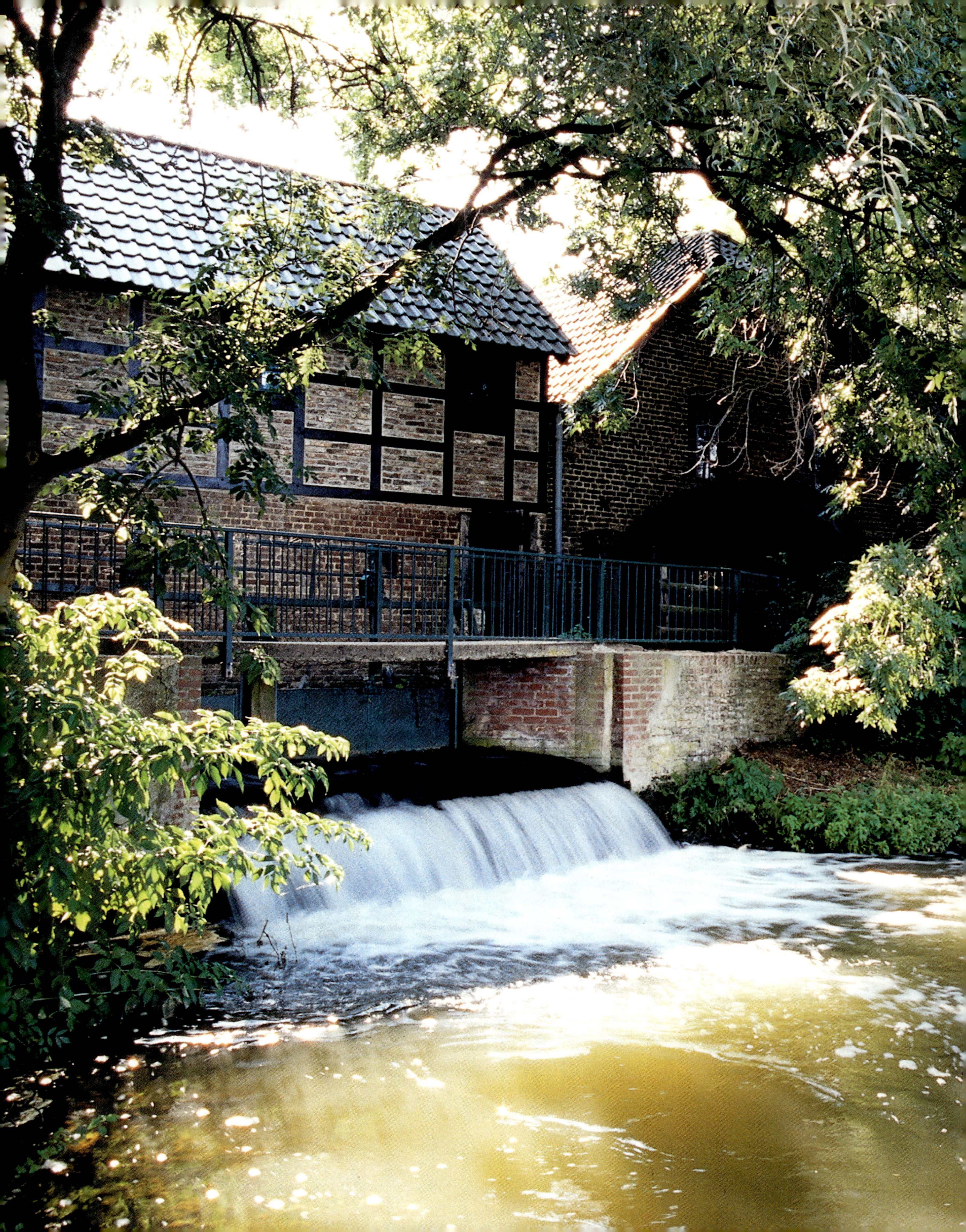

DAS HERRSCHAFTSGUT

DAS HERRSCHAFTSGUT – LÄNDEREIEN UND WIRTSCHAFTLICHE GRUNDLAGEN

VORHERIGE DOPPELSEITE:
Die Horremer Mühle mit ihrem Wehr.
DANEBEN OBEN:
Ein Zuchtbulle des Herrschaftsgutes.
DANEBEN UNTEN:
Remise und Pferdestall im Westflügel der Vorburg.

UNTEN: *Das notarielle Weistum der Pächter aus Hemmersbach und Sindorf stammt aus dem Jahr 1676. Die 96 Pächter mussten insgesamt 15 Fragen zu Alter, Herkunft und Pachtleistungen beantworten.*

Vom Allod zum Stadtteil von Kerpen – Die Rechtsstellung der Herrschaft

Nach der Aufsplitterung des Frankenreichs Karls des Großen in drei Teile drohte das Ostreich im Chaos zu versinken. Zwischen König und Volk schoben sich Stammesherzöge, die Macht des Königs bröckelte. Erst den Sachsenkönigen gelang es, die Ordnung im Reich wieder herzustellen. Als Otto I. 962 in Rom zum Kaiser gekrönt wurde, war dies sichtbares Zeichen dafür, dass ein deutsches Reich die Nachfolge Karls des Großen angetreten hatte. In der Folgezeit bildete sich in Deutschland das „Heilige Römische Reich Deutscher Nation heraus", in dem neben weltlichen auch geistliche Territorialfürsten vom jeweiligen König oder Kaiser belehnt wurden. Dieses Lehnssystem setzte sich in den Territorien fort, es blieb bis zum Ende des Alten Reichs, des Ancien Régime, im Jahre 1806 bestehen.

In diesem Lehnsgefüge wurde Hemmersbach um die erste Jahrtausendwende als „Allod" bezeichnet, also als lehnsunabhängig. 1176 verkaufte Wilhelm von Hemmersbach sein Eigengut an den Erzbischof von Köln.

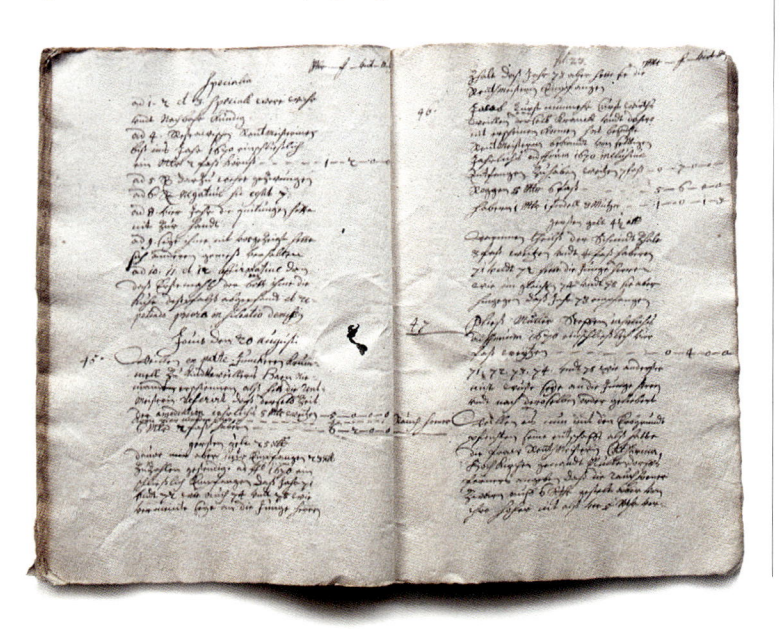

OBEN: *Am 5. Juli 1751 belehnte Pfalzgraf Carl Theodor als Herzog von Jülich den Freiherren Franz Adolph Anselm genannt von Trips zu Niederlinteren mit den Herrschaften Hemmersbach und Sindorf.*

Damit wurden die Hemmersbacher zunächst lehnsabhängig von den Kölner Erzbischöfen. In der Folgezeit wechselte die Lehnszugehörigkeit zwischen dem Erzbistum Köln und dem Herzogtum Jülich, möglicherweise in Abhängigkeit von bestimmten Machtkonstellationen; im 15. Jahrhundert galt die Herrschaft sogar wieder als „allodial". Erst 1479 wurde diesbezüglich eine kontinuierliche Entwicklung eingeleitet, die bis zum Ende des Alten Reichs andauerte. Heinrich Scheiffart von Merode erklärte Schloss und Herrlichkeit Hemmersbach zum Erboffenschloss des Herzogs von Jülich-Berg (s. S. 12) und wurde im Gegenzug mit dem Besitz belehnt, 1480 mit der Herrschaft Sindorf. Mit der Belehnung erhielten die jeweiligen Herrn von Hemmersbach für den Bereich der Unterherrschaften Hemmersbach und Sindorf als Vertreter der Jülicher Herzöge landerherrliche Funktionen.

Das im 14. und 15. Jahrhundert infolge geschickter Heiratspolitik enorm vergrößerte Herzogtum Jülich-Berg zerfiel nach mehreren Erbauseinandersetzungen ab 1604 wieder. Landesherren, also Herzöge von Jülich-Berg, waren seit 1742 die Pfalz-Sulzbacher, die ihren Regierungssitz nicht mehr in Düsseldorf, sondern in Mannheim hatten. Als Pfalzgraf Carl Theodor 1777 zusätzlich die bayrischen Wittelsbacher beerbte und seine Residenz nach München verlegte, wurde Jülich-Berg – und damit auch Hemmersbach – endgültig zum Nebenland einer auswärtigen Dynastie. Düsseldorf, über Jahrhunderte politisches und gesellschaftliches Zentrum der Jülich-Berger Herzöge, in deren Diensten die Hemmersbacher seit 1479 ununterbrochen standen, wurde damit mehr oder weniger auf einen Verwaltungssitz reduziert.

1794 besetzten französische Revolutionstruppen das gesamte linke Rheinufer und damit die Unterherrschaften Hemmersbach und Sindorf. Das Gebiet wurde Frankreich angegliedert, die Abtretung 1797 von Preußen, Österreich und dem Deutschen Reich anerkannt. Die Angliederung beendete nicht nur die territoriale Zersplitterung des Rheinlandes, sondern auch des heutigen Kerpener Stadtgebiets, das bis dahin drei verschiedene Landesherren gehabt hatte. Die 1796 erfolgte kaiserliche Standeserhöhung zu „Reichsgrafen Berghe von Trips" unterstellte Hemmersbach und Sindorf de iure zwar unmittelbar dem Kaiser des Heiligen Römischen Reiches, hatte aber de facto keine spürbaren Auswirkungen mehr, da Kaiser Franz II. 1806 die Kaiserkrone niederlegte und damit die Existenz des Reiches beendete. Die Reichsgrafen Berghe von Trips verloren genau wie ihre adligen Nachbarn in Türnich und Kerpen ihre landesherrliche Funktion.

Die Völkerschlacht bei Leipzig im Oktober 1813 läutete Napoleons Ende ein. Erstmals in der europäischen Geschichte war ein Koalitionsheer aufgestellt worden, dem neben preußischen, schwedischen, russischen, österreichischen und englischen Berufssoldaten auch Scharen von Freiwilligen aus allen deutschen Ländern angehörten – deutliches Zeichen eines veränderten politischen Bewusstseins bei einer Bevölkerung, die nicht mehr als unmündige Untertanen behandelt werden wollte.

Für das Rheinland, die Berghe von Trips sowie Herrschaft und Burg Hemmersbach bedeutete die Niederlage Napoleons zunächst, zum Durchmarschgebiet der französischen wie der alliierten Truppen zu werden, die Napoleon verfolgten. Die Bevölkerung, die sich von den Ideen der Revolution positive Veränderungen erhofft hatte, war ausgeblutet von ständigen Kontributionszahlungen und wartete auf Frieden. Der Wiener Kongress teilte das Rheinland dem König von Preußen, Friedrich Wilhelm III., zu. Die Region wurde die westlichste und gleichzeitig die katholischste preußische Provinz. Die ehemalige jülichsche Unterherrschaft Hemmersbach-Sindorf, in französischer Zeit zur „Mairie Sindorf" geworden, erhielt nun die Bezeichnung „Bürgermeisterei Sindorf".

Sitz des Bürgermeisters und der Kommunalverwaltung wurde Sindorf. Burg Hemmersbach, seit ihrer Erbauung politisches und wirtschaftliches Zentrum des Gebiets, nach der Zerstörung 1793 notdürftig repariert, war plötzlich nur noch Privatbesitz der Reichsgrafen Berghe von Trips.

1905 bezog die Verwaltung der Bürgermeisterei Sindorf das neu erbaute Rathaus in Horrem, dessen wirtschaftliche Bedeutung stärker gewachsen war. Aus dem gleichen Grund wurde 1907 die frühere Gemeinde Hemmersbach in Horrem umbenannt. Schließlich änderte man auch den Namen der Verwaltungseinheit: 1928 war aus der Bürgermeisterei Sindorf noch das „Amt Sindorf" geworden, ab 1938 hieß es „Amt Horrem". Mit dem Inkrafttreten des Köln-Gesetzes zum 1. Januar 1975 wurden Sindorf und Horrem, nachdem sie 600 Jahre ununterbrochen gemeinsam regiert und verwaltet worden waren, in die Stadt Kerpen eingegliedert.

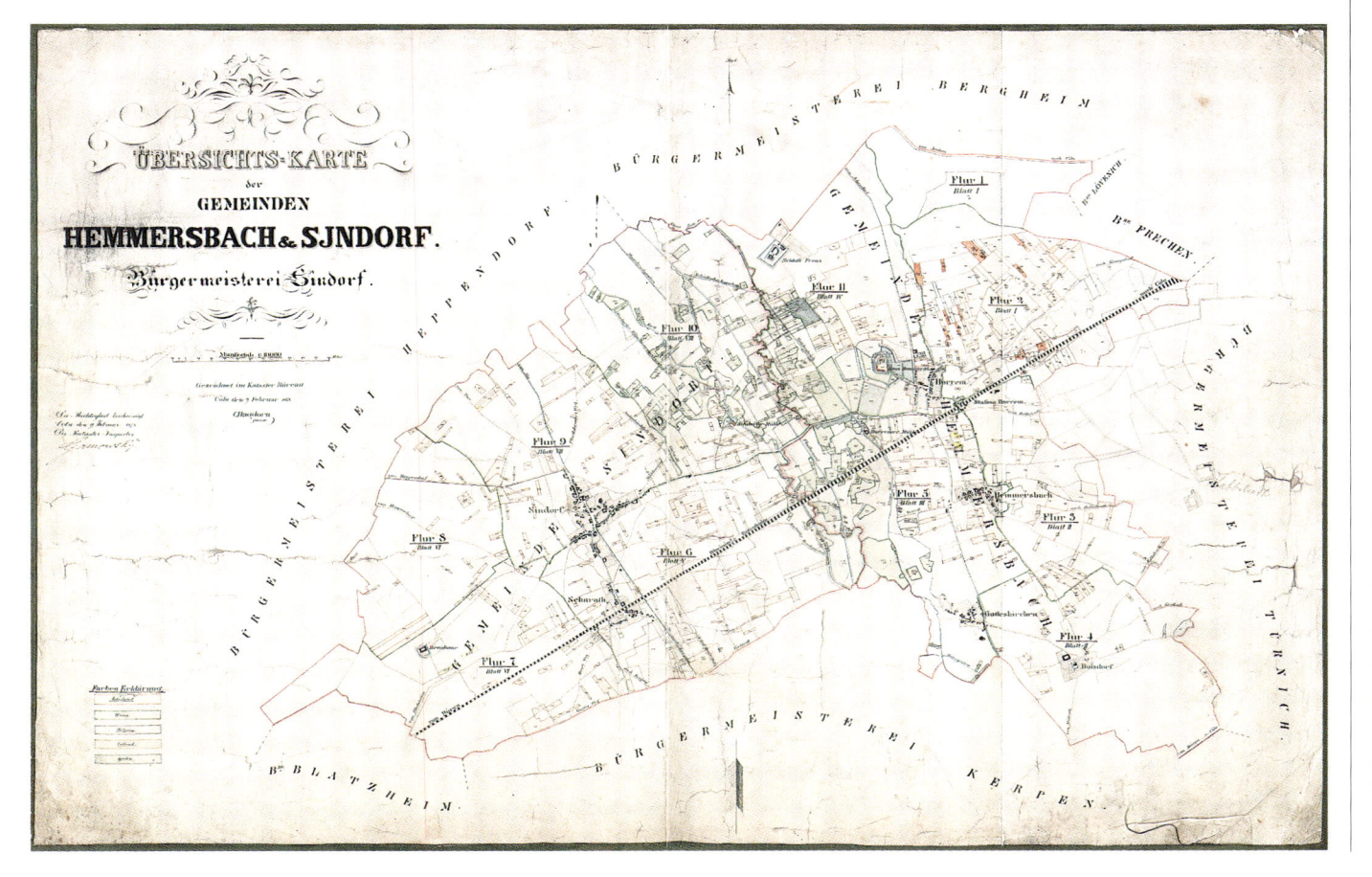

LINKS: *Nach dem Ende des Ancien Régime 1806 gingen die ehemaligen Herrschaften Hemmersbach und Sindorf in den neu gegründeten Gemeinden Hemmersbach (später Horrem) und Sindorf auf, die bis 1974 bestanden – heute gehören sie zur Stadt Kerpen.*

Das Mühlenrecht – Von der Zwangmühle des Ancien Régime zum landwirtschaftlichen Betrieb des 20. Jahrhunderts

Das Recht, Mühlen zu betreiben, stand im Heiligen Römischen Reich Deutscher Nation nur Kaiser bzw. König zu. Da dieser das ihm vorbehaltene Recht nicht ausübte, gab er es weiter an die adligen und geistlichen Territorialfürsten, die wiederum ihre Unterherren mit der Ausübung der Mühlenrechte belehnten.[113]

Die beiden in der Hemmersbacher Unterherrschaft gelegenen Mühlen in Horrem und Sindorf, die seit dem 14. bzw. 15. Jahrhundert nachgewiesen sind, wurden schließlich von den jeweiligen Herren an Mühlenbetreiber verpachtet. Die im Archiv der Burg Hemmersbach überlieferten Pachtverträge reichen bis in das 17. Jahrhundert zurück. Sie geben Auskunft über die rechtliche Stellung der Mühlen und den gesellschaftlichen Rang der Mühlenpächter. Der Landesherr ernannte die zu den einzelnen Lehnsherrschaften gehörenden Mühlen zu so genannten „Zwangmühlen". Die Untertanen einer Lehnsherrschaft waren verpflichtet, alles Mahlgut in eben dieser Zwangmühle verarbeiten zu lassen. Der „Export" von Getreide zu anderen Mühlen außerhalb der Herrschaft, die möglicherweise ihre Dienste preiswerter anboten, war genauso illegal wie das Einführen von Mahlgut. Der Horremer Mühlenpächter durfte nur Getreide aus der Herrschaft Hemmersbach verarbeiten. Dieses Instrument der Zwangmühle gewährleistete sowohl dem Eigentümer als auch dem Pächter gesicherte Einnahmen und gestaltete den Betrieb von Konkurrenzmühlen z. B. von Klöstern als unrentabel. Für die zu dieser Zeit ziemlich immobile Bevölkerung waren die Bestimmungen oft unsinnig und beschwerlich, da sie so unter Umständen gezwungen waren, ihr Getreide zu weit entlegenen Mühlen zu bringen, während eine nähere, benachbarte Mühle nicht benutzt werden durfte.

Auch wenn zahlreiche Bedingungen der Pachtverträge die Müller geradezu knebelten, hatten diese innerhalb der Herrschaften eine unangefochtene Stellung inne. Schließlich stellten sie durch die Weiterverarbeitung des Getreides nicht nur die Ernährung der Bevölkerung, sondern auch des Viehs sicher. Ihr gesellschaftliches Ansehen war demzufolge hoch. Viele der Pächterfamilien saßen über Generationen auf den jeweiligen Mühlen. Die Familie, die noch heute das landwirtschaftliche Anwesen der Horremer Mühle betreibt und es mittlerweile auch erworben hat, ist dort seit mehr als 300 Jahren ansässig. Trotz der veränderten Rechtslage, die den Erwerb der Mühlen durch die Pächter nach 1806 gestattet hätte, blieben die beiden Mühlen in Horrem und Sindorf bis zum Tode von Gräfin Thessa im Eigentum der Berghe von Trips. Erst die Erben veräußerten die Mühlen in den 90er Jahren des 20. Jahrhunderts.

Mit Fortschreiten der Industrialisierung erwuchs den Wasser- und Windmühlen vor Ort die immer mächtiger werdende Konkurrenz von großen Industriemühlen, die unabhängig von Wind- und Wasserkraft jederzeit arbeiteten, größere Mengen bewältigten und daher preiswerter produzieren konnten. Auch technische Modernisierungen wie der Einbau von Turbinen, die die Effektivität der Mühlen vergrößerten und zudem die Möglichkeit der Stromerzeugung schufen, konnten diese Entwicklung nicht mehr aufhalten. Die Mühlenpächter waren gezwungen, ihre oftmals schon bestehenden landwirtschaftlichen Betriebe auszubauen. Die traditionelle Müllerei wurde dabei oft zum Nebenerwerb. Auslöser für die Aufgabe der wenigen noch bestehenden Mühlen in der hiesigen Region waren gesetzliche Regelungen von 1957 und 1971, die Stillegungsprämien versprachen. Damit endete die seit Jahrhunderten bewährte Versorgung der Bevölkerung mit dem auf eigenem Land geernteten Getreide.

Die Horremer Mühle

Vielleicht reicht die Geschichte der Horremer Mühle weiter zurück, als es die älteste erhaltene Urkunde des Jahres 1483 mit einer Pachtforderung an den damaligen Müller glauben macht.[114] Zu häufig sind in den kriegerischen Auseinandersetzungen die Archive dezimiert, Dokumente ver-

UNTEN: *Historische Ansicht einer Wassermühle mit unterschlächtigem Mühlrad und Mahlsteinen. Kupferstich aus der Enzyklopädie von Diderot und d'Alembert, 18. Jahrhundert.*

DAS HERRSCHAFTSGUT – LÄNDEREIEN UND WIRTSCHAFTLICHE GRUNDLAGEN

nichtet worden. Auch gingen oft Archivunterlagen mit dem Wechsel der Herrschaftsfamilien verloren. Für Horrem ergibt sich die Schwierigkeit, dass die südlich gelegene Mödrather Mühle für das Bottenbroicher Kloster und zeitweilig auch für die Hemmersbacher Burgherren tätig war. Wieweit hier ältere Traditionen bestanden, bleibt ungeklärt.

Die Pacht des Jahres 1483 bestand für den Horremer Mühlenpächter aus acht Malter Roggen und sechs Pfund Wachs. Daraus lässt sich schließen, dass zu dieser Zeit sowohl ein Mahlwerk für Getreide als auch ein Mahlwerk für die Ölgewinnung aus Leinsamen oder Raps existierte.

Die Pachtabgaben der Müller wurden in zeitlichen Abständen, mitunter im Sechs- oder Zwölfjahresrhythmus, in Verträgen mit den Burgherren festgelegt. Die Menge der Abgaben richtete sich hierbei nach der Wirtschaftskraft der jeweiligen Zeit. So sind die überlieferten Verträge des 17., 18. und 19. Jahrhunderts auch Spiegelbilder der Zeitumstände. Der Pachtherr lieferte das notwendige Material zur Instandhaltung der Mühle, ebenso auch die Arbeitsgeräte, die beispielsweise zum Fangen der Fische und Flusskrebse im Mühlenteich und in der Erft erforderlich waren. Denn diese mussten in der Schlossküche abgegeben werden. Außerdem waren die Wassergräben, Wehre und Teiche zu pflegen.

Die Müller wurden zur strengen Gleichbehandlung aller Kunden angehalten, hatten das Mahlwerk sauber und von Steinresten nach dem Schärfen der Mahlsteine frei zu halten – letzteres sicher eine Reaktion auf häufigere Zahnschäden bei mit Steinsplittern durchsetztem Mehl. Auch wurden sie zu strengster Ehrlichkeit verpflichtet. Der Einstand als neuer Pächter musste gesondert bezahlt werden, ebenso Pachtland. Tatsächliche Notzeiten mit Rückgängen der Einkünfte wurden in der Regel berücksichtigt und dies bis in die jüngste Vergangenheit hinein. Die Bezahlung der Pacht erfolgte im Wesentlichen in Naturalien, die der Müller erwirtschaftete, erst spät in Geldwährung. Darüberhinaus wurden die vereinbarten Anteile der als Bezahlung einbehaltenen Mehlmengen wöchentlich an den Rentmeister der Burg abgegeben.

1679 hatte der Müller 26 Malter Roggen, vier fette Gänse, vier junge Hennen und gefangene Fische als Pachtleistung abzuliefern; 1698 waren 55 Malter Roggen, mehrere Geflügel und Fisch, Gewürze und Malz für die Hausbrauerei der Burg zu zahlen. Für 1766 sind unter anderem 50 Malter Roggen und ein 200 Pfund schweres Schwein belegt.[115]

Als das Rheinland im Jahre 1794 unter französische Herrschaft kam, wurde auch der jahrhundertealte Mühlzwang aufgehoben und die Mühlen traten in Konkurrenz zueinander. Dies brachte die bisherigen Pachtverhältnisse und Einkunftsmöglichkeiten auf Seiten der Müller und des Adels ins Wanken, sodass die Verhältnisse

LINKS UND LINKS UNTEN: *Bis heute im Wesentlichen funktionstüchtig – die Horremer Mühle mit Wehr und dem Wasserrad von 1921.*

UNTEN: *Geflügelzucht – eine seit dem 17. Jahrhundert bestehende Tradition in dem Mühlenbetrieb. Auch heute schwimmen im Horremer Mühlengraben noch Gänse.*

neu geordnet werden mussten.

In Horrem sind Mitte des 19. Jahrhunderts zwei Mühlräder im Einsatz gewesen. Zur Tierfutterherstellung wurde damals auch eine Blutmühle betrieben, die im letzten Weltkrieg jedoch zerstört wurde.

Im späteren Verlauf des 19. Jahrhunderts machte sich eine allmähliche Gewichtsverlagerung bemerkbar, die die wirtschaftliche Nutzung der Mühle immer stärker auf den landwirtschaftlichen Aspekt und die Viehhaltung konzentrierte.

1879 erhielt die Mühle eine neue Schleuse, 1887 wurden Pferde- und Schweinestall, Kuhstall und die westliche Außenmauer der Mühle zur Grabenseite neu gebaut.[116]

1913 musste der Kuhstall erneut umgebaut und erweitert werden. An seine Südseite wurde eine überdachte Dungstätte angefügt. Selbst das Wohnhaus erfuhr einen Umbau im nordöstlichen Teil und erhielt einen neuen Kamin. In dieser Zeit nutzte man für die Horremer Mühle die Bezeichnung „Gräfliches Hofgut", was die erstarkte Bedeutung der Mühle als landwirtschaftliches Gut in den Vordergrund stellte.[117] Entsprechend wandelte sich die Baugestalt zu einer geschlossenen Hofstruktur um einen Innenhof.

UNTEN: *Die Horremer Mühle Mitte des 20. Jahrhunderts auf einem Gemälde, das sich im Besitz der Gräflich Berghe von Trips'schen Sportstiftung befindet.*

OBEN: *Mühlentechnik in der Horremer Mühle.*

Aus dem Jahre 1917 ist eine Bauaufnahme der Mühle erhalten geblieben, die den damaligen Zustand schildert: „An dem Wasserrade sind die vorhandenen Wannen teils rissig und abgenutzt und sind die Arme zu verstärken. Das Mühlenwerk, Mühlenstuhl, Zargen und Mühlensteine sind gut erhalten. Fußböden, Fenster, Türen befinden sich in guter Ordnung. Auf dem Dache sind die Docken zur Hälfte faul ..."[118] 1921, einige Jahre nach dem Ersten Weltkrieg, wurde ein Kostenvoranschlag für ein gutes, gebrauchtes Wasserrad mit neuer eiserner Welle bei dem Mühlenbauer Jakob Höller aus Bergisch Gladbach eingeholt und selbiges wohl auch eingebaut, um den Mühlenbetrieb aufrecht zu erhalten.[119]

Die Mühle ist bis heute im Wesentlichen funktionstüchtig geblieben. Mit dem Aufkommen der Großmühlen wurde 1952 zwar noch ein neues Walzenmahlwerk eingesetzt, doch zwang der frühe Tod des Müllers die Familie zur Aufgabe des Mühlenbetriebs nach 1966. Inzwischen wird der Mühlenhof rein landwirtschaftlich genutzt und gehört seit 1994 der Pächterfamilie, die schon seit etwa 1701 diese Mühle bewirtschaftet.

Die Sindorfer Mühle

Das Erbauungsjahr dieser Mühle ist längst vergessen. Ihre isolierte Lage weit in der Erftniederung abseits der Dorfsiedlungen, jedoch nahe der Richelsberger Motte, lässt eine mittelalterliche Entstehungsgeschichte vermuten. Urkundlich betreten wir allerdings erst mit dem Jahre 1483 sicheren Boden, und zwar in den gleichen Unterlagen, die auch für die Horremer Mühle vorliegen. In jener Zeit waren lediglich vier Malter Roggen und sechs Pfund Wachs als Jahrespacht an die Scheiffarts auf Burg Hemmersbach zu zahlen. Anscheinend war die Mühle damals mit einem Mahlwerk für Getreide und einem weiteren für die Ölproduktion ausgestattet.

Es könnte sein, dass die Mühle im Verlauf des Dreißigjährigen Krieges, vielleicht bei den Ereignissen des Jahres 1642, unbrauchbar gemacht und ruinös liegen gelassen wurde oder sie hatte in der Folgezeit großen Schaden genommen. Anders ist kaum zu erklären, weshalb ein Pachtvertrag des Jahres 1682 den neuen Pächtern eine Jahresfrist zur Wiederherstellung der Mühle und zum Ankauf von zwei Mühlsteinen sowie anfänglich niedrigere Pachtzahlungen gewährte. Die regulären Abgaben sollten dann aber stattlich sein: „52 Malter Roggen, 20 Gänse, ein lebendiges Schwein mit einem Gewicht von 200 Pfund, 300 Ruebkuchen, neun Pfund Zucker und an Gewürzen Ingwer, Pfeffer, Muskatnuß, Zimt und anderes."[120]

Indirekt gibt diese Liste der Abgaben einen Einblick in die Küche der Burg Hemmersbach, die mit diesen und weiteren Grundlagen sowie geeigneten Rezeptbüchern die täglichen Gerichte für die Tische der Burgfamilie und ihres Gefolges kochte.

Die späteren Pachtverträge variierten verschiedentlich die Abgabemengen an Roggen und sonstigen Kleinabgaben. Teilweise wurde ein Ausgleich in Geldwährung gefordert oder es gab den zusätzlichen Wunsch nach Rüböl.[121]

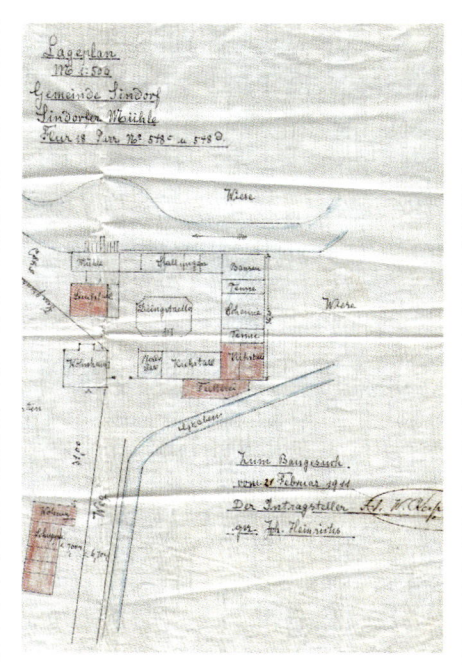

1791 brach ein Feuer in der Mühle aus, dessen Schäden noch im gleichen Jahr innerhalb von wenigen Monaten behoben wurden. Im Türsturz des Fachwerkneubaus ist in der Beschriftung und mit dem Datum „7. Juni 1791" der Abschluss der Bauarbeiten festgehalten und auch jetzt noch sichtbar.

Bis heute ist dieser Mühlenbau als Getreidemühle an seinem Platz. Die Ölmühle stand auf einer Insel daneben. Südlich schließt ein älterer Fachwerkflügel an den eigentlichen Mühlenbau an. Seine Fundamente begleiten den Mühlbach bis zum Wehr vor dem Wasserrad.

Das Wohnhaus und der alte Wirtschaftshof lagen parallel dazu nach Westen abgerückt. 1874 legte der Baumeister August Lange einen Bauantrag zum Neubau des Wohnhauses vor und erbaute bis 1877 ein isoliertes Wohngebäude, das bis heute neben der Hofzufahrt steht.[122] 1883 folgte der Neubau der Scheune und einiger Stallungen.[123] Nach 1911 wurden die Stallungen bis 1914 ausgebaut und vor dem Hof Arbeiterwohnungen errichtet.[124]

Eine Bestandsaufnahme des Mühlenhofes vom 20. Februar 1911 gibt eine genaue Beschreibung der Anlage. Aufgelistet werden: 1 Pferdestall, 1 Kuhstall, 1 Scheune, 2 Schweineställe, 1 offener Schuppen, 1 Reservestall, das Wohnhaus und die Mühle. Zur Mühle heißt es: „Mühle. – obern Speicher. Das Dach ist gedockt u. ist die Westseite des Daches nachzusehen. Der Fußboden ist gut erhalten. Die 3 Stück Mühlenzargen sind noch ziemlich gut erhalten, obere Transmission befindet sich in einem guten Zustande. Der Fußboden des Erdgeschosses ist im guten Zustande. Fenster sind noch gut erhalten. Die Wände sind gut erhalten u. im Anstrich gehalten nur eine Seite bedarf eines Kalkanstriches. Das Triebwerk u. Mühlenstuhl befindet sich in einem noch ziemlichen Zustande. Das Mühlenrad ist sehr schadhaft der Kranz nebst Felgen sind fault u. bedarf das Rad einer gründliche Reparatur. Der Radkranz ist auf einer Stelle ganz durchgebrochen."[125]

Wie schwerfällig man mitunter auf derartige Berichte reagierte, zeigt sich daran, dass der damalige Müller Genick noch fast fünf Jahre mit dem schadhaften Mühlrad arbeiten musste, bevor 1915 seitens des Burgherren ein neues Rad, diesmal aus Eisen, bei dem Mühlenbauer Jakob Höller in Auftrag gegeben wurde.[126]

1927 verarbeitete die Mühle 96 Tonnen Roggen, 1928 84 Tonnen und 1929 noch 72 Tonnen Roggen pro Monat. 1935 war die Leistung dann auf monatlich nur noch 60 Tonnen bei 10stündigem täglichen Betrieb angelangt. Mahlgut war in diesen Jahren Weizen und Roggen. Als Grund für die sinkenden Zahlen findet sich der Verweis auf die zunehmende Konkurrenz durch die Großmühlen.[127]

Bis Anfang der 1970er Jahre wurde noch geschrotet und Viehfutter gemahlen. Heute dominiert hier die Landwirtschaft und eine Hundezucht. Die Mühle ist inzwischen Eigentum der ehemaligen Mühlenpächter. Das zwischenzeitlich reparierte Mühlrad aus Eisen ist ebenso wie das Mahlwerk der Getreidemühle bis heute funktionstüchtig und wird interessierten Besuchern gerne gezeigt.

Der landwirtschaftliche Betrieb auf Burg Hemmersbach

Schon die mittelalterlichen Hemmersbacher Belehnungsurkunden sprechen von den zum Besitz gehörenden Ländereien, die auch in dieser Zeit landwirtschaftlich genutzt wurden. Es ist allerdings zu vermuten, dass der landwirtschaftliche Betrieb durch Pächter erfolgte. Heinrich von Vercken verpachtete Mitte des 17. Jahrhunderts den „freyadelichen seeßes und haußes hemmersbach hoff und lenderey".[128] Solange die ständischen Vorrechte des Ancien Régime dem jeweiligen Burgherren zahlreiche Einnahmequellen sicherten, war der Eigenbetrieb des Hofes nicht erforderlich.

Das aus dem Jahr 1733 stammende Verzeichnis des gesamten auf der Burg Hemmersbach vorhandenen Inventars verzeichnet auf der Burg einen ziemlich umfangreichen Tierbestand[129]: Neben Stieren und Milchkühen waren Schweine und Schafe vorhan-

LINKS: *Lageplan des Sindorfer Mühlenhofes von 1911.*

GANZ LINKS: *Die Sindorfer Mühle. Das untere Bild zeigt die Transmissionswelle über der Eingangstür.*

RECHTS: Hemmersbacher Zuchtbullen vor ihrem Stall in der Vorburg.

UNTEN: Bis weit in das 20. Jahrhundert war die Landwirtschaft der Region durch den Einsatz von Tieren geprägt. Auf diesem Kupferstich aus dem 18. Jahrhundert trägt das Pferd ein zeitgenössisches Arbeitsgeschirr.

den. Die ebenfalls aufgeführten Pferde dienten nicht nur zum Reiten und als Kutschpferde, sondern standen im Arbeitseinsatz mit den gleichfalls inventarisierten Gerätschaften auf dem Feld.

Ignaz und Elisabeth hatten den finanziell zerrütteten Betrieb in der schwierigen Endzeit des Ancien Régime übernommen, als ihm keine automatisch fließenden Abgaben mehr zustanden. Außer dem Erbe von Elisabeth brachten sie großes persönliches Engagement ein, um 1840 ein Familien-Fideikommissgut errichten zu können (s. S. 23), dessen Umfang den folgenden Generationen allein aus dem landwirtschaftlichen Betrieb ein einträgliches Einkommen sicherte. In der Errichtungsurkunde wird der landtagsfähige Rittersitz mit einer Größe von 1.262 Morgen oder 315 ha genannt. In den nächsten 40 Jahren gelang es, den landwirtschaflichen Betrieb zum weitaus größten im damaligen Kreis Bergheim auszubauen.[130]
1898 umfasste das Rittergut Haus Hemmersbach des Grafen Max Berghe von Trips 778 Hektar. Der nächstgrößere Betrieb befand sich auf Paffendorf mit immerhin 552, dahinter folgten Türnich mit 507, Schlenderhahn mit 399, Frenz mit 387 und Harff mit 350 Hektar. Die nicht unbeträchtliche Vergrößerung des Betriebes ist in einer Zeit entstanden, in der mit Gräfin Elisabeth und Gräfin Bertha überwiegend Frauen, die sicherlich von fähigen Rentmeistern unterstützt wurden, die Geschäfte führten. Die Größenverhältnisse änderten sich bis zum Ausbruch des Ersten Weltkrieges nicht mehr. Auf dem Trips'schen Betrieb wurde in erster Linie Weizen, Roggen und Hafer angebaut, außerdem Kartoffeln, Erbsen, Bohnen und Futterrüben.[131] Traditionell setzte man die schon 1733 nachgewiesene Rinderzucht, die Milchwirtschaft und die Schweinezucht fort. Pferde – ob zum Reiten, Arbeiten oder für die Kutsche – gehörten zur selbstverständlichen Ausstattung eines Hofes dieser Größe und Reputation. Es gab sogar einen separaten Stall für Gastpferde.

Von ihrer Herkunft nicht erklärbare Seuchen und Erkrankungen des Viehs erforderten schon Anfang des 20. Jahrhunderts professionelle Hilfe, die von entsprechenden Verbänden gestellt wurde. So untersuchte die „Versuchs-Station des landwirtschaftlichen Vereins für Rheinpreußen" die Gewässerqualität, um mögliche Gefahrenherde auszuschließen.

1913 übersandte die Hemmersbacher Renteiverwaltung dem „Bakteriologischen Institut der Landwirtschaftskammer für die Rheinprovinz" per Frachtgut und in einer Kiste verpackt ein totes Schwein, dessen Todesursache geklärt werden sollte. Der Tierarzt aus Kerpen hatte diese Vorgehensweise empfohlen, da eine Woche zuvor ein Schwein mit den gleichen Symptomen verendet war. Schon in dieser Zeit war der nicht ungefährliche Einsatz gewisser Dünge- und Saatmittel durchaus bekannt. In der Kriegszeit 1914-1918 ließen diesbezügliche Qualitätskontrollen offenbar dramatisch nach. Die Landwirtschaftskammer riet nach dem Krieg eindringlich davon ab, Dünger, Futtermittel und Saatgut minderer Qualität zu benutzen und warnte vor den langfristigen Folgen.[132]

1922 – Clemens Maximilian war bereits ein Jahr tot – wandte sich der Rentmeister an das Horremer Bürgermeisteramt, da man sich bei der Festsetzung der Getreideablieferung falsch klassifiziert fühlte. Der Rentmeister wies auf die qualitativ

OBEN: Dieser Kupferstich aus dem 18. Jahrhundert zeigt ein Gerät, das zur Reinigung des gedroschenen Getreides diente.

schlechten Böden hin, betonte aber besonders, dass man während des Krieges den Milchviehbestand unter „stellenweise ganz erheblichen Opfern" beibehalten hätte. Horrem und seine Bevölkerung hätten davon profitiert, da man immer große Mengen Säuglingsmilch abgegeben hatte. Der Einspruch nützte! Die Getreideumlage wurde tatsächlich um etwa ein Viertel von 120 auf 90 Zentner ermäßigt.

Wie in allen landwirtschaftlichen Betrieben begann man auch in Hemmersbach Anfang der 1920er Jahre, den profitablen, aber personalintensiven Zuckerrübenanbau zu betreiben. Die Ernte wurde stets an die Zuckerfabrik nach Bedburg geliefert. Dabei kam es allerdings zu verkehrstechnischen Problemen, die den Rentmeister zwangen, sich an den „Oberbahnhofsvorsteher" in Horrem zu wenden. In der Kampagne von 1927 war ein Waggon zur Rübenverladung bestellt worden. Obwohl morgens um 6.00 Uhr nochmals daran erinnert worden war, kam der Waggon nicht pünktlich, sodass vier Fuhrwerke, sieben Mann und vier Pferde zwei Stunden nutzlos auf dem Bahnhof herumstanden. Auch im vorangangenen Jahr war dies mehrfach aufgetreten. Der Rentmeister bat: „Um uns vor weiteren Verlusten zu bewahren, wenden wir uns vertrauensvoll an Sie, Herr Oberbahnhofsvorsteher, mit der ergebenen Bitte doch gefälligst Vorkehrungen zu treffen, dass wir unsere Wagen zur bestellten Stunde haben und nicht regelmäßig mit Verspätung. Mit aller Hochachtung!"

Großen Wert legten die Inhaber der Burg offenbar auf die Fortführung der Viehwirtschaft. Pferde, Rinder, Schweine, sogar Ziegen und Kaninchen wurden gehalten, gezüchtet und verkauft. Rentmeister Kerp konnte seinerzeit fast alle Anfragen hinsichtlich von Tierlieferungen positiv beantworten. Dem Serologischen Institut der Landwirtschaftskammer, das 1911 ganz dringend eine Anzahl von Meerschweinchen benötigte, konnte er allerdings nicht helfen.

Im gleichen Jahr warnte das Landwirtschaftsministerium vor der Maul- und Klauenseuche, die angeblich durch ausländische Arbeitnehmer eingeschleppt wurde. In der Folgezeit konnten verschiedene Transaktionen nicht durchgeführt werden, da der Großteil der Rinder beim Verein Ostfriesischer Stammviehzüchter in Norden erworben wurde und bis dahin mehrere Grenzen zu überwinden waren. Alle Kühe konnten eine Abstammungstafel mit bis zum Teil 64 Vorfahren nachweisen! Im Vergleich dazu sind die im Archiv überlieferten Ahnenproben der Familienmitglieder (s. S. 21) mit „nur" 8 oder 16 Ahnen wenig aussagekräftig. Den Abstammungstafeln der Kühe fehlen allerdings die farbigen Wappen …

Da die Fortführung des ausschließlich traditionell geführten landwirtschaftlichen Betriebs langfristig nicht mehr rentabel zu sein schien, bemühte man sich seit Anfang des 20. Jahrhunderts um den Aufbau weiterer wirtschaftlicher Standbeine. Man begann, in den Gärten an der Burg Obst anzubauen, in erster Linie zunächst Äpfel. Ende der 1920er Jahre wurde dann ein großes Gewächshaus auf dem Grundstück zwischen Burg und Hauptstraße errichtet. Seitdem wurden andere Obstsorten – sogar Trauben wurden angeboten – und auch Blumen angepflanzt.[133]

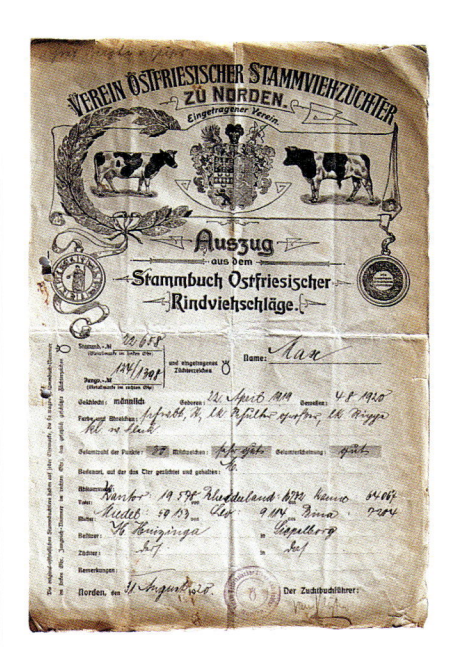

LINKS: *Beim Ankauf von Vieh wurde viel Wert auf gute Abstammung der Pferde und Rinder gelegt, die durch aufwändige Stammtafeln nachgewiesen wurde.*

LINKS: *Das Burgareal von Osten gesehen, 1957. Im Vordergrund links die Allee der Burgstraße, rechts angrenzend die Gartenanlagen mit Gewächshäusern.*

OBEN: *Eine Anzeige von 1958, die für den landwirtschaftlichen Betrieb auf Burg Hemmersbach warb.*

UNTEN: *Erntezeit auf einem Kupferstich aus dem 18. Jahrhundert.*

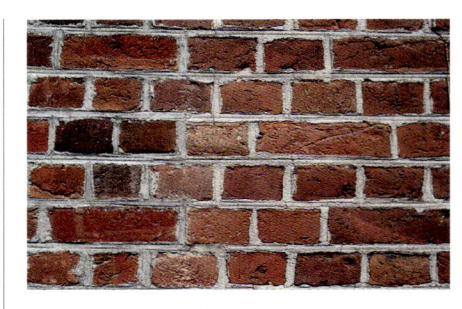

OBEN: *Mauerwerk auf Burg Hemmersbach, das aus in Eigenregie produzierten Feldbrandsteinen errichtet wurde.*

Mittlerweile hatten Eduard und Thessa den Betrieb übernommen; für den 1928 geborenen Sohn Wolfgang schien eine landwirtschaftliche Karriere der vorgezeichnete Lebensweg zu sein. Während des Zweiten Weltkriegs wurde der landwirtschaftliche Betrieb – kriegswichtig, weil unabdingbar für die Versorgung der Bevölkerung – aufrechterhalten. Der Arbeitskräftemangel führte 1941 auch auf Hemmersbach zum Einsatz von Zwangsarbeitern. Zunächst wohnten die acht Polen im ehemaligen Forsthaus Einhang bei Holzhausen (heute Neu-Bottenbroich). Wegen „mangelnder Beaufsichtigung" forderte der Landrat Graf Eduard auf, die Arbeiter in der Nähe der Burg Hemmersbach unterzubringen. Diesem Befehl leistete man wenig später Folge.[134]

Im Zuge des Wiederaufbaus nach dem Krieg wurde die Obst- und Blumenzucht weiter ausgebaut. 1950 arbeiteten von insgesamt 46 Beschäftigten auf Burg Hemmersbach sechs im Haushalt, zwei in der Rentei, fünf im Forstbetrieb, 14 in der Landwirtschaft und 18 im Obst- und Blumengarten. Außerdem hatte man einen Betriebsschreiner.[135]

Für diese Zeit ist bereits ein umfangreicher technischer Gerätepark nachgewiesen. Obwohl selbst ein passionierter Reiter, zeigte Graf Eduard Zeit seines Lebens großes Interesse an Technik, das sich ganz offensichtlich auf seinen Sohn vererbte. Dies beschränkte sich nicht allein auf die Anschaffung leistungsstarker PKWs, sondern dehnte sich auch auf die entsprechende Ausstattung für den landwirtschaftlichen Betrieb aus.

1957 wurde ein weiteres, größeres Treibhaus extra für Nelken errichtet. Rings um die Burg baute man jetzt ausschließlich Obst und Blumen an. In einer Anzeige von 1958 warb die Trips'sche Renteiverwaltung zwar auch für ihre Land- und Forstwirtschaft, in erster Linie wurden aber Gartenprodukte angeboten: Edelobst, Blumen, Pflanzen, Apfelsüßmost. Die Anbaupläne aus dieser Zeit bis 1963 dokumentieren eine beeindruckende Vielfalt bezüglich der Obst- und Blumensorten.[136]

Zu diesem Zeitpunkt hatte der Betrieb bereits keinen direkten Erben mehr. Wolfgang, der nach seiner landwirtschaftlichen Ausbildung die Rennfahrerkarriere eingeschlagen hatte, war 1961 in Monza tödlich verunglückt. Die Eltern stellten den Betrieb, der 1954 zu den drei letzten noch im Adelsbesitz bewirtschafteten Höfen des Kreises Bergheim zählte, Mitte der 60er Jahre ein.

Die Herstellung von Ziegeln

Gebäude aus Stein zu errichten galt im Mittelalter als Privileg, das sich Lehnsherren und Klöster teilten. Im Erftgebiet dienten zunächst die Feldsteine, Flusskiesel und das Steinmaterial aus römischen Ruinen als willkommenes Baumaterial zu Errichtung von Kirchen, Klöstern und „festen Häusern" des Adels. Seit dem ausgehenden 12. Jahrhundert besann man sich der Kunst der Römer und fertigte für den jeweils aktuellen Bedarf Feldbrandsteine, während die große Mehrheit der Bevölkerung weiterhin in hölzernen Fachwerkbauten mit Lehmwänden lebte. Erst mit Beginn der Neuzeit wurden auch einfache Profanbauten aus Ziegeln üblich.

Die Herstellung solcher Mauerziegel erfolgte in dieser Landschaft über Jahrhunderte hinweg in Feldbrandöfen. In der Art eines Kohlenmeilers schichtete man die vorgefertigten und zunächst luftgetrockneten Formziegel zu einem großen Stapel über einem Kohlehaufen aus Holzkohle, Steinkohle oder, aufgrund der hiesigen Vorkommen, vielleicht auch aus Braunkohle auf, beließ beim Aufschichten einige Luftkanäle und überzog den Stapel mit einer weiteren Kohleschicht und einer abschließenden dichtenden Erdschicht. Der Brand der Kohle wurde über die verbliebenen Luftkanäle so gesteuert, dass die Brenntemperatur über viele Tage auf die Lehmsteine einwirkte und die Steine buk. Mit solcher Art hergestellten Ziegeln sind Teile der Alten Burg und im Wesentlichen die heutige Burg Hemmersbach errichtet worden.

Eine Veröffentlichung aus dem Jahre 1765 beschreibt die notwendige Vorbereitung dieser Arbeiten: „Man weis überhaupt, daß die Fliesen-, die Dach= und Mauerziegel, entweder aus leimicher Erde oder aus Töpferthon gemacht sind, welche man mit Wasser durchfeuchtet, und hernach sorgfältig durchtritt und durchknetet, damit ein geschmeidiger Teig daraus werde, welchen man in Formen das Ansehen einer Fliese, Dach = oder Mauerziegels giebt. Diese geformte Erde läßt man hernach entweder in der Luft oder unter Schoppen, woselbst die Luft auf allen Seiten durchstreichen kann, trocknen. Wenn diese Arbeit recht trocken geworden, so läßt man sie entweder mit Holz, oder Steinkohlen brennen. Ist dieses alles mit großem Fleiß besorgt, so müssen die Dach= oder Mauerziegel hart und hellklingend seyn, auch so wenig sich im Wasser erweichen, als durch den Frost abblättern."[137]

Im Erftgebiet wurde der fallweise Brand der Ziegel in Feldbrandöfen, nahe den Baustellen bis weit in das 19. Jahrhundert hinein betrieben. So ist auch der Erweiterungsbau der Kirche St. Clemens im Jahre 1852 aus selbstgefertigten Steinen errichtet, die ein Jahr zuvor von den Pfarrangehörigen hergestellt wurden: „Laut Vertrag mußte der Kirchenvorstand für die Anlieferung der Steine sorgen. So ließ er auf einem Kirchengrundstück im Habbelrather Feld Brennöfen aufbauen, um die für den Kirchenbau nötigen Ziegelsteine herstellen zu lassen. Mit der Ziegelei erbrachte die Pfarre vorab einen großen Teil der notwendigen Selbsthilfe. Man grub die Lehmerde aus, ließ sie überwintern und ausfrieren. Im Frühjahr begann man mit dem eigentlichen Ziegeln. Zum Ziegelbacken benutzte man aus Holz hergestellte Formen, die mit Eisen beschlagen waren. Die Ziegel waren 10 Zoll lang, 5 Zoll breit und 2 1/2 Zoll dick … Die Rohlinge mußten dann an der Luft trocknen. Beim Umschichten halfen 12-14 jährige Jungen. Nach dem Trocknen errichtete man den eigentlichen Ofen als gleichseitiges Viereck über den aufgeschichteten Ziegeln. Dieser wurde von allen Seiten mit Steinkohle geschürt und von außen mit Lehm beworfen. Gegen Wind und Regen stellte man Strohmatten auf. Jeder Brand ergab 80 bis 90% brauchbare Feldbrandsteine verschiedener Härtegrade, die entsprechend für die einzelnen Bauteile ausgewählt wurden. Durchschnittlich brannten die Öfen 2 Wochen."[138]

Überzählige Ziegel wurden verkauft. Der Erlös deckte andere Ausgaben der Baumaßnahme.

Gräfin Berghe von Trips unterstützte diesen Erweiterungsbau mit der damals hohen Summe von 2.600 Talern.

Erst in der zweiten Hälfte des 19. Jahrhunderts, als sich die Ziegelbauweise für Wohnhäuser immer stärker durchsetzte, entstanden stationäre Ziegeleien mit richtigen Brennöfen, in denen schließlich der Brand regelmäßig geformter Ziegel möglich wurde. In diese Zeit fällt auch die Einrichtung der Horremer Ziegeleien, die privat betrieben wurden.

UNTEN: *Dieser historische Holzschnitt zeigt eine Ziegelkarre mit frischgeformten Feldbrandziegeln.*

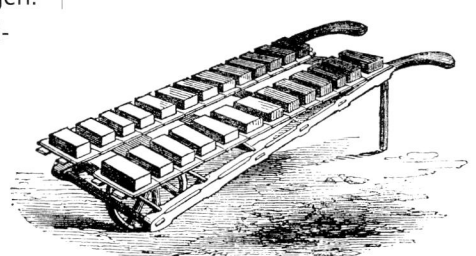

Ziegel für den Eigenbedarf

Graf Clemens Maximilian nutzte gegen Ende des 19. Jahrhunderts die ihm gegebenen Möglichkeiten, für seine aktuellen Bauprojekte an preiswertes Baumaterial zu gelangen, indem er auf eigene Rechnung Mauer- und Dachziegel herstellte. Ähnlich waren seine Vorgänger im Bedarfsfall verfahren. 1890/91 ließ er für seine Dachziegelei zwei neue Öfen und einen Schuppen fertigen.[139] Für 1897 finden sich in den Ausgabenbüchern erneut Kostenaufwendungen für den Neubau von zwei Dampf-Öfen.

Für die projektierte Erweiterung des Burghauses nach Plänen des Architekten Thoma entstand ein größerer Ma-

UNTEN: *Die Ostfassade der Burg, im Vordergrund der Dammturm und die Grabenmauer aus Ziegelstein.*

OBEN: *Der Ausweis über die dem Grafen aufgezwungene Mitgliedschaft in der Ziegelei-Berufsgenossenschaft.*

terialbedarf, den er wieder mit eigenen Mitteln ausgleichen wollte: Am 9. März 1899 erhielt er auf vorherigen Antrag vom Bürgermeisteramt Türnich den „Erlaubnis-Schein zur Errichtung und Inbetriebnahme eines Feldziegelofens … Diese Erlaubnis gilt nur für den einmaligen Gebrauch für das Jahr 1899 … Der Ziegelofen darf nur in einer Entfernung von 100 Meter von Wohnhäusern und 50 Meter von Eisenbahn, Provinzialstraßen oder Gemeindewegen angelegt werden."[140]

Zugleich erhielt er die „Bauerlaubnis für eine Arbeiterwohnung in Habbelrath", in der die Ziegelarbeiter während ihrer Tätigkeit leben konnten. Er wählte fünf Saisonarbeiter, die mit einem begrenzten Werkvertrag für ihn tätig wurden. Sie unterstanden dem „Pflugmeister" Heinrich Mennens aus Amstenrade, der sie aus Holland mitbrachte und der als Ziegelmeister die Arbeiten fachgerecht leiten und den Ziegelbrand durchführen sollte.

Vertraglich wurde der Beginn der Arbeiten auf den 15. April festgelegt. Er musste die Forderung erfüllen, während der Ziegelsaison (März bis September) „wenigstens 2 Millionen durchaus gut eckig und glatt geformte Ziegelsteine auf dem nachbezeichneten Ziegelfeld des Ziegeleibesitzers anzufertigen." Heinrich Mennens erhielt „per eintausend Ziegelsteine den Preis von 6 Mark 50 Pfennig."[141]

Die Kohle zum Ziegelbrand bezog Graf Trips am 29. März des gleichen Jahres aus der Domanialgrube Kerkrade in Holland, wo in Nachbarschaft zu den Herzogenrather Gruben hervorragende Steinkohle gefördert wurde. Im Mai erwarb man bei der Korbwarenfabrik Math. Siegberg in Köln die für die Arbeit notwendigen Ziegeleikörbe. Die Fertigungsstandorte waren in Horrem und Habbelrath. Anscheinend wurden dort auch weitere Wanderarbeiter eingestellt. Unterkunft und sämtliche Arbeitsmittel stellte der Burgherr.

In der Auflistung finden sich für Horrem und für Habbelrath nahezu gleiche Gegenstände: „4, bzw. 6 Bettstellen, 3, bzw. 5 Strohsäcke, 3, bzw. 5 Kopfpüllen, 1 Tisch, 2 Bänke, 1 Küchenschrank, 1 Kochherd, 4 Eimer, 4 Waschnäpfe, 3 Kochtöpfe, 1 Wasserkessel, 1 Oelkanne, 1 Wasserschöpfe, 1 Sieb, 1 Kuchenpfanne, 1 Kaffeekanne, 2 Gemüseschüsseln, 1 Fleischschüssel, 1 Kaffeemühle, 2 Lampen, 1 Kaffeedose mit Mäschen, 1 großer, 1 kleiner Kochlöffel, 1 hölzerner Kochlöffel, 1 Brodmesser, 1 Schaumlöffel, 1 Kohlenlöffel, 1 Stocheisen, 12 Messer, 12 Löffel, 12 Gabeln, 12 Tassen, 12 Teller, 1 Säge, 1 Waschbütte, 2 wollene und 2 Calmucdecken, 8 Betttücher, 10 Handtücher," – dazu als Werkzeug: „1 Formtisch, 1 Sandbecken, 1 hölzerne, 2 eiserne Schiebkarren, 40 eiserne Schürgdielen, 1 Harke, 1 Kitzel, 1 Steinkarre."[142]

Im Übrigen dürfte die Arbeit mit den Fachkräften ähnlich ausgeführt worden sein wie auf der zuvor erwähnten Kirchenbaustelle.

Graf Trips bekam in der Folge allerdings Ärger mit der Ziegeleiberufsgenossenschaft in Berlin, da er seinen Ziegeleibetrieb dort nicht angemeldet hatte. Er rechtfertigte sich mit dem Hinweis, dass die Steinproduktion im wesentlichen den Eigenbedarf decken sollte: „Im Jahre 1899 in der Zeit von April bis September haben wir, weil wir für eigene Bauten viel Ziegelsteine benötigten, in Horrem und in Habbelrath 2 000 000 Feldbrandziegelsteine fabriziert. Davon wurden bei einem Anbau an das Schloss hierselbst und beim Umbau des letzteren sowie bei verschiedenen anderen Reparaturbauten an eigenen Gebäuden in den Jahren 1899, 1900 u. 1901 ca. 500 000 Steine verbraucht. In diesem Jahre haben wir mit dem Neubau eines großen Hofgutes in Habbelrath begonnen, wo bis jetzt ca. 200 000 Steine verbraucht und bis zur Vollendung noch mindestens 400 000 Steine erforderlich sind. Von 1899 bis heute wurden ca. 400 000 Steine gegen Entgeld abgegeben. Der Rest wird voraussichtlich noch an eigenen Bauten Verwendung finden, da für das nächste Jahr ein Umbau des Nebengebäudes des Schlosses hierselbst vorgesehen ist …"[143]

Nachdem er die Beitragsforderung der Ziegelei-Berufsgenossenschaft rückwirkend erfüllt hatte, erhielt Max Graf Berghe von Trips im Jahre 1902 schließlich seinen Mitgliedschein Sektion XI, Kataster-Nummer 3766.

Doch waren zu diesem Zeitpunkt seine Ziegeleibetriebe in Horrem und Habbelrath bereits eingestellt. So lesen wir in den Renteiakten: „Seit dem Jahre 1900 werden keine Steine mehr fabriziert, die im Jahre 1899 haben wir zur gänzlichen Verwendung halb zum eigenen Verbrauch, halb zum Verkauf. Ein eigentlicher Ziegeleibetrieb findet nicht mehr statt. Auf Bedarf wird 1 Mann zum Verladen der Steine verwendet."[144]

Um 1912 wird das „Niederreißen der alten Ziegelei und die Instandsetzung der Wohnhäuser" mit Kosten von 2.900 Mark in den Renteiakten eingetragen und 1915 erhielt eines der dortigen Wohnhäuser, Höhenweg 32, ein neues Dachzimmer als nachträglichen Ausbau.[145] Damit war das Kapitel eigener Ziegeleien für die Renteiverwaltung Burg Hemmersbach erledigt.

Bau der Eisenbahn

Seit 1831 gab es in Belgien erste Überlegungen, zwischen Antwerpen und dem Rheinland eine Eisenbahnverbindung anzulegen. 1833 griff man in Köln diesen Gedanken auf und erreichte beim preußischen König eine erste in diese Richtung zielende Konzession.

Im Jahre 1837 fand die offizielle Gründung der privaten „Rheinischen Eisenbahngesellschaft" statt; die dazu nötige Konzession erteilte das Königliche Kabinett am 21. August 1837. Hiermit sollte erstmalig über die Landesgrenzen hinweg eine moderne Verkehrsverbindung zwischen Köln und Belgien hergestellt werden. Gleichzeitig eröffnete sich dabei für die angrenzenden Gebiete die Chance eines wirtschaftlichen Aufschwungs, da mit dem neuen Verkehrsweg eine sprunghafte Verbesserung ihrer Anbindung an die nationalen und sogar internationalen Absatzmärkte geboten wurde. Dies galt gleichermaßen für die Entwicklung der unterschiedlichen Industriezweige, wie Kohle- und Eisenindustrie, Papier-, Chemie- und Textilgewerbe, Landwirtschaft und Handel beiderseits der Bahnstrecke.

1844 wurde nach langem Hin und Her zwischen Belgien und Preußen dann schließlich auch ein Handelsvertrag abgeschlossen, der über die Zollschranken hinweg Erleichterungen bot.[146]

Die Trassierung der neuen Eisenbahnstrecke sah eine Streckenführung von Köln über Königsdorf, Horrem, Sindorf, Düren, Aachen und Herbesthal in Belgien vor. Baubeginn war bereits Anfang April 1838. Nach ersten Probefahrten im August wurde die fertige Strecke zwischen Köln und Aachen am 1. September 1841 eröffnet.[147]

Der Horremer Streckenabschnitt des Schienenweges führte mitten durch den Grundbesitz des Grafen Berghe von Trips, der daher Land an die Rheinische Eisenbahn-Gesellschaft abtreten musste. Am 18. Mai 1838 unterschrieb Graf Ignaz Eduard einen Vertrag zur Anlage der neuen, zunächst eingleisigen Bahnstrecke, in dem auch die Rechte und Pflichten der Vertragspartner festgelegt wurden.[148] Hierzu gehörte einerseits die notwendige Landabtretung für die Trassenführung mit der entsprechenden Entschädigung, andererseits aber auch die Anlage neuer, notwendiger Wegeführungen. Dass es dabei auch Meinungsverschiedenheiten gab, geht beispielsweise aus einem Schreiben der Rheinischen Eisenbahngesellschaft vom 6. September 1839 hervor.[149] Es wurden sowohl Wald- als auch Ackerzonen in Anspruch genommen, was mit den damit einhergehenden Problemen praxisbezogen geregelt werden musste. Dies ließ der zu dieser Zeit in Düsseldorf wohnende Graf Ignaz Eduard von seinem Rentmeister Konen gemeinsam mit dem Förster Helter und der Rheinischen Eisenbahndirektion klären.[150]

Da in Horrem auch einer der Streckenbahnhöfe errichtet werden sollte und der Landbedarf der Eisenbahngesellschaft sich vergrößerte, finden sich für die Folgezeit weitere Verträge und Vertragsentwürfe in den erhaltenen Unterlagen, so beispielsweise vom 6. Juni 1840[151] und auch später, nach dem Tode des Grafen, vom 14. August 1843, unterzeichnet von seiner Witwe.[152]

Der Einschnitt, den die neu angelegte, mitten durch den Hemmersbacher Landbesitz gebaute Eisenbahn bedeutete, mag für den Grafen mit gemischten Gefühlen verbunden gewesen sein. Gleichwohl werden sich ihm die Vorteile schnell offenbart ha-

LINKS: *Der Horremer Bahnhof auf einer Postkarte aus dem Jahr 1898.*

RECHTS: *Kolorierte Bahnhofsansicht auf einer Postkarte aus dem Jahr 1906.*

UNTEN: *Das Empfangsgebäude und der Güterschuppen des Bahnhofes.*

ben. Als Mitglied des Rheinischen Provinziallandtages dürfte es ihm, der wegen des bislang schlechten Zustandes seines Familienerbes Burg Hemmersbach seit Jahrzehnten in Düsseldorf lebte, ab 1837 indes ernsthafte Überlegungen anstellte, diese Burg wieder aufzubauen und als Hauptwohnsitz zu wählen, über alle Maßen gefallen haben, als direkter Nutznießer einer derart revolutionären technischen Neuerung eine Eisenbahnlinie und sogar einen eigenen, ausgebauten Haltepunkt vor die Haustür gesetzt zu bekommen. Durch den Zufall der Trassenplanung befand er sich in einer von Vielen sicherlich beneideten Situation – vielleicht war dies auch mit ausschlaggebend für seine Baupläne.

Welchen Rang man in diesen Jahren dem neuen Reisemittel beimaß, zeigte sich wenige Zeit später, als der preußische König um 1840 anordnete, dass die Trassenplanung für die Eisenbahnstrecke Köln-Bonn mitten durch den Brühler Schlosspark führen sollte, damit die Reisenden bei der Fahrt dessen Schönheiten genießen könnten.[153]

Die Reisebeschreibung einer Zugfahrt von Köln nach Brüssel aus dem Jahre 1859 schildert die landschaftliche Einbindung des Hemmersbacher Besitzes recht anschaulich: Mit der Eisenbahn den Königsdorfer Tunnel verlassend, gelangt man „nach wenigen Minuten ... wieder ins Freie. Rechts und links ziehen sich die bewaldeten Abhänge der Ville zum Erftthale hin. Das Dorf Horrem liegt im Grunde; seine rothen Dächer blicken aus Obstbäumen hervor. In der Ferne erscheint hinter Pappelgruppen das vor einigen Jahren neu erbaute Schloss Hemmersbach. Früher stand hier eine feste Burg, deren es eine große Zahl in der Erftniederung gab. Das Dorf Hemmersbach liegt zur Linken der Eisenbahn. Vor uns ziehen sich lachende Wiesen hin, von weidenden Heerden belebt. Die Straße führt unter dem Bahndamm nach Frentz ...."[154]

Der Bau des Bahnhofes mit seinen Anschlussmöglichkeiten brachte für Horrem durch die Ansiedlung verschiedener Industrien und Gewerbe einen wirtschaftlichen Aufschwung mit sich. Dies galt auch für die gräfliche Braunkohlegrube Röttgen unweit der Gleisanlagen. In einer Verpachtungsanzeige des Jahres 1863 heißt es:

„Verpachtung einer Braunkohlegrube. Der Betrieb und die Ausbeute der gräflich von Trips'schen Braunkohlegrube Roettgen soll vom 1. Oktober 1863 ab auf längere Jahre in Pacht gegeben werden. Diese Grube mit ihren Zubehörungen liegt ganz in der Nähe der Rheinischen Eisenbahn-Station Horrem, etwa drei Wegstunden von Köln ...
Der gräfliche Rentmeister G. Konen."[155]

Schon im Februar des Jahres 1849 wird der wirtschaftliche Aufschwung beispielhaft klar an einem „Kostenanschlag über die Anlage einer Ausweich-Bahn an der Röttgens Brücke nebst kleiner Zweigbahn nach dem Braunkohlen Werke von 2/2 Fuß Spurweite ..."[156]

Der Horremer Bahnhof besaß in den 1850er Jahren ein Empfangsgebäude, eine Werkstatt, eine Wasserstation, einen Koksschuppen, zehn Weichen und zwei kleine Drehscheiben.[157]

Die Kleinbahnen

In der Folge entstanden gegen Ende des 19. Jahrhunderts weitere Eisenbahnstrecken einer Kleinbahn, die als Bergheimer Kreisbahn (ab 1897) und als Mödrath-Liblar-Brühler Eisenbahn (1897, 1903, 1913) jeweils über Horrem führten, dort zusammen einen eigenen Bahnhof erhielten und die Hauptstrecke Köln-Aachen querten. Diese Bahnen dienten im Frachtverkehr wesentlich dem Transport der Braunkohle, der Zuckerrüben und der Produkte der Ziegelindustrie.[158]

Eine Landübertragung aus dem Hemmersbacher Besitz war inzwischen jedoch schwieriger geworden, da die für den Bahnbau notwendigen Flä-

LINKS: *Briefkopf aus dem Anschreiben der Rheinischen Eisenbahngesellschaft an den Grafen 1839.*

chen den Zusammenhang des Besitzes weiter unterteilten und zersplitterten, was sicherlich Probleme aufwarf. So litt beispielsweise der Forstbetrieb unter den Auswirkungen der neuen Verkehrswege. Selbst bis dahin unbekannte Gefahren wie der Funkenflug der Dampflokomotiven mussten berücksichtigt werden – Briefe zwischen den Beteiligten berichten von Bränden längs der Bahnstrecke, die nur mit Mühe von den Bahnbediensteten und Waldarbeitern gelöscht werden konnten.

Auch war die rechtliche Situation insofern problematisch, als der bestehende Fideikommiss die Erbvoraussetzungen regelte und Landverkäufe durch die jeweiligen Besitzer der Burg nur unter sehr erschwerten Bedingungen möglich waren. Folglich mussten für den erweiterten Landbedarf der neuen Bahnstrecken Enteignungsverfahren gegen Clemens Maximilian Graf Berghe von Trips angestrengt werden, die mehrere Jahre andauerten.

Ein Enteignungsverfahren des Jahres 1899 betraf die Anlage der Bergheimer Kreisbahn.[159] Am 29. Mai 1900 konnte schließlich ein Vertrag zwischen dem Grafen und der Königlichen Eisenbahn-Direktion Köln wegen einiger Grundstücke zum Umbau des Bahnhofes Horrem geschlossen werden.[160]

Weitere Enteignungsverfahren gab es bei der Einrichtung der Kreisbahn in den Jahren 1906/07, so laut einem Schriftstück vom 22. Oktober 1907, „für den Umbau der Bergheimer Kreisbahnen in den Gemeinden Hemmersbach und Mödrath ..." Und erneut am 30. Januar 1913: „Für den Umbau der Strecke Benzelrath-Oberbolheim in eine Nebenbahn ...".[161]

Grubenbetriebe und Brikettfabrikation

Als Johann Scheiffart von Merode 1510 dem Bottenbroicher Kloster die „Halbscheid", die Hälfte des Ertrags, an dem so genannten „Röttgesacker" schenkte, ahnte noch niemand, dass 250 Jahre später ein Rechtsstreit daraus entstehen würde.[162] Aber genau das traf ein, als die geschäftstüchtigen Mönche 1773 begannen, auf eben diesem Stück Land „Turf" zu stechen, also Braunkohle zu fördern. Franz Adolph Anselm, seit 1751 Herr von Hemmersbach und ständig in Geldnöten, hatte offenbar sein gut geordnetes Archiv intensiv studiert und die Schenkungsurkunde von 1510 entsprechend untersucht. Denn er berief sich darauf, dass dem Kloster seinerzeit nur die „Halbscheid" geschenkt worden sei, ihm also auch eine Hälfte zustehe.

Gänzlich kompliziert wurde die Angelegenheit, als das Bottenbroicher Kloster der Abtei Marienstatt inkorporiert wurde. Erneut recherchierte man im Archiv. Die Hemmersbacher Pfarre mischte sich nun ebenfalls ein und machte geltend, dass gemäß der Vereinbarung von 1510 besagtes Land nach Auflösung des Klosters der Kirche in Hemmersbach zufallen sollte. Nach langem Streiten ersannen findige Anwälte eine Lösung: Man verglich sich und teilte das fragliche Land mit dem Braunkohlevorkommen auf. Da die innovativen Mönche hier bereits einen gut funktionierenden Grubenbetrieb mit hohem technischen Standard aufgebaut hatten, einigten sich alle drei auf eine gemeinsame Nutzung. Zu dieser Zeit waren die Preußen dem Rheinland noch fern, keine Bergämter regelten Konzessionen. Es galt das Prinzip des Grundeigentümerbaus: Der Eigentümer allein bestimmte, ob und wieviel abgebaut werden durfte. Die drei Nutzer bildeten jedenfalls eine so genannte „Gewerkschaft" und beuteten die Grube gemeinsam aus.

Infolge der politischen und wirtschaftlichen Veränderungen ergab sich nach dem Anschluss des Rheinlandes an Preußen eine neue Struktur. 1819 erhielten Ignaz Graf Berghe von Trips und Ludwig Kolping die gemeinsame Konzession zum Betrieb des 65 Hektar großen Feldes.

Als Ignaz und Elisabeth 1840 den Familien-Fideikommiss errichteten, wurde ihr Anteil an der Grube Röttgen in das Fideikommiss-Gut aufgenommen und war damit für die Erben unverkäuflich. 1845 erwarb Elisabeth, mittlerweile Witwe, den Anteil von Kolping.[163] Seitdem betrieb die Familie von Trips den Grubenbetrieb allein. Nachdem die Eisenbahnstrecke Köln-Aachen in Betrieb genommen worden war, erhielten die

UNTEN: *Der Bahnhof der Kleinbahn in Horrem, um 1900.*

Berghe von Trips 1852 zusätzlich die Genehmigung, die Kohle im Tunnel-Einschnitt bei Königsdorf auszubeuten. 1856 waren etliche Flächen der Grube Röttgen bereits „ausgetummelt", also ausgekohlt. Kurz vor seinem Tod beantragte Eduard Franz Oskar die Ausdehnung der offensichtlich gewinnträchtigen Grube. Seine Witwe Bertha verpachtete die Grube 1874 an den Mühlenbesitzer Kolping, einen Nachkommen des ursprünglichen Partners auf der Grube. 1880 gab es technische Probleme, bei der der Eigentümer beteiligt werden musste. Das Bergamt hatte aus Sicherheitsgründen die Einstellung des so genannten Tummelbaus, der mehr oder weniger unter Tage stattfand, gefordert, weil es immer wieder zu Unglücken auf den Gruben kam. Kolping wollte jedoch, weil er Rentabilitätsprobleme befürchtete, den gefährlicheren, aber preiswerteren Tummelbau fortsetzen, der seiner Meinung nach bei der Bodenbeschaffenheit in Röttgen kein Problem darstellte. Clemens Maximilian unterstützte seinen Pächter und stellte beim Bergamt einen entsprechenden Antrag. Ob er genehmigt wurde, geht es aus den Akten nicht hervor.

Nächster Pächter wurde 1886 die „Belgisch-Rheinische-Actiengesellschaft für Braunkohlen-Brikets", die im gleichen Jahr die Horremer Brikettfabrik errichtete. Die Fabrik wurde mit Kohlen aus der Grube Röttgen, später auch von der Fischbach-Grube, beliefert. Das erste Röttgener Grubenfeld war zur gleichen Zeit völlig ausgekohlt. Mit der Erschließung eines neuen Feldes wurde sofort begonnen.

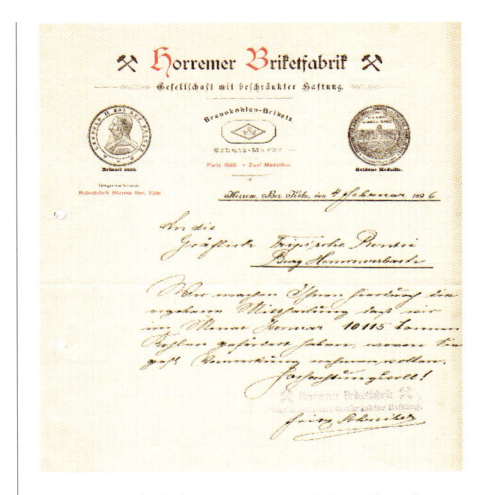

OBEN: *Brief der Horremer Brikettfabrik an die Gräfliche Rentei, 1896.*

1896 verpachtete Trips die Grube Röttgen bis 1911 an die Horremer Brikettfabrik.[164] Dieser Vertrag wurde offensichtlich frühzeitig gelöst, denn spätestens 1906 nahm Clemens Maximilian den Betrieb der Grube wieder

RECHTS: *Nach jahrelangen Auseinandersetzungen um die Braunkohlegrube Röttgen wurden die Nutzungsrechte 1790 zwischen der Kirchengemeinde, dem Kloster Bottenbroich und der Familie Trips aufgeteilt. 1791 fertigte der Geometer Aleff die entsprechende Handzeichnung über die Teilung an, der auch technische Details des Grubenbetriebes zu entnehmen sind.*

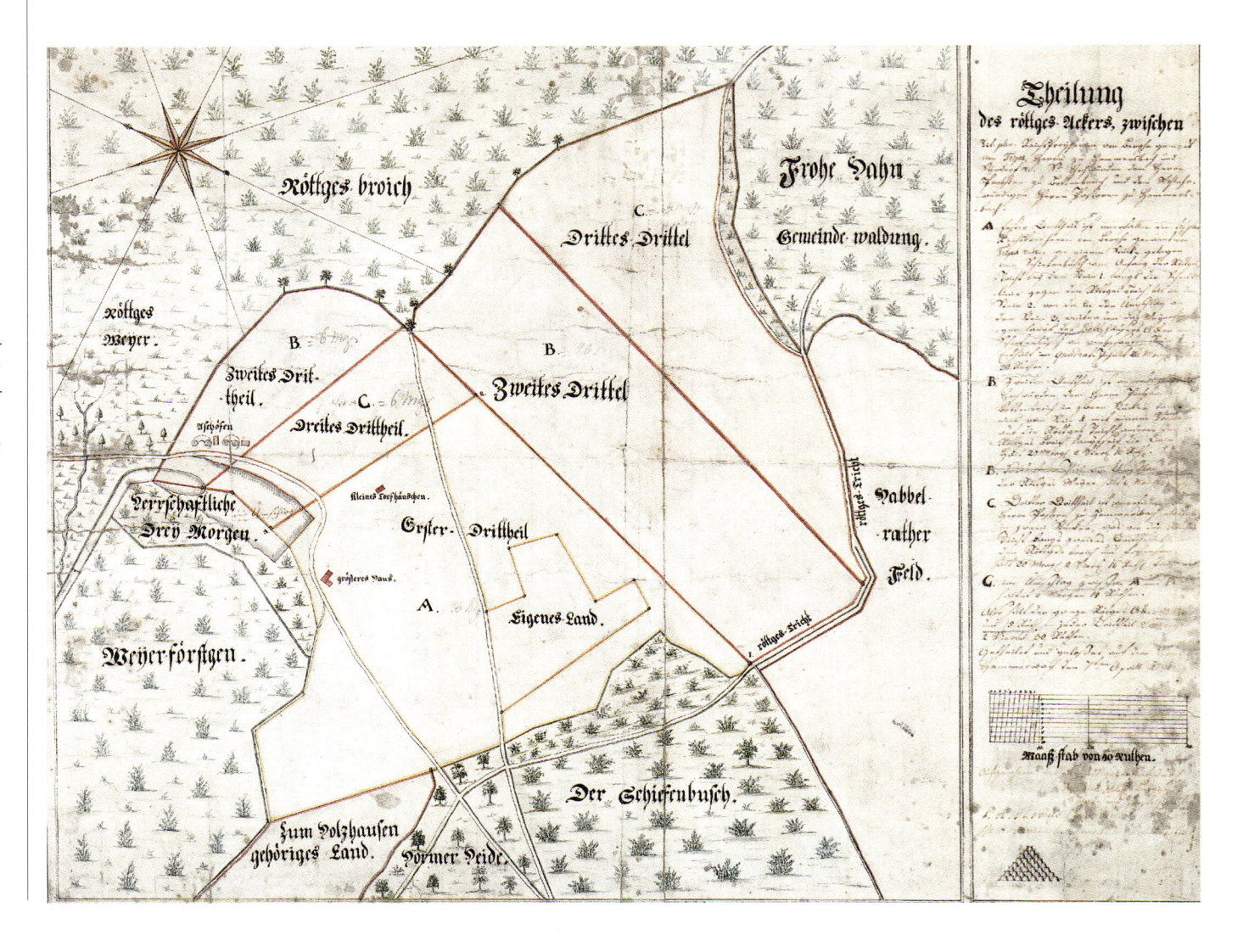

Das Herrschaftsgut – Ländereien und wirtschaftliche Grundlagen

OBEN: *Die Arbeitsordnung des „Braunkohlenbergwerkes Röttgen zu Horrem" wurde um 1910 aufgestellt. Bis 1913 blieb die Braunkohlengrube im Besitz der Berghe von Trips.*

in die eigenen Hände. Auslöser war möglicherweise eine Auseinandersetzung um die Immissionen der Brikettfabrik, die wenig später in einem jahrelangen Rechtsstreit mündete. Zwar gab es zahllose Interessenten, die die Grube entweder pachten oder sogar zu hohen Preisen erwerben wollten, aber Rentmeister Kerp teilte schließlich den Interessenten mit, dass weder ein Verkauf noch eine Verpachtung der Grube geplant seien. 1909 und 1910 ließ Clemens Maximilian im großen Umfang Probebohrungen im nördlichen Grubenfeld durchführen, die sehr erfolgversprechend waren. Außerdem stellte er eine „Arbeitsordnung des Braunkohlenbergwerks Röttgen zu Horrem"[165] auf. Die Arbeiter hatten danach jede ihnen zugewiesene Arbeit anzunehmen und keinen Anspruch auf spezielle Tätigkeiten. Die tägliche Arbeitszeit lag bei 12 Stunden, die im Schichtbetrieb jeweils von 6.00 bis 18.00 bzw. von 18.00 bis 6.00 Uhr gearbeitet wurden. Darin enthalten waren drei Pausen von insgesamt zwei Stunden Dauer. Unter Dampf stehende Geräte durften nie verlassen werden, um Gefahren auszuschließen. Überstunden konnten bei drohender Gefahr für die Sicherheit angeordnet werden, auch bestimmte Arbeiten an Sonn- und Feiertagen.

1913 verkaufte Graf Clemens Maximilian die Grube Röttgen an die 1908 gegründete „Rheinische Actiengesellschaft für Braunkohlenbergbau und Brikettfabrikation" in Köln, die 1959 in der Rheinbraun AG aufging, heute RWE Rheinbraun AG. Die Zahlung der Kaufsumme zog sich bis 1917 hin. Die Gründe für den plötzlichen Verkauf des Betriebs werden aus den vorhandenen Unterlagen nicht ganz deutlich, da die Grube offensichtlich gesund war und genug Profit abwarf.

Merkwürdig bleibt, dass der Verkauf überhaupt stattfinden konnte, da zu dieser Zeit noch das Familien-Fideikommiss bestand und die Grube Röttgen laut Stiftungsurkunde von 1840 zu den unveräußerlichen Besitzungen des Fideikommisses gehörte.

Nach dem Verkauf begann ein Prozess mit der Horremer Brikettfabrik, der sich bis 1924 hinzog und dann durch einen Vergleich beendet wurde. In der Auseinandersetzung ging es um unzumutbare Umweltfolgen wie Staub- und Brandbelästigungen durch die Fabrik. Letzten Endes wurde der Betrieb jedoch nicht verpflichtet, seine Umweltpoliitk zu ändern und die Immissionen zu verringern. Vielmehr musste die Brikettfabrik die nächsten 20 Jahre jährlich 600 Zentner Kohlen an die Familie Trips liefern – unentgeltlich! Dafür kann man offensichtlich Staub schlucken.

OBEN: *Luftaufnahme des Horremer Bahnhofes, links ist die Brikettfabrik, rechts die Quarzsandgrube zu sehen. Oben rechts ist der umgesiedelte Ort Neu-Bottenbroich erkennbar.*

UNTEN: *Die Horremer Brikettfabrik wurde 1886 von der „Belgisch-Rheinischen-Actiengesellschaft für Braunkohlenbrikets" gegründet.*

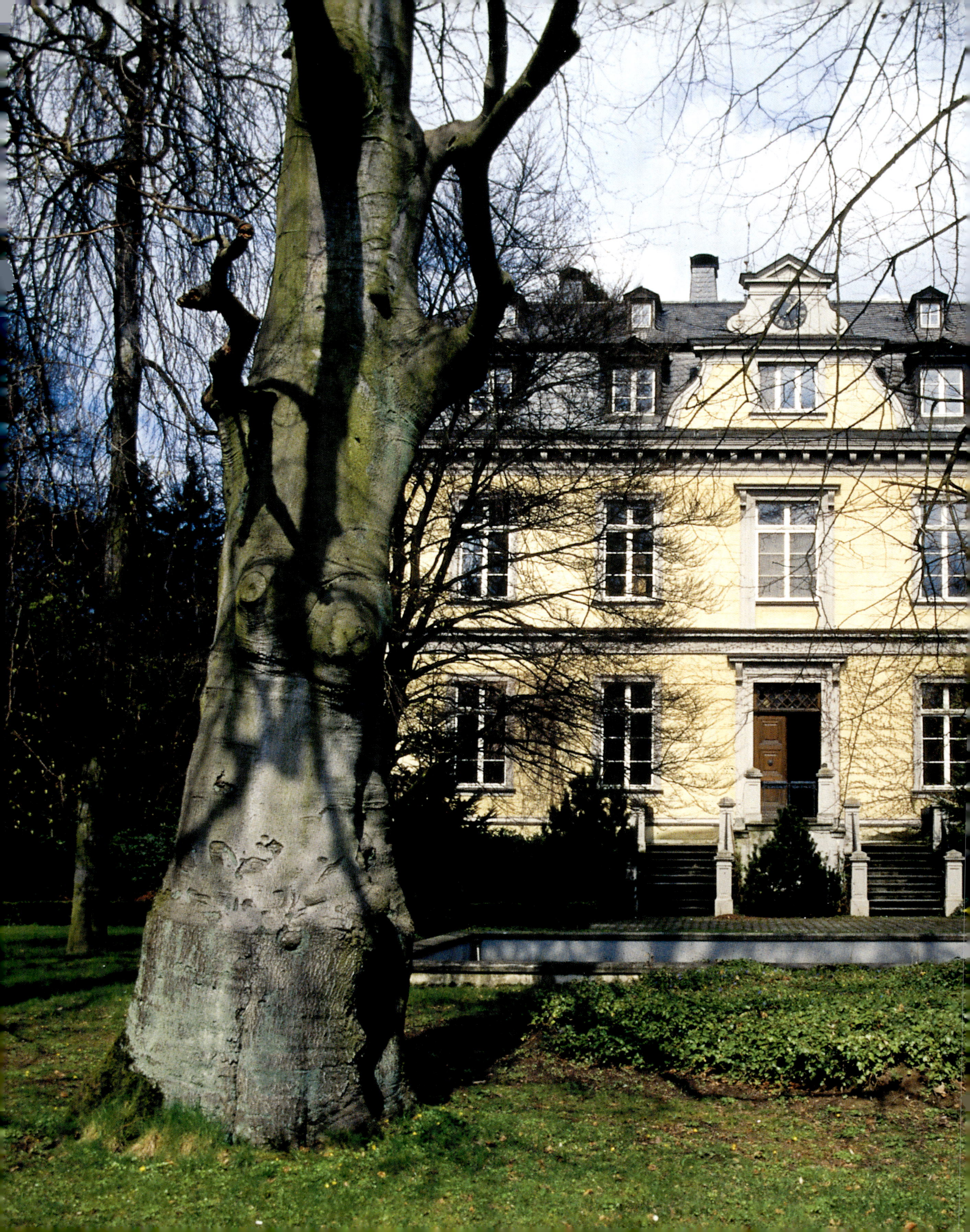

DER ADELSSITZ WIRD BÜRGERLICH

DER ADELSSITZ WIRD BÜRGERLICH
FUNKTIONSVERLUST UND NEUBEGINN

VORHERIGE DOPPELSEITE:
Das Schlossgebäude im Jahr 2001.
DANEBEN: *Verbliebene Möbelstücke, nachdem Gräfin Thessa das Schloss als Wohnsitz aufgegeben hatte.*

RECHTS: *Ein Kamin in den Wohnräumen der Burg Mitte der 1980er Jahre.*

Die Burg im Umbruch

Monza, 10. September 1961: Wolfgang Alexander Reichsgraf Berghe von Trips fehlen zum Gewinn der Formel 1-Weltmeisterschaft nur noch wenige Punkte. Aber nach einer Kollision mit Jim Clark überschlägt sich sein Ferrari, er stürzt aus dem Wagen und ist auf der Stelle tot. Mit ihm sterben 14 Zuschauer.

Mit dem Tode des letzten Stammhalters der Familie änderte sich die Situation für Burg Hemmersbach grundlegend. Graf Eduard, Wolfgangs Vater, starb zehn Jahre nach seinem Sohn am 12. März 1971, seine Gattin folgte ihm am 29. Juni 1978. Schon zuvor hatte sie die Burg als Wohnsitz aufgegeben und sich eine kleinere, südlich gelegene Villa auf dem Gelände errichten lassen. So lag die Burg mehr oder minder vernachlässigt da, weil die Zukunftsperspektiven fehlten.

Die Zäsur war deutlich. Führt man sich den Herrensitz noch einmal in seinem Zustand während des 19.

GANZ OBEN: *Noch 1983 präsentierte sich der Innenhof mit romantischem Grün auf den Vorburgfassaden.* **OBEN:** *Hinterbliebenes Mobiliar – Ende der 1970er Jahre wurde der ehemalige Speise- und Festsaal als Lagerraum für Mobiliar und andere Inventargegenstände des Familienbesitzes genutzt.*

Jahrhunderts vor Augen, diente er damals wie eine Kleinsiedlung als belebter Wohnsitz der Herrschaft – mit zahlreichen Familienangehörigen, mit umfangreichem Personal für die Bedürfnisse der Familie, der Ausbildung der Kinder und der Repräsentation. Daneben gab es einen Verwalter, den Rentmeister mit seiner Familie, den Jagdaufseher, Kutscher, Tierpfleger für die Pferde und anderen Tiere des Gutshofes und schließlich Knechte und Mägde für den land-, vieh- und forstwirtschaftlichen Bereich. Mit dem Aussterben der Hemmersbacher Linie Berghe von Trips hatte die alte Burg jedoch ihre historische Funktion verloren.

Errichtung der „Gräflich Berghe von Trips'schen Sportstiftung zu Hemmersbach"

Thessa und Eduard Berghe von Trips haben den Tod ihres einzigen Sohnes nie verwunden. 1970 schlossen sie einen Erbvertrag, in dem ihre Absicht zur Gründung einer Sportstiftung fixiert wurde. Erst nach dem Tod von Graf Eduard erteilte der Innenminister des Landes Nordrhein-Westfalen am 10. Oktober 1975 die erforderliche Stiftungsgenehmigung.

In der Satzung der Stiftung, die den Namen „Gräflich Berghe von Trips'sche Sportstiftung zu Burg Hemmersbach" führt, heißt es u.a.: „Im Gedenken an den im sportlichen Wettstreit so tragisch ums Leben gekommenen Sohn des gräflichen Stifterpaares, des Reichsgrafen Wolfgang Berghe von Trips, und im Hinblick auf das stete Interesse der Stifter am Sport im allgemeinen und an den Problemen mittelloser und bedürftiger Sportler im besonderen, verfolgt die Stiftung den Zweck, den Sport und die Sportidee zu fördern und zu unterstützen nach Maßgabe der zur Verfügung stehenden Mittel ..."

Als weiterer Stiftungszweck wurde ausdrücklich die Pflege des Namens der Familie und deren Tradition durch geeignete Maßnahmen und Hinweise festgelegt, insbesondere aber dadurch, dass „hochherziges Denken, Toleranz, soziale Gerechtigkeit und besonnene Entscheidungen Maxime jeglichen Handelns sind."

GANZ OBEN:
1961 wurde Wolfgang von Trips posthum zum Sportler des Jahres gewählt. Beim Festakt nahmen seine Eltern Thessa und Eduard die Nadel mit der entsprechenden Widmung in Empfang.

OBEN LINKS UND RECHTS:
Treppenhausansichten im Burghaus vor und nach der Renovierung in den 1980er Jahren.

LINKS:
Blick in den Eingangsbereich des Burghauses.

OBEN: Rennfahrer Wolfgang von Trips – mit seinem Tod 1961 erlosch die Hemmersbacher Linie der Familie Berghe von Trips.

LINKS: Graf Wolfgang in dem Ferrari mit der berühmten „shark nose" – das gleiche Modell, in dem er 1961 verunglückte.

Wie geht es weiter?

Als 1978 Gräfin Thessa starb, erlosch damit ihr Nießbrauchrecht an den Vermögenswerten der Stiftung. Die Abwicklung der Erbschaftsangelegenheiten sowie die Etablierung der „Gräflich Berghe von Trips'schen Sportstiftung zu Burg Hemmersbach" verlängerten jedoch auch weiterhin den Leerstand der Burg.

Viele Räume waren inzwischen nicht mehr zu benutzen, Tapeten lösten sich von den Wänden, Feuchtigkeit drang ein, Parkettböden faulten und verwarfen sich, Fundamente, Fassaden, Dächer und Gärten warfen Probleme auf.

Aufgrund der schlechten Bausubstanz von Burg Hemmersbach gelang es leider nicht, den alten Familiensitz für die Verwirklichung des Stiftungsziels herzurichten. Kostenschätzungen für eine angemessene Gesamtsanierung der Bauten und Anlagen machten zu Beginn der achtziger Jahre bald klar, dass die finanziellen Grundlagen der Stiftung nicht ausreichen würden, diese gewaltige Aufgabe zu bewältigen.

Als Alternative wurde überlegt, den Ostflügel in der Vorburg für die Stiftung nutzbar zu machen. Da dies allerdings keine Perspektive für eine Rettung und Nutzung der Gesamtanlage bot, wurde der Gedanke wieder fallen gelassen. Schließlich sah sich die Stiftung 1984 gezwungen, die Burg zu verkaufen.

Erste Verkaufsverhandlungen mit Interessenten scheiterten jedoch unter anderem daran, dass dabei die Stiftungsziele nur unvollkommen hätten umgesetzt werden können.

RECHTS OBEN: *Blick von der Zufahrtsallee auf das Burgtor, vor der Umgestaltung in den 1980er Jahren.*
RECHTS UNTEN: *Die Fassade des Burghauses während der Sanierung ab 1985.*
UNTEN: *Decken- und Wandschäden, die im Zuge der Sanierung im Speisesaal entdeckt wurden.*
UNTEN RECHTS: *Blick aus dem großen Salon in den Flur.*

Ein bürgerlicher Wohnsitz als Lichtblick

Schließlich erwarb der Bauunternehmer Herbert Hillebrand Ende 1984 das gesamte Burganwesen mit Park und sanierte die Anlage im Sinne seiner Interessen und Zwecke. Mit den Instandsetzungen der Burg erfüllte er jedoch zugleich auch ein Ziel der Stiftung, die selbst in ein naheliegendes, neu errichtetes Gebäude umzog und dort ein kleines Museum und ein Tagungszentrum zum Thema Sport einrichtete.

Das Nutzungskonzept des neuen Besitzers sah eine strikte Trennung in zwei Funktionsbereiche vor: Das Burghaus sollte als Wohnhaus und Repräsentationssitz dienen. Wichtige Bedingung war jedoch die völlige Loslösung von den Nutzungen der Vorburg. Aus diesem Grunde wurde um die Nordseite der Burg eine neue Straße mitten durch den Parkwald auf die Westseite und von dort über einen in den Burggraben geschütteten Damm in den Innenhof geleitet. Die historische Zufahrt über den Torturm der Vorburg blieb dagegen für Fahrzeuge geschlossen und wurde größtenteils zugepflanzt. Unmittelbar hinter dem Tor errichtete man eine hohe Mauer, lediglich für Fußgänger war ein Zugang zu dem südlichen Wirtschaftsflügel möglich. In die Vorburgflügel zogen Verwaltungsbüros der Hillebrandschen Unternehmen ein. Daneben wurden Wohnungen für einzelne Mitarbeiter, Garagen und Stallungen eingefügt. Sämtliche Fenster- und Türöffnungen der Vorburgflügel, die nicht privat durch den Eigentümer genutzt wurden, schloss man zum Innenhof und vergitterte sie. Durch eine Fußgängerbrücke erhielt der Südflügel dazu eine Verbindung über den Burggraben nach außen, die ältere Nebenbrücke des Ostflügels erschloss die dortigen Räume nach außen. Im ehemaligen großen Gemüsegarten, östlich außerhalb der

LINKS: *Nach Abschluss der Sanierungsarbeiten ließ Herbert Hillebrand ein Modell der Burganlage anfertigen. 1999 schenkte er es der Trips-Stiftung, die es heute in den Räumen des Museum zeigt.*

LINKS: *Der Fest- und Speisesaal ist nach den Umbauten in seiner Funktion erhalten geblieben. Auch die alte Täfelung und die Anrichtvitrine wurden übernommen.*

LINKS: *Ab 1986 wurde der Nordost-Turm als Kapelle genutzt.*
GANZ LINKS: *Im Park wurde Mitte der 1980er Jahre diese historisierende Andachtsstätte errichtet.*

RECHTS: *Unter dem neuen Besitzer änderte sich die historische Nutzung der Vorburg – es wurden Wände und Zwischendecken eingezogen sowie weitere Treppen gebaut, um Räumlichkeiten zu schaffen, die als Büros und Wohnungen genutzt werden konnten.*

RECHTS: *Pferdestallungen mit gemauerten Gewölben in der Vorburg.*

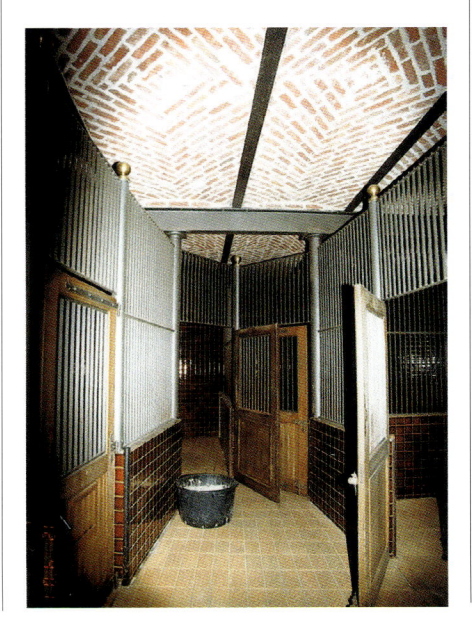

Burg, entstand ein ausgedehnter Parkplatz und ein monumentaler historisierender Torbau aus Werksteinquadern. Der nähere Parkbereich um das Burghaus veränderte sein Gesicht, Gartenhäuschen, eine Andachtstätte, eine Tennishalle und ein Tennisplatz wurden errichtet. Die Villa der Gräfin Thessa erhielt eine stattliche Vergrößerung durch ein weiteres Obergeschoss und nach außen wurde das Areal durch ein Pförtnerhäuschen, Tore und Zäune abgesichert. Die beiden frühbarocken Türme auf dem nördlichen Grabendamm wurden zu einer Kapelle und einer Wohnung ausgebaut.

OBEN: *Die Räume im Erdgeschoss des Herrenhauses blieben in ihrer Aufteilung und Funktion erhalten. Hier der kleine Salon mit Eckkamin (links) und ein Turmzimmer mit Täfelung und Dielenfußboden (rechts) im Jahr 2001.*

Die Vorburg erhielt kleinteilige Grundrisslösungen; Treppen wurden gebaut und einzelne Geschossdecken aus Beton eingezogen. Die Preußischen Kappendecken des Südflügels blieben erhalten, ebenso ihre stützenden Gusssäulen. Ein südlicher Teil der Hoffassade des Westflügels bekam eine neue Ziegelverblendung vor dem barocken Mauerwerk.

Eine Fortsetzung der traditionellen Vorburgnutzung entstand durch die Einrichtung moderner Pferdeställe im Westflügel und eine große gefliese Garage im westlichen Südflügel. Auch ein gemauerter Hundezwinger im Hof erinnerte an eine frühere Situation. Ansonsten gingen ältere Strukturen des Inneren verloren, so auch eine spätbarocke Holztreppe im Ostflügel, unmittelbar neben dem Torturm.

Das Burghaus blieb weiterhin als „Einfamilienhaus" in Betrieb. An der äußeren Freitreppe wurden die originalen Eisengitter abmontiert und gegen schlechte Kopien ausgetauscht.

Einzelne Türen wurden geschlossen, ebenso die Wartungsöffnungen der Zimmerheizungen im Flur. Erhalten blieben dagegen im Rittersaal der Prachtkamin und die große Wandvitrine.

Die Obergeschossdecken waren durch Hausschwamm stark geschädigt und mussten in Teilbereichen erneuert werden. Ansonsten wurden das erste Stockwerk und die beiden Dachgeschosse in zahlreiche Appartements für die einzelnen Familienmitglieder und das Personal eingeteilt und ausgebaut.

LINKS: *Das Schwimmbad, das unter Herbert Hillebrand im Keller der Hauptburg eingebaut wurde.*

OBEN: *Sanitäreinrichtungen im Wandel der Zeiten. 1916 erwarben Graf Clemens Maximilian und seine Frau Eugenie den abgebildeten Marmor-Waschtisch (rechts), in den 1980er Jahren ließen die neuen Besitzer in der Belle-Etage ein Marmorbad errichten (links).*

Die Blumenvasen der Treppenpfeiler wechselte man gegen einfache Abschrägungen aus. Zur Nordseite entstand eine größere, in den Graben vorgeschobene Terrasse.

Die Kellerräume erhielten an Wänden und Gewölben einen neuen Verputz bzw. komplette Fliesenüberzüge. Im Nordkeller entstand eine kleine Schwimmhalle. Ein Fahrstuhl unter dem vormaligen Dienstbotenbereich verband den Keller mit den oberen Wohngeschossen.

Der repräsentative Wohnbereich im Erdgeschoss behielt seine frühere Funktion und Raumaufteilung bei, allerdings wurde das Zwischengeschoss im Personalbereich der Küchenzone entfernt. Verloren gingen einige historische Details der festen Raumausstattung – so verschwanden bei der Erneuerung der Fenster die gegossenen Messinggriffe mit dem Wappen der Familie Trips, Kaminverkleidungen ersetzte man durch aufwändigere Marmorkamine in Zweitverwendung.

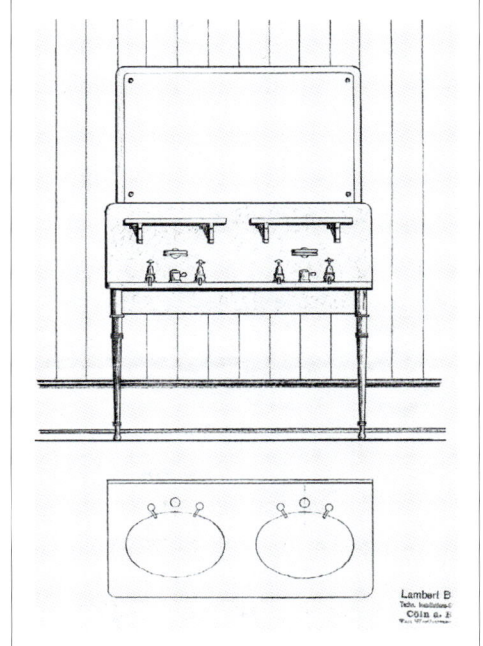

Obwohl die Gesamtanlage durch die strikte Nutzungstrennung und die Aufhebung der traditionellen Hauptzufahrt Einbußen erlitt, blieb sie insgesamt jedoch erhalten. Viele Einzelheiten des modernen Ausbaus sind reversibel eingefügt, andere Veränderungen und Substanzverluste unter dem Gesichtspunkt der Denkmalpflege hingegen als „schmerzhaft und nicht immer notwendig" zu bezeichnen. Doch wesentlich war, dass der lange Leerstand der Burg mit der neuen Ära Hillebrand zu Ende ging und Burg Hemmersbach damit eine Überlebenshilfe geboten wurde.

RECHTS: *In der „Werkstatt" des Museums werden unter anderem zwei Rennwagen ausgestellt: Rechts neben dem De Tomaso, einem Formel-Junior-Rennwagen, ist einer der wenigen noch existierenden so genannten TCA's zu sehen, die Trips zusammen mit Colotti und Audi entwickelt hatte.*

RECHTS: *Das Arbeitszimmer von Graf Wolfgang mit seinem Schreibtisch und dem zum Stuhl umfunktionierten Sattel, das in den Museumsräumen der „Villa Trips" wieder aufgebaut wurde. Im Hintergrund sieht man zahlreiche Preise und Pokale, die er bei seinen nationalen und internationalen Rennen gewonnen hat.*

RECHTS: *Blick in das im Mai 2000 eröffnete Museum für Rennsportgeschichte in der „Villa Trips".*
GANZ RECHTS: *Gemälde auf der Mauer des alten Stiftungsgebäudes. Es wurde 1993 von Jürgen Sieger und Wilhelm Valder gemalt und zeigt eine Boxenszenen während des Rennens in Le Mans 1958 – Trips hat gerade den Ferrari TR 250 von seinem Co-Piloten übernommen.*

Der Stiftung war es gelungen, ein Kommunikationszentrum zu errichten, in dem ihre weiteren Ziele realisiert werden konnten. Das neue Gebäude, etwa 800 m von der Burg entfernt, konnte am 13. Juni 1991 seiner Bestimmung übergeben werden. Zu diesem Zeitpunkt hatte der heutige Vorsitzende Reinold Louis sein Amt bereits von Paul Spielmanns übernommen, seine Stellvertreterin ist Gisela Trauschold. In den Museumsräumen des Gebäudes waren u.a. das Inventar aus dem Wohn- und Arbeitsraum des Renngrafen sowie zahlreiche Dokumente und Exponate zu sehen, die an das Leben und die Erfolge des letzten Berghe von Trips aus der Hemmersbacher Linie erinnern. Außerdem wurden Teile des erhaltenen familiären Kulturgutes wie Möbel, Porzellan, Ahnenporträts, Handschriften, Urkunden und Bücher präsentiert. Zahlreiche prominente und nicht prominente Besucherinnen und Besucher aus dem In- und Ausland haben diese Ausstellung besichtigt.

Zu den Aktivitäten der Stiftung gehörte in den 90er Jahren der Erwerb eines TCA Formel-Junior-Rennwagens, den Trips zusammen mit dem Autokonstrukteur Colotti entworfen hatte. Zum 65. Geburtstag von Graf Wolfgang errichtete die Stiftung 1993 an exponierter Stelle auf dem Nürburgring eine Bronze-Statue. Ein Abguss davon steht am Stiftungsgebäude. 1996 wurde in London der Chris Rea-Film „La Passione" uraufgeführt, in dem zahlreiche historische Film-Sequenzen, zum Teil von Wolfgang von Trips selbst gedreht, aus dem Archiv der Stiftung zu sehen sind.

Neuer Leerstand der Burg

Der Bautypus „Burg" ist Geschichte geworden. So müssen sich immer mehr Burgen den Bürgern öffnen und als Museen ihrer selbst, als Kunsttempel, Verwaltungs- und Seminarbauten, Hotels und umgebaute Wohnanlagen neue Chancen für die Zukunft suchen. Unvorhergesehen in Hemmersbach war allerdings, dass die Anlage nach nur wenigen Jahren als Wohn- und Firmensitz der Familie Hillebrand wieder aufgegeben wurde. Erneut stand die Burg einige Jahre lang leer. Gleichwohl wurde alles Notwendige zu ihrer Unterhaltung getan.

Bei den Überlegungen über die Zukunft rückte die Einrichtung eines Altenheimes in den Vordergrund – allerdings zerschlug sich die Planung letztendlich.

Indessen nutzte die „Gräflich Berghe von Trips'sche Sportstiftung zu Burg Hemmersbach" ihre Chance, wieder in das engere Burgareal zurückzukehren, als ihr die ehemalige und zwischenzeitlich vergrößerte Villa der Gräfin Thessa vor der Südseite der Burg zum Kauf angeboten wurde. 1999 zog sie auf das Parkgelände vor der Burg.

Am 22. Mai 2000 wurde in der „Villa Trips" das neu gestaltete Museum für Rennsportgeschichte eröffnet, in dessen Mittelpunkt das sportliche Leben des Rennfahrergrafen Wolfgang von Trips steht. Zahllose Exponate aus dem Stiftungsbesitz vermitteln einen Einblick in die Entwicklung des Automobilrennsports, wobei den Interessierten z.B. eine einzigartige Bibliothek und Recherchemöglichkeiten in einer Datenbank zur Verfügung stehen, die Informationen über alle Formel 1-Rennen seit 1950 enthält. Eine Sonderausstellung informiert darüber hinaus über die Geschichte der Familie Berghe von Trips und ihren Stammsitz. Im 50 Personen fassenden Konferenzraum finden Diskussionsveranstaltungen, Seminare und Tagungen statt. Die technische Ausstattung ist auf dem neuesten Stand. Auf einer Großbildleinwand können Videos und Präsentationen gezeigt und Sportübertragungen verfolgt werden.

Mitten in einer unter Naturschutz stehenden Parklandschaft können die Besucher des Museums anschließend im Parkcafé die herrliche Natur genießen – ebenso wie die Aussicht auf die Burg Hemmersbach, die seit dem Jahr 2001 einen neuen Eigentümer hat.

OBEN: *Blick von oben auf die Burganlage inmitten ihres Parks, 2001.*

LINKS: *Mangelnde Pflege während des Leerstandes der Burg führte nicht nur im Park zu Wildwuchs.*

RECHTS: *Mit den von Kai Krause entwickelten Grafikprodukten kann man Darstellungen wie dieses 3-D-Fraktal umsetzen.*

RECHTS: *Burg Rheineck, die erste „Byteburg".*

Burg Hemmersbach wird zur „Byteburg"

Mit dem neuen Besitzer ändert sich auch das Nutzungskonzept der Burg – der ehemalige Adelssitz wird zu einer „Byteburg" umgewandelt.

„Byteburg" leitet sich von den Termini Bits und Bytes aus der Computerfachsprache ab und steht für die Idee, in einer historischen Burg ein Hochtechnologie-Zentrum für junge Start-up-Firmen zu eröffnen. Unter den bestmöglichen technischen Voraussetzungen sollen sich in einer kreativen, ruhigen Umgebung Ideen für zukünftige Produkte und Dienstleistungen entfalten können.

„Der Funke der Innovation, eine wirklich neue Idee, kann man nicht erzwingen oder erkaufen – es kann in einer Nanosekunde im Halbschlaf oder unter der Dusche passieren. Darum sollen in der Byteburg optimale Vorbedingungen und ein kreativer Nährboden geschaffen werden, um der Idee eine Chance zu geben. Hier soll in Ruhe entwickelt und nach Innovationen für die nächste Generation geforscht werden", so Dr. Kai Krause, der Initiator der Byteburg-Idee.

Zu Beginn des Jahres 2002 ziehen die ersten Teams in Burg Hemmersbach ein und beginnen im Umfeld von Kai Krause mit ihren Projekten. Das Team der Kölner msc Multimedia Support Center GmbH wird die Arbeit der Entwickler durch umfassende administrative sowie technische Beratung und intensives Coaching in betriebswirtschaftlichen Prozessen unterstützen.

Das Byteburg-Konzept hat das Ziel, den Technologietransfer in neue agile Start-ups zu beschleunigen und Produkte und Anwendungen zu entwickeln, die federführend in ihrer jeweiligen Disziplin sind. In Burg Hemmersbach werden junge Unternehmen bestgeeignete Bedingungen für den Auf- und Ausbau ihrer Firmen vorfinden und somit auch die Entwicklung des Medienstandortes Köln und der Wirtschaftsregion Nordrhein-Westfalen nachhaltig mit positiven Impulsen unterstützen.

Auf lange Sicht sollen weitere Byteburg-Projekte folgen, in denen sich Ausgründungen oder stark expansive Start-ups niederlassen. Dabei kann es sich ebenfalls um historische Gebäude wie Burg Hemmersbach handeln, im Kontrast dazu wäre jedoch auch hochmoderne Architektur denkbar. Zur weiteren Entwicklung des Projektes sind Partner aus der Industrie, aber auch enge Kooperationen mit Universitäten, Forschungs- und akademischen Instituten gewünscht und sollen auch bewusst forciert werden.

Kristallisationspunkt Kai Krause

Vor rund 25 Jahren veredelte der Essener Kai Krause in Kalifornien mit Soundeffekten und Synthesizerklängen mehrere Dutzend Platten und Filme. Nachdem diese erste Karriere 1982 in dem Werbe-Oscar „Clio" für den ersten Star Trek-Film gipfelte, konzentrierte er sich in seinen nächsten beiden Softwarefirmen auf Ge-

> ### Das alte Bestreben nach dem wirklich Neuen
> #### Visionen von Kai Krause
>
> Auf den ersten Blick scheint eine neue Idee vollkommen losgelöst von Dingen und Personen zu sein. Es passiert, wann es will und kann vielerlei Gestalt annehmen. Viele Gedanken entwickeln sich zufällig beim Zugfahren, beim Duschen oder im Halbschlaf. Sicherlich sind einige Ideen das Resultat von Schweiß und Geduld, von der Ausdauer, kleine Schritte auszubauen, zu hobeln und zu glätten und stetig das Ziel zu verfolgen. Doch es gibt keine logischen Schritte und Bausteine und auch kein Patentrezept für neue Entwicklungen.
>
> Manchmal ist es ein schlichter Zufall, gepaart mit wunderbarem Genie, der eine Idee vollkommen macht. Doch: „Es ist kein Glück dabei. Das Glück öffnet die Tür, zufällig und plötzlich. Aber du musst auch fertig angezogen auf dem Sprung sein, damit das Glück nicht gleich wieder zur Tür hinaus ist."
>
> Ein Gebäude mit historischer Bedeutung, einer Tiefe und Substanz, Ruhe und Frieden, umgeben von Freiraum und Natur, inspiriert bei jedem Schritt. Forschung in großen Gruppen und akademischen Institutionen eignet sich nicht wirklich für derartige Innovationen.
>
> Die Byteburg soll nichts Elitäres sein. Man kann nicht nur mit „Diplomgenialen" arbeiten. Aber es ist faszinierend, die Grenzgebiete des Wissens und der Wissenschaft zu erkunden und dort Spuren zu hinterlassen. Mit der Byteburg soll auch eine Fackel hochgehalten werden. „Hier sind wir – findet uns!" Hier sind die brillanten Köpfe versteckt. In den Teams sind Leute gefragt, denen man in die Augen schauen kann, Menschen mit Sinn für Humor, Neugier und Respekt.
>
> Die Byteburg bietet das Fundament für Plätze, an denen geniale Einfälle passieren können. Hier sind die Leute, die dazu beitragen können. Zeit ist dabei eine wichtige Komponente. In der Byteburg wird die Zeit gegeben.

LINKS: *Im Hintergrund ein so genanntes Fraktal aus Kai Krauses Werkstatt.*

schäftsgrafiken und technisch-wissenschaftliche Visualisierungen.

Mit seinem dritten Start-up wurde er zuerst bei Grafikern mit Kreativwerkzeugen wie „Kai´s PowerTools" und „Bryce" bekannt. Nach dem Börsengang von MetaTools an der Nasdaq 1995, verhalfen „Kai´s Power Goo" und „Kai´s Photo Soap" Millionen von Computernutzern zum Einstieg in die Bildverarbeitung und Webseitengestaltung. Als MetaCreations wuchs die Firma durch weitere Zukäufe („Painter", „Poser", „Raydream") auf weltweit über 300 Mitarbeiter an.

Die Produkte gewannen über Jahre hinweg Auszeichnungen der Presse und Fachkongresse. In Eröffnungsreden, Seminaren und Fernsehbeiträgen begeisterte Kai Krause mit seiner Softwaredesign-Philosophie, die auch dem breiten Publikum komplexe, mathematische Effekte erschloss und zu neuen kreativen Ansätzen verhalf.

Kai Krause hält Patente im Interface Design, bekam 1996 das Masters Degree in Image Processing von der Brooks Academy in Santa Barbara, 1998 die Davis Medaille von der Royal British Photographic Society und den Doktor der Philosophie, honoris causae, von der Universität Essen. „Times" und „Newsweek" nannten ihn einen der einflussreichsten Denker der nächsten Dekade. Jetzt arbeitet Krause wieder verstärkt in Deutschland. Hier ist er in der mittelalterlichen Burg Rheineck zu Hause, die gewissermaßen die Keimzelle des Byteburg-Konzeptes darstellt.

Die Umsetzung der Idee

An der Entwicklung des Byteburg-Konzeptes arbeiten Krause und die Kölner msc Multimedia Support Center GmbH bereits seit 1999 gemeinsam – eine Partnerschaft, die sich sinnvoll ergänzt: Während Dr. Krause die Teams begleiten und die Entwicklung neuer Produktideen forcieren wird, nimmt das msc, das mit der „mediaplaza cologne" einen der ersten und mittlerweile größten Business Incubator in Deutschland aufgebaut hat, zahlreiche beratende Aufgaben wahr. Es wird die jungen Firmen bei allen Fragen des Unternehmensaufbaus, bei der Erstellung von Geschäfts- und Kapitalisierungsplänen begleiten und sie im nächsten Schritt mit Investoren zusammen bringen. Darüber hinaus profitieren die Start-ups in den einzelnen Stufen der Firmenentwicklung vom nationalen wie internationalen Netzwerk des Multimedia Support Centers. Das Management des Incubators auf Burg Hemmersbach erfolgt durch die Byteburg-Betreibergesellschaft, ein Tochterunternehmen des msc.

Bei der Zusammenarbeit von Dr. Krause und dem msc galt es zunächst, ein geeignetes historisches Gebäude zu finden. Nachdem zahlreiche Objekte besichtigt worden waren, fiel die Wahl schließlich auf Burg Hemmersbach, da hier zahlreiche wichtige Kriterien erfüllt wurden: Die Burg befand sich trotz langem Leerstand in einem guten Zustand; der Ort verfügt über eine gute Anbindung an die Verkehrsachsen zwischen Köln, Düsseldorf, Aachen und Brüssel; gleichzeitig ist das Anwesen absolut ruhig und im Grünen gelegen.

OBEN UND UNTEN:
Burg Hemmersbach im Dornröschenschlaf. Nach jahrelangem Leerstand waren die Mauern zu Beginn des Jahres 2001 überall mit Efeu und anderen Kletterpflanzen zugewachsen.

Räumliche Anforderungen

In der ersten Ausbaustufe ist die Einrichtung von flexiblen Arbeits- und Konferenzräumen für ca. 150 Personen vorgesehen – etwa 30 Unternehmen werden sich in der Byteburg niederlassen. Neben typischen büroorientierten Arbeitsumgebungen für Unternehmen in den TIMES-Märkten (Telekommunikation, Informationstechnik, Multimedia, Entertainment und Security) werden auch kleine Labors für die Erstellung von elektronischen, optischen und mechanischen Prototypen benötigt sowie Studios zur Erprobung und Präsentation von Multimedia-Szenarien.

Die Hauptburg wird in ihren unteren Etagen als repräsentative Stätte für Konferenzen genutzt werden, in den oberen Geschossen sollen kleinere Büroeinheiten entstehen. Weitere große und kleine Bürokomplexe kommen in der Vorburg unter, neben Labors und Gemeinschaftsräumen. Die Reit- und Tennishalle kann vorübergehend für Veranstaltungen und als Studio genutzt werden, bis sich geeignetere Anlagen realisieren lassen. Generell soll die Nutzung flexibel gehandhabt und den Forderungen des Baurechts und des Denkmalschutzes angepasst werden.

Die architektonische Aufgabenstellung: High-Tech in einer historischen Wasserburg

Der heutige Eigner der Burg und das msc nahmen Kontakt mit dem Kölner Architekten Hanspeter Kottmair auf. Die Aufgabe an das Team des Architekten war vielschichtig und in intensiver Zusammenarbeit wurde eine Konzeption erarbeitet, die sich mit dem Standort Horrem, mit der Burg und ihrem Umfeld, aber vor allen Dingen auch mit den Vorstellungen und Wünschen von innovativen Unternehmen planerisch auseinandersetzt.

Um die nötigen Rahmenbedingungen für einen langfristigen Erfolg des Byteburg-Konzepts zu schaffen, befassten sich die Architekten zunächst mit dem Umfeld der Burg und entwickelten ein städtebauliches Konzept, das die zukünftig entstehenden Bedürfnisse an Infrastruktur und Raumordnung berücksichtigen und den wirtschaftlichen Aufschwung der gesamten Region unterstützen sollte. Es folgte eine lange Phase, in der von der untersten Verwaltungsbehörde bis hin zum Ministerpräsidenten von Nordrhein-Westfalen zahlreiche Politiker und Behörden ausführlich informiert und über das Projekt unterrichtet wurden. Immer wieder stieß das Konzept auf Einwände, Zuständigkeitsverwirrung und rechtliche Hindernisse. Gemeinsam wurde schließlich ein tragfähiger Konsens gefunden.

Zeitgleich zu dem städtebaulichen Konzept beschäftigten sich die Architekten mit der Burganlage selbst. Bei den ersten Begehungen ließ sich die gute Bausubstanz erkennen, es zeigten sich aber auch kleine Bau- und Geschmackssünden, die dem Anspruch an die künftige Nutzung nicht entsprachen. Darüber hinaus hatte der langjährige Leerstand einige Schäden verursacht. Die ehemals gepflegte Gartenbepflanzung hatte sich im Laufe der Zeit sämtlicher Gebäudeteile bemächtigt und das ungezügelt wuchernde Efeu hielt alles im festen Würgegriff. Burg Hemmersbach lag im Dornröschenschlaf.

Ein erstes Konzept für das Herrenhaus

Die Hauptburg war wie schon seit Generationen auch von den vorherigen Besitzern als Wohnsitz genutzt worden. Die beiden Dachgeschosse sowie Teile des ersten Stockwerks hatte man in kleine, aus Wohnraum, Schlafzimmer und Bad bestehende Appartements unterteilt, die weiteren Räume sind in ihrer Form und Nutzung allerdings kaum verändert worden. Lediglich im Keller war eine Bade- und Saunalandschaft entstanden. Die Grundstruktur des Gebäudes wird durch das zentrale Haupttreppenhaus, ein zweites kleines Treppenhaus und einen großzügigen Flur, der auf jeder Etage alle Räume erschließt, bestimmt. Dieser Umstand ist für eine Büronutzung des Herrenhauses sehr vorteilhaft.

Das Konzept sieht vor, zunächst alle nachträglich eingebauten Bäder und zusätzlich eingefügten Trennwände wieder zu entfernen, um auf diese Weise die ursprünglichen großzügigen und gleichwertigen Räume wieder herzustellen. Durch die separate Zugänglichkeit aller Zimmer lassen sich diese äußerst variabel zu größeren und kleineren Büroeinheiten zusammenfassen. Mit einer Weiterführung des Haupttreppenhauses bis in das oberste Dachgeschoss soll die dort vorhandene Fläche ebenfalls nutzbar gemacht werden. Sie wird von einem achsial angeordneten Flur in zwei großzügige Bereiche unterteilt. Die für Büroabläufe störenden Funktionsräume wie zum Beispiel das ehemalige großzügige Elternbadezimmer im ersten Obergeschoss oder die zentrale Großküche im Erdgeschoss werden ausgebaut. Statt dessen ist die Einrichtung eines kompakten Sanitärbereichs mit Teeküche, Damen- und Herren-Toiletten sowie anderen Nebennutzungsmöglichkeiten auf jeder Etage vorgesehen. Das Kellergeschoss soll in seinem derzeitigen Zustand belassen werden und für Freizeitaktivitäten zur Verfügung stehen.

Ein erstes Konzept für die Vorburg

Die Vorburg diente als Firmensitz der Familie Hillebrand, wobei einige Flächen auch fremdvermietet wurden. Die wenig homogenen Raumstrukturen ließen in Teilbereichen des Gebäudes Wohnungsgrundrisse erkennen. Auch im Südwest-Turm war eine separate Wohnung untergebracht. Die geräumige Garage sowie eine große und komfortable Stallanlage befanden sich ebenerdig im Südwest-Trakt. Der unmittelbare Zugang von der Parkstraße durch das Torhaus in den Burghof war zum Schutz der Privatsphäre der Familie durch eine Mauer zwischen dem Ost- und dem Südflügel unterbunden.

Obwohl die Vorburg bereits als Büro genutzt worden war, erwiesen sich die schlecht zugänglichen, kleinteiligen Räumlichkeiten als wenig funktionabel für die Bedürfnisse der Byteburg-Betreiber. Die Architekten schlugen daher eine umfassende Entkernung der drei Gebäudeflügel vor. Prinzipiell sollten sämtliche Wände bis auf die tragenden Wandscheiben der Treppenhäuser und einige Gebäudetrennwände entfernt werden. Das zweite Treppenhaus des Westflügels sollte sogar ganz entfallen, um zu beiden Seiten des Eckturms in allen drei Geschossen jeweils eine großzügige, zusammenhängende Fläche schaffen zu können. Mit dem Abbruch der Sichtschutzwand im Eingang soll der freie Zugang zum Burghof wieder möglich gemacht werden. Für das Erdgeschoss der dem Torhaus zugewandten Seite des Südflügels wurde ein großes, offenes Empfangsfoyer geplant, Garage und Ställe sollten zu einem allgemeinen Aufenthaltsbereich mit Gastronomie umgebaut werden. Alle weiteren Flächen des Erd-, Ober- und Dachgeschosses würden für die Nutzung als Büros zur Verfügung stehen.

Eine starke, gliedernde Funktion wird den vier verbleibenden Treppenhäusern zufallen, die jeweils auf allen Etagen von einem Foyer umgeben oder flankiert werden sollen. Geplant ist, dass diese Foyers einen kubischen, als Möbelstück eingestellten Versorgungsblock aufnehmen, der je nach seiner Größe die Toilettenanlagen, eine Teeküche sowie weitere Räume für Nebennutzungen beinhaltet. Jede der neu geschaffenen, großflächigen Büroeinheiten soll mit einem Ende, die größeren auch an beiden Seiten, an ein solches Foyer mit Versorgungs- und Erschließungseinheit angrenzen. Zu einer möglicher Weise gewünschten Unterteilung der Großräume in Einzelbüros empfahlen die Architekten leichte, transparente Glaswände, die den Gesamteindruck des Raumes nicht stören und zu keinen weiteren Belichtungseinbußen führen. Reizvolle räumliche Besonderheiten stellen das Büro über dem Haupttor, die Meditationsräume des Eckturms und eine freistehende Empore im Dach des Südflügels dar.

Die Planungsphase

Bei allen auch folgenden Planungsschritten spielten die Faktoren Denkmalschutz, Zeit und Geld eine besondere Rolle. Das Ziel, die Byteburg zur Jahreswende 2001/2002 zu eröffnen, stellte eine besondere Herausforderung an die Umsetzung der Pläne.

Sehr günstig für die Umgestaltung der Burg war der Umstand, dass das Rheinische Amt für Denkmalpflege erfüllbare Anforderungen stellte, die die Planungsmöglichkeiten nicht nachhaltig einschränkten. Im Herrenhaus unbedingt erhalten bleiben mussten die Fassaden, die Dachflächen, die Holztreppen, die gesamte historische Bausubstanz (Holzbalken-

OBEN: *Um großflächigere Büroeinheiten in der Vorburg schaffen zu können, wurden unter anderem die Trennwände, die in der Ära Hillebrand im Dachgeschoss der Vorburg eingezogen worden waren, bei den Umbauarbeiten wieder entfernt.*

OBEN: *Eine der zahlreichen Deckenrosetten, die in unterschiedlichen Ausformungen im gesamten Herrenhaus zu finden sind.*

RECHTS UND UNTEN: *Das Parkett im Herrenhaus steht ebenso unter Denkmalschutz wie beispielsweise das hölzerne Nebentreppenhaus von 1899.*

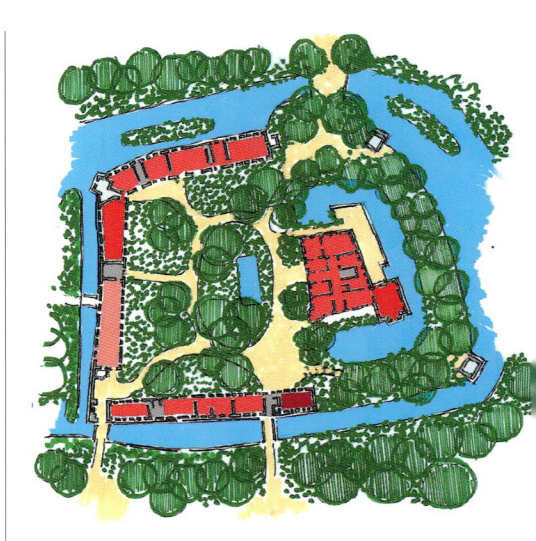

OBEN: *Blick auf die verschieferten Dachgauben des Burghauses, 2001.*

OBEN: *Das von dem Architekturbüro Kottmair erstellte Nutzungskonzept für die Byteburg. Der Empfangsbereich ist hellrot markiert, die Büroflächen der Vorburg rot, die Gastronomie dunkelrot. Das Erdgeschoss des Herrenhauses dient als Konferenzbereich.*

decken, Stuckputz), Holzdielen und Parkett, Natursteinbodenbelag im Erdgeschoss, Holzvertäfelung der Wände etc.) sowie die Uhr im Dach. Alle Eingriffe und Veränderungen, die unter dem Vorbesitzer entstanden sind, durften dagegen rückgängig gemacht werden. Nachträglich vermauerte Türdurchbrüche sollten, soweit möglich, in Anlehnung an das ursprünglich geplante Erscheinungsbild des Hauses wieder geöffnet werden.

Da die Vorburg von dem Vorbesitzer grundlegend erneuert worden war, gab es unter dem Aspekt der Denkmalpflege hier wenig Schützenswertes. Wesentlich war die Erhaltung der alten Substanz und des optischen Erscheinungsbildes der dreiflügeligen Anlage. Fenster, Türen und einige Dachgauben konnten neu eingefügt oder verschoben werden, wenn sie proportional dem Bestand entsprechen und sich harmonisch in das Gesamtbild einfügen. Zusätzliche Glasanbauten oder Glasvordächer über den Hauptzugängen wurden allerdings nicht gestattet.

Statik und Brandschutz

Nach den ausführlichen Berechnungen des Statikers und einer anschließenden Kalkulation durch den Generalunternehmer erwies sich die geplante Entkernung der Vorburg als zu kostenintensiv für den Bauherrn. Der daraufhin angestrebte Erhalt möglichst aller tragenden Wände, der Decke im Südflügel sowie des fünften Treppenhauses und der Wohnung im Eckturm führten zu einer kompletten Überarbeitung des ersten Entwurfs für die Vorburg.

Auch die tragende Holzkonstruktion des Herrenhausdaches sollte erhalten bleiben, wodurch eine Umplanung des dritten Obergeschosses auf der Grundlage der statischen Gegebenheiten erforderlich wurde. Ein lange Zeit kontrovers diskutiertes Thema war die Erweiterung des Haupttreppenhauses bis ins Dachgeschoss. Die Überlegungen erstreckten sich von einem gänzlichen Verzicht auf die Treppe (und damit auch auf die Nutzung des Dachraumes) über eine Fortführung der Treppe an anderer Stelle im Gebäude bis hin zur ursprünglich geplanten Ergänzung des Bestandes. Am Ende fiel die Entscheidung dann zugunsten der direkten Fortführung der Originaltreppe.

Die Anforderungen des Brandschutzes betrafen viele kleine Detailpunkte und wirkten sich eher auf die Baukosten als auf eine Änderung des Entwurfs aus. Lediglich im Herrenhaus müssen im Souterrain ein Wanddurchbruch und eine neue zu schaffende Ausgangstür den Fluchtweg aus dem Haupttreppenhaus direkt ins Freie eröffnen.

Anforderungen des Betreibers

Zu einem sehr frühen Zeitpunkt der Planung äußerte das msc als Betreiber der Byteburg den Wunsch nach kleinteiligeren Bürostrukturen, als es im Konzept für die Vorburg bis-

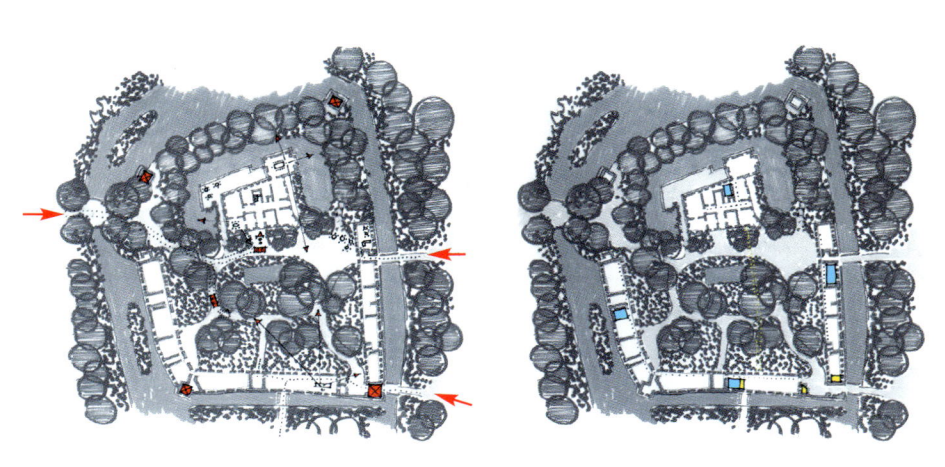

OBEN: *links die fußläufigen Zugänge, Bewegungsrichtungen und Blickachsen; rechts die Versorgungseinrichtungen mit den Sanitärbereichen (blau) und den Server- und Kabelräumen (gelb).*

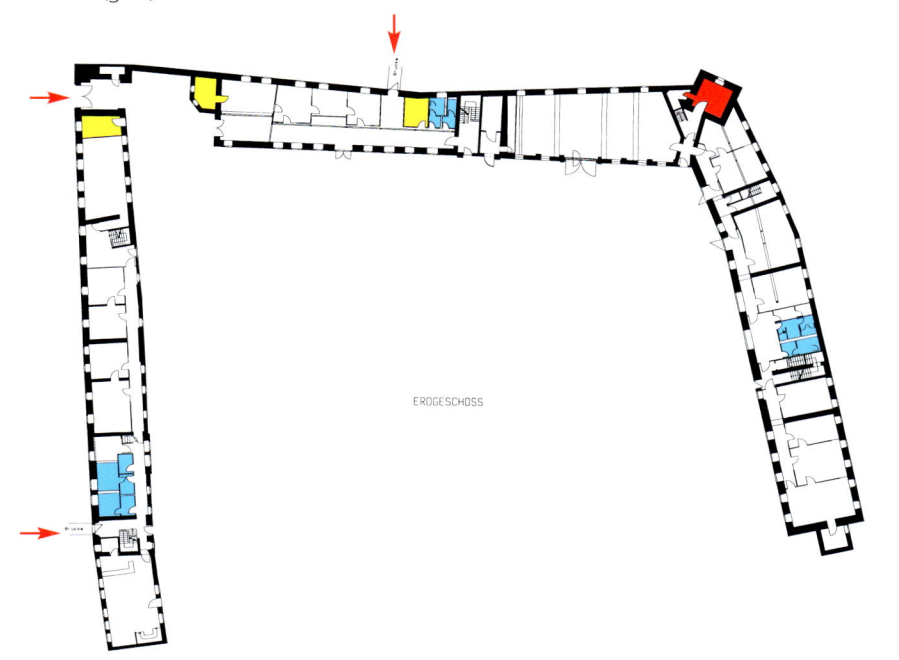

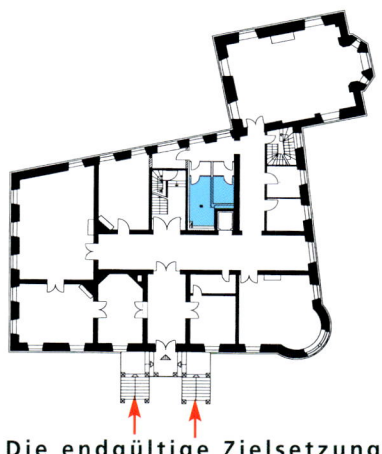

LINKS: *Grundriss für die neue Nutzung des Erdgeschosses im Burghaus ab 2002.*

LINKS MITTE: *Dieser Grundriss zeigt, wie das Erdgeschoss der Vorburg neu gestaltet ist.*

her vorgesehen war. Viele Einzelräume, die beliebig miteinander verbunden werden können, sollten eine größere Flexibilität bei der Festlegung der Büroeinheiten ermöglichen. Denn im Gegensatz zu Großraumbüros, die vom Nutzer individuell gestaltet werden können, sind Büros mit vorgegebenen Raumstrukturen, die dem Mieter keine weiteren Einrichtungsüberlegungen abverlangen, einfacher und besser zu vermieten. Das gesamte Konzept für die Vorburg musste abgeändert werden. Darüber hinaus sollten zusätzliche Haupt- und Nebennutzungen detaillierter berücksichtigt werden. An den Hofseiten aller drei Gebäudeflügel wurden neu zu schaffende Flurzonen gewünscht. Auch der ursprünglich als Großraum konzipierte Empfangsbereich soll mit separaten, kleinen Einzelbüros ausgestattet werden. Die Gastronomieräume sollten aufgrund der besseren Sonnenverhältnisse für die Terrasse in den Osttrakt verlegt werden.

Kleinere Veränderungen im Herrenhaus betrafen unter anderem das Souterrain, wo an Stelle der Sauna eine Toilettenanlage benötigt wurde. Für die übrigen Sanitärbereiche war eine veränderte Zugangsmöglichkeit zu dem Toiletten- und Teeküchenbereich erforderlich. Außerdem wurde die Reduzierung der Foyerflächen zugunsten von Büros erbeten.

Die endgültige Zielsetzung

„Es ist vermutlich die Insellage, die eine Wasserburg so entrückt wirken lässt – entrückt von der Gegenwart mit all ihrer Unmittelbarkeit und Schnelllebigkeit. Eine Wasserburg ist (....) eine Welt für sich, zeitlich wie räumlich losgelöst und meist nur über einen schmalen Steg mit der Jetztzeit verbunden." [166]

Auch die hölzernen Brücken der Wasserburg Hemmersbach wirken, als seien sie jederzeit abkoppelbar und kaum fester angefügt als die einstige Zugbrücke am Torturm. Vor dem Hintergrund dieses Zitates scheint der Wunsch von Dr. Kai Krause, an einem besonderen Ort, entrückt vom ständigen Termindruck unserer Zeit kreativ arbeiten zu können, mit dem Standort Hemmersbach für das Projekt Byteburg auf vortreffliche Weise in Erfüllung zu gehen.

Die planungsbegleitend mit allen Beteiligten abgestimmte und beschlossene Lösung sah vor, Charakter, Materialität und Konstruktion der Wasserburganlage weitgehend zu erhalten. Die notwendigen Baumaßnahmen und Eingriffe würden sich fast ausschließlich auf den Abbruch von Wänden sowie Einbauten im inneren der Gebäude reduzieren, die nachträglich und zusätzlich von Herrn Hillebrand errichtet worden sind. Alle neu einzubringenden Elemente sollen reversibel und in Leichtbauweise in das bestehende, teils historische Gefüge integriert werden.

OBEN: *Baustelle in der Vorburg während der Umbauarbeiten 2001.*

RECHTS: *Im Zuge der Neugestaltung wurde auch die in den 1980er Jahren eingebaute Kücheneinrichtung wieder entfernt.*

Der Abbruch

Um die Vorburg mit neuen, zu variablen Einheiten gruppierbaren Büroräumen und der nötigen Nebennutzungs-Infrastruktur ausstatten zu können, mussten die vom Vorbesitzer gemachten Raumaufteilungen in den einzelnen Gebäuden abgebrochen werden: Im Erdgeschoss des Süd- und Westflügels wurden sämtliche Bürotrennwände, Sanitärräume sowie die gesamte Stalleinrichtung entfernt. Genau so beseitigte man auch in den beiden Obergeschossen alle Wandstrukturen der ehemaligen Büros mit den dazugehörenden Sanitäreinrichtungen. Im Ostflügel waren es die Wände, Badezimmer- und Kücheneinrichtungen der Wohnungen, mit denen das Erd- und Obergeschoss ausgebaut worden war, die herausgebrochen wurden. Die Raumaufteilungen des Dachgeschosses blieb weitestgehend erhalten, lediglich die Büros zwischen Turmzimmer und Treppenhaus entfielen.

Die Grundstruktur für die Regelgeschosse der Vorburg bildet eine zusammenhängende, einbündige Büroanlage. Die Flure, die alle Räume untereinander und mit den Treppenhäusern verbinden sollen, liegen jeweils an den hofzugewandten Innenfassaden der drei Gebäudetrakte. Um diese Flurbereiche schaffen zu können, mussten alle Gebäudetrennwände sowie die Wände, die an die hofseitigen Außenmauern stoßen, großzügig durchbrochen werden. Auch die Aufweitung vieler Türöffnungen war notwendig. Im Ergeschoss wurden einige Fenster aufgebrochen, um an diese Stelle neue Außentüren setzen zu können. Darüber hinaus benötigten bestimmte Bereiche der Vorburg zusätzliche Fensterflächen.

Die Abbruchmaßnahmen im Herrenhaus betrafen hauptsächlich die Entfernung der Appartements, die der vorherige Besitzer eingebaut hatte. Dazu gehörten alle nachträglich errichteten Wände sowie die Badeinbauten in den drei Obergeschossen. Außerdem wurde auf den unteren Etagen jeweils der Raum neben dem Treppenhaus entkernt. Dies betraf die Sauna im Keller, die Großküche im Erdgeschoss sowie Ankleide- und Wäscheraum im ersten Obergeschoss. Darüber hinaus wurden noch einige Türdurchbrüche sowie die Öffnung vormals vermauerter Türen vorgenommen und das großzügige Elternbadezimmer in der ersten Etage entfernt. Im Keller mussten zur Schaffung des ersten Fluchtweges die Treppenhauswand aufgebrochen und ein Fenster zur Außentür umgebaut werden.

Die Nutzungsbereiche

Die Büros der Byteburg-Betreibergesellschaft und die von Dr. Kai Krause werden in den beiden Hauptgeschossen des Herrenhauses eingerichtet.

Für größere Events und Besprechungen stehen der ehemalige Speisesaal und das umgebaute Schwimmbad im

Souterrain zur Verfügung. Die alte Bibliothek mit ihren schönen raumhohen Eichenregalen erhält eine neue Funktion als Mediathek. Neben den notwendigen Räumlichkeiten für die allgemeine Haus-, Telekommunikations- und Computertechnik sowie andere Funktionsnutzungen bieten die breiten, gewölbeüberspannten Flure, ein großer Gewölbekeller und das zur Sitzlandschaft umgewandelte Schwimmbad Platz für Freizeitaktivitäten jeglicher Art. Im Sommer können Veranstaltungen und Parties auch auf die direkt zugängliche Teich-Terrasse hinter dem Haus ausgedehnt werden.

Die beiden Dachebenen des herrschaftlichen Gebäudes stehen den Mietern zur Verfügung. Ein Server-Raum sowie Sanitäreinrichtungen, Funktionsbereiche und Teeküchen auf jeder Etage versorgen die elf Büroräume im zweiten und die Bürolandschaft im dritten Obergeschoss.

Besucher und Gäste der Byteburg gelangen durch das Tor im Südost-Turm direkt zum Haupteingang des Vorburg-Südflügels. Ein Empfangsfoyer, in dem man entlang alter gusseiserner Stützen lustwandeln kann, führt den Orientierungsuchenden zunächst zur Informationstheke der Rezeption und den drei Büros der hier Arbeitenden sowie dem des Hausmeisters. Im rückwärtigen Bereich des Foyers befindet sich unter anderem einer der vier Großserver der Vorburg.

Mit Ausnahme des letzten Gebäudes im Ostflügel und der Wohnung im Südwest-Turm werden alle Flächen der Vorburg an Jungunternehmer vermietet. Knapp 50 Räume unterschiedlichster Größenordnung – von 20 bis zu 180 Quadratmetern – können variabel zu Büroeinheiten zusammengefasst werden. In den Regelgeschossen werden die Büros überwiegend als einbündige Reihen mit durchlaufendem Flur, vereinzelt aber auch als Großräume angeboten. Da die Kopfhöhe durch die Schrägen in den Randbereichen des Dachgeschosses eingeschränkt wird, können dort zusammenhängende Durchgangsräume und ebenfalls Großbüros angeboten werden. Die notwendige Infrastruktur in Form von Teeküchen, Sanitär- und Funktionsräumen ist jeweils in unmittelbarer Nähe der Treppenhäuser und ihrer Foyers zu finden.

Allen Mietern und Gästen steht im letzten Gebäude des Ostflügels ein Aufenthaltsbereich mit Gastronomie zur Verfügung. Im Sommer scheint im Außenbereich vor dem Haus bis in den Abend hinein die Sonne. Deshalb bietet sich die Nutzung der Hoffläche zum Verweilen an dieser Stelle besonders an. Die beiden Türme im Norden des Herrenhauses, von denen einer als Appartement eingerichtet ist, wird das msc für seine Bedürfnisse nutzen. Der Südwest-Turm bleibt als Wohnung erhalten.

Der Innenausbau

Abgestimmt auf das vorhandene Erscheinungsbild und den Charakter der Burg entwickelten die Architekten zunächst ein detailliertes Material- und Farbkonzept, das schließlich in etwas abgewandelter Form ausgeführt wurde.

Die Vorburg wird äußerlich von dem Anthrazit der Dachdeckung, dem Ziegelrot des Fassadenmauerwerks und dem Weiß der Fensterrahmen dominiert. Auch in den historischen Kappendecken des Erdgeschosses taucht der rote Farbton der Ziegel wieder auf. Passend dazu sollten die neu einzubauenden Materialien keine weitere Farbigkeit in das Gebäude bringen. Ein anthrazit-grauer Naturstein in allen Foyers und Treppenhäusern sowie der mittelgraue, robuste Teppichboden der Büros und Flure bilden einen ausdrucksvollem Kontrast zu den rein weiß gestrichenen Wänden und entsprechen dem eher herben Charakter der Vorburg. Die aus Gipskartonständerwerk errichteten, neuen Raumtrennwände sind an vielen Stellen durch große Glasflächen aufgebrochen, um in den Räumen das natürliche Tageslicht auszunutzen. Abgesehen von den schlichten weißen Türen der Nebenräume wurden überwiegend Glastüren in Metallrahmen eingebaut. Passend zu der modernen, sachlichen Atmosphäre der Arbeits- und Foyerräume sind auch die Sanitär- und Küchenbereiche mit grauen und weißen Fliesen, viel Edelstahl und modernen Einrichtungsgegenständen ausgestattet. Die aufwändige und vielfältige Verkabelung der Vorburg, die vom einfachen Strom- und Telefonkabel bis zur Breitbandverkabelung und Glasfaser alle technischen Möglichkeiten umfasst, wird

LINKS: *In der Nacht vom 11. zum 12. Oktober 2001 brach im Dachstuhl des Ostflügels ein Feuer aus, das glücklicherweise entdeckt wurde, bevor es sich weiter ausbreiten konnte.*

UNTEN: *Die historischen Kappendecken im Erdgeschoss der Vorburg.*

OBEN: *Ein schönes Detail – Stuckputz im Herrenhaus.*

RECHTS: *Ein Aquarium aus Glas und darin Wellenformen. Der Ansatz Kai Krauses von 1982, die Amplitude verschiedener Ton-Frequenzen in Scheibchen alle paar Millisekunden darzustellen.*

in Hohlraum- und Doppelböden, Bodenkanälen und auch hinter der Gipskartonbeplankung der Wände geführt.

Das äußere Erscheinungsbild des Herrenhauses ist durch eine Farbkombination aus gelbem Putz, dem Anthrazit der Dachschiefer, grauen Fenster- und Türgewänden sowie weißen Fensterrahmen geprägt. Das Innere des Hauses ist vielschichtig und wenig homogen. Im Keller wurde die gesamte Einrichtung mit allen Marmor-, Terrakotta- und Fliesenflächen sowie dem Rauhputz und den Türen aus der Zeit des Vorbesitzers übernommen. Auch die Repräsentationsräume der beiden Hauptgeschosse mit ihren vielen schönen Details blieb erhalten. Die aufwändig gestalteten Wandverkleidungen, Türen und Fenster samt ihrer Gewände sowie Parkett- und Dielenböden aus dunklem Eichenholz werden aufgearbeitet und restauriert. Alle neu hinzugekommenen Türen entsprechen in ihrer Form den historischen Vorbildern. Der mehrfarbige Natursteinboden des Eingangsbereichs wurde genauso aufgefrischt wie der Stuckputz an Wänden und Decken. Die beiden Holztreppen wurden unter Beachtung des Brandschutzes überarbeitet und saniert. Die Fortführung der Haupttreppe bis in das Dachgeschoss entspricht formal dem Bestand.

Im zweiten Obergeschoss wurden die alten hölzernen Einbauten, also Dielen- und Parkettböden, Türen und ihre Gewände, ebenfalls restauriert. Alle Flächen ohne Oberbelag erhalten einen farblich zum Holz der Umgebung passenden Teppichboden. Das Dachgeschoss wurde ebenfalls mit diesem Teppich ausgelegt.

Im Gegensatz zu der alten Substanz sind die neu installierten Sanitär- und Küchenbereiche genauso modern und mit den gleichen Materialien ausgestattet, die auch in der Vorburg verwendet wurden. Zur Aufnahme der Kabelstränge, die hier in vielen Räumen ebenfalls unerlässlich sind, dienen holzverkleidete Kabelkanäle, die im Bereich der Fußleisten angebracht sind.

Die Innenbeleuchtung des gesamten Objekts weist eine Besonderheit auf: Um jegliche Reflexion auf den Bildschirmen zu vermeiden, sind die Büroräume nicht mit den üblichen integrierten oder aufgesetzten Deckenleuchten ausgestattet, sondern werden ausschließlich mit indirektem Licht beleuchtet.

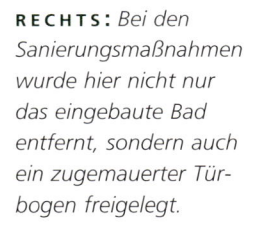

RECHTS: *Bei den Sanierungsmaßnahmen wurde hier nicht nur das eingebaute Bad entfernt, sondern auch ein zugemauerter Türbogen freigelegt.*

Außenanlagen und Erschließung

Nach dem Abbiegen von der Kerpener Hauptstraße in die mit Kastanien gesäumte Parkstraße scheint der Besucher die Gegenwart zu verlassen und in die Welt der Burg einzutauchen. Als Blickachse stellt die historische Zufahrtsallee den ersten Sichtkontakt zum Haupttor der Burganlage her. Am frisch renovierten Pförtnerhäuschen besteht die Möglichkeit, nach links abzubiegen und auf das Gelände des Rennsportmuseums rund um die Villa Trips zu gelangen. Rechterhand eröffnen sich die großen Parkplatzflächen von Burg Hemmersbach.

Die Achsenrichtung der Straße geht an der Kreuzung in einen hölzernen Steg über, der die ehemalige Zugbrücke an dieser Stelle ersetzt. Informations- und Leitsysteme, die in die Seitenwand des Torhauses integriert sind, geben dem Ankommenden einen ersten Überblick über die Anlage mit den dort ansässigen Firmen und Personen. Nach dem Passieren des Tores tritt man in den Hofbereich der parkartig gestalteten und vollständig von Wasser umgebenen Burginsel. Rund um ein baumbestandenes Rasenrondell mit Wasserbecken erschließt die gepflasterte Umfahrung alle Eingänge der Vorburg sowie die zweiläufige Freitreppe des Herrenhauses.

Über die Wassergräben hinweg verbinden weitere Brücken zum einen die Villa Trips mit dem Eingangsfoyer im Südflügel, zum anderen die Burg-Stellplätze mit der Gastronomie im Ostflügel der Vorburg. Ein befahrbarer Waldweg, der die Wasserfläche einmal umrundet, und ein Damm, der das Grabensystem an der Stelle des Nordost-Turmes überwindet, ermöglichen Anlieferungs- und Rettungsfahrzeugen die direkte Zufahrt in den Hof. Die Wald- und Wiesenflächen, die die Burg umgeben, sind mit den angelegten Spazierwegen in ihrer Form erhalten geblieben. Das Beleuchtungskonzept sieht vor, die Hauptwege bei Dunkelheit zu beleuchten, um den grünen Außenbereich als Teil der gesamten Byteburganlage zu jeder Tageszeit nutzbar zu machen. Gebäudefassaden und Wasserflächen sollen in der Nacht ebenfalls angestrahlt und in verschiedenfarbiges Licht getaucht werden.

Ausblick

Mit der Eröffnung der Byteburg zum Jahresbeginn 2002 wird nach einer langen Zeit des Leerstands endlich erneut Leben in die umgestalteten und modern eingerichteten Räume einkehren. Viele Menschen werden in der Burg ein und aus gehen, sie wird Zentrum kreativer Forschung und Entwicklungen sein.

Schon bald wird Burg Hemmersbach wieder eine, wenn auch neuartige und wirtschaftlich ausgerichtete Mittelpunktsfunktion für den Ort Horrem übernehmen. Als Keimzelle der innovativen High-Tech-Branche werden von ihr Entwicklungsimpulse sowohl für die Gemeinde als auch für den gesamten Medien- und Multimedia-Standort Nordrhein-Westfalen ausgehen.

OBEN: *Dieses Fraktal zeigt einen scheinbar in einer Kugel gefangenen Blitz.*

UNTEN: *Dr. Kai Krause am Eingang der Byteburg.*

DIE BERGHE VON TRIPS AUF DER BURG HEMMERSBACH
1751-1978

Franz Adolph Anselm von Berghe genannt Trips   &   1. Maria Theresia von Geloes zu Eysten
* 1732 † 1799   2. Eleonore Kunigunde von Rathsamhausen
     3. Charlotte von Rathsamhausen

Seit 1751 Herr von Hemmersbach,
1796 in den Reichsgrafenstand erhoben.
Den 3 Ehen entstammen insgesamt 5 Söhne und 9 Töchter,
die Nachfolge tritt der drittälteste Sohn aus den Ehe mit Eleonore Kunigunde an.

Ignaz Eduard Reichsgraf Berghe von Trips   &   Maria Elisabeth Freiin von Lemmen
* 27. 12.1772 † 19. 4.1842   * 8.10.1777 † 7.10.1854

Ignaz und Elisabeth haben keine Kinder.
Erbe wird sein Neffe Eduard Franz Oskar Clemens,
Sohn des Halbbruders von Ignaz aus der Ehe mit Charlotte von Rathsamhausen, Clemens August

Clemens August Reichsgraf Berghe von Trips   &   8.1812 Maria Friederike Pauli
* 27.4.1789 † 1.10.1850   * 1789 † 1858

Clemens und Maria Friederike werden in der Erbfolge übersprungen,
Erbe von Ignaz wird der erstgeborene Sohn.

Eduard Franz Oskar Clemens Reichsgraf Berghe von Trips   &   21.9.1846 Bertha Gräfin Quadt-Wickrath-Isny
* 14.4.1814 † 4.10.1856   * 1816 † 1899

Aus der Ehe gehen 2 Töchter und ein Sohn hervor, der die Nachfolge antritt.

Clemens Maximilian Reichsgraf Berghe von Trips   &   9.7.1889 Eugenie von Fürstenberg-Obsinnig
* 29.6.1850 † 6.9.1921   * 1871 † 1953

Eugenie und Clemens Maximilian haben 14 Kinder.
Das Erbe tritt Eduard, der älteste Sohn, an.

Eduard Reichsgraf Berghe von Trips   &   28.5.1925 Adelheid (Thessa) Melzer
* 1893 † 12.3.1971   * 1895 † 29.6.1978

Der einzige Sohn von Thessa und Eduard kann die Nachfolge nicht antreten.
1961 verunglückt er tödlich beim Formel 1-Rennen in Monza.

Wolfgang Alexander Reichsgraf Berghe von Trips
* 4.5.1928 † 8.9.1961

Anmerkungen

I o.A: „Über Jahrhunderte bewahrt". Sanierung des Wasserschlosses Inzlingen. In: BAU-BERATUNG-ARCHITEKTUR (bba), Nr. 9, Jahrgang 2001

Ritter, Freiherren und Reichsgrafen
Die Burg und ihre Bewohner

1 Friedrich Wilhelm Oediger: Die Regesten der Erzbischöfe von Köln im Mittelalter, Bd. 1. Bonn 1956, Nr. 1128. Oediger hält die Verschreibung „Heversbach" statt „Hemersbach" für möglich. Vgl. auch: Peter Schreiner: Die Geschichte der Abtei Brauweiler bei Köln, 1024-1802. Pulheim 2001, S. 38f.

2 Rudolf Knipping: Die Regesten der Erzbischöfe von Köln im Mittelalter, Bd. 2. Nachdruck Meisenheim 1964, Nr. 1054. Vgl. auch: Josef Krings/Susanne Harke-Schmidt: Stammsitz, Familie und Leben des Grafen Wolfgang Berghe von Trips. Kerpen 1998, S. 1ff.

3 Hans J. Domsta: Geschichte der Fürsten von Merode im Mittelalter. Bd. 2. Düren 1981, S. 119ff. Soweit nicht anders genannt, beziehen sich die Angaben zur Familie Scheiffart von Merode auf diese Veröffentlichung.

4 Hans J. Donsta: „Die Hemmersbacher Fehde von 1366". In: Kerpener Heimatblätter, Bd. 3. Kerpen 1976, S. 57ff. Vgl. auch: H. J. Domsta: „Johann Scheiffart von Merode, Herr von Hemmersbach". In: Kerpener Köpfe – Geschichte in Lebensbildern. Kerpen 1988, S. 15ff.

5 Stadtarchiv Kerpen, Archiv Burg Hemmersbach der Gräflich Berghe von Trips'schen Sportstiftung zu Burg Hemmersbach, (im folgenden: Archiv Burg Hemmersbach) Urkunde 32a

6 Archiv Burg Hemmersbach, Urkunden 40 und 41

7 Gekürzt nach Heinrich Oidtmann („Die rheinischen Glasmalereien vom 12. bis zum 16. Jahrhundert". Düsseldorf 1929, S. 424ff.) in: H. J. Domsta: „Johann Scheiffart von Merode, Herr von Hemmersbach und Clermont". In: Kerpener Köpfe – Geschichte in Lebensbildern. Kerpen 1988, S. 23f.

8 Archiv Burg Hemmersbach, Urkunde 33. Es handelt sich um eine Handschrift des 17./18. Jahrhunderts, in der Belehnungsbriefe der Herrschaft Hemmersbach von 1479 bis 1683 überliefert sind. Unter der lfd. Nr. 3 erscheint der Brief von 1566.

9 Archiv Burg Hemmersbach, Urkunde 33, lfd. Nr. 4

10 Archiv Burg Hemmersbach, Urkunde 135

11 Archiv Burg Hemmersbach, Akten 382

12 Archiv Burg Hemmersbach, Urkunde 161. Vgl. Krings/Harke-Schmidt, Archiv Burg Hemmersbach, S. 14ff.

13 Stadtarchiv Kerpen, Gericht Kerpen, Nr. 6

14 Archiv Burg Hemmersbach, Urkunde 33, lfd. Nrn. 8-14

15 Archiv Burg Hemmersbach, Akten 461a

16 Archiv Burg Hemmersbach, Akten 163

17 Archiv Burg Hemmersbach, Akten 163

18 Archiv Burg Hemmersbach, Akten 385 und 466. Das von Johannes Krudewig 1914 bearbeitete Findbuch nennt eine entsprechende Akte unter der neuen Nummer 466. Diese Akte ist leider nicht komplett überliefert, sodass nähere Angaben zur Zeit nicht möglich sind.

19 Vgl. Konrad Honigs: Im Meer der Zeit. Eine Geschichte Sindorfs. Köln 1984, S. 28. Honings stützt sich wohl auf Peter Zehnpfennigs unveröffentlichte Handschrift „Annales decanatus Bergheimensis". Zehnpfennig war von 1719 bis 1766 Sindorfer Pfarrer. Die „Annalen" verfasste er 1751. Es existieren drei Ausfertigungen, eine in der Stadtgeschichtlichen Sammlung beim Verein der Heimatfreunde Stadt Kerpen e.V. Zehnpfennig (S. 351-352) und Honings nennen Charlotte „Karoline Elisabeth". Beide schildern die Absetzung von Pfarrer Fuckart ähnlich.

20 Archiv Burg Hemmersbach, Urkunde 225

21 Archiv Burg Hemmersbach, Urkunde 2

22 Archiv Burg Hemmersbach, Akten 64. Vgl. Hans Werner Langbrandtner und Irmtraud Balkhausen: „'Der Bürger Trips'. Die Grafen Berghe von Trips und Schloss Hemmersbach während der französischen Revolutionskriege". In: Kerpener Heimatblätter, Band 6, 1995, S. 378-384

23 Archiv Burg Hemmersbach, Akten 385

24 Archiv Burg Hemmersbach, Akten 70

25 Archiv Burg Hemmersbach, Urkunde 240

26 Archiv Burg Hemmersbach, Akten 68, 556

27 Archiv Burg Hemmersbach, Akten 81; Hans Werner Langbrandtner/ Irmtraud Balkhausen: „'Der Bürger Trips'. Die Grafen Berghe von Trips und Schloss Hemmersbach während der französischen Revolutionskriege". In: Kerpener Heimatblätter, Band 6, 1995, S. 384

28 Vgl. Archiv Burg Hemmersbach, Akten 83ff.

29 Archiv Burg Hemmersbach, Akten 96

30 Archiv Burg Hemmersbach, Aken 596

31 Archiv Burg Hemmersbach, Akten 99

32 Archiv Burg Hemmersbach, Akten 120

33 Archiv Burg Hemmersbach, Akten 603

34 Vgl. diverse Literatur zum Leben des Wolfgang Graf Berghe von Trips von Reinold Louis, Josef Krings, Jörg Thomas Födisch u.a. Der Nachlass des Renngrafen ist erschlossen und befindet sich bei der Gräflich Berghe von Trips'schen Sportstiftung zu Burg Hemmersbach.

Von der Wasserburg zum Schloss
Baugeschichte und Bestand

35 Alexander Duncker: Die ländlichen Wohnsitze, Schlösser und Residenzen der ritterschaftlichen Grundbesitzer in der preußischen Monarchie. 1867, Bd. Rheinprovinz, Hemmersbach, W 788
36 Harald Herzog: Burgen und Schlösser. Köln 1989
37 Hans Elmar Onnau: „Der Knöffelsberg – eine vergessene frühmittelalterliche Burganlage in Horrem, Kreis Bergheim". In: Kerpener Heimatblätter Nr. 15, Jg. VI, 1, April 1968, S. 312-315
38 Archiv Burg Hemmersbach, Urkunden 8
39 Hans Erich Kubach/ Albert Verbeek: Romanische Baukunst an Rhein und Maas, Bd.1. Berlin 1990, S. 379f.
40 Bernd Päffgen: „Die Horremer Motte ‚Alte Burg'". In: Kerpener Heimatblätter, Nr. 49, Jg. XVIII, 1, April 1980, S. 327-336
41 Michael Müller-Wille: Mittelalterliche Burghügel („Motten") im nördlichen Rheinland. Köln/Graz 1966, S. 66f.
42 Bernd Päffgen: „Die Horremer Motte ‚Alte Burg'". In: Kerpener Heimatblätter, Nr. 49, Jg. XVIII, 1, April 1980, S. 327-336; Archiv Burg Hemmersbach, Akten 373
43 Hans Elmar Onnau: „Zur Belagerung der Burg Hemmersbach 1366". In: Kerpener Heimatblätter, Nr. 42, Jg. XV, 3, Dez. 1977, S. 145-148; L. Ennen: Quellen zur Geschichte der Stadt Köln, IV (Köln 1870), S. 518, Nr. 448
44 Archiv Burg Hemmersbach, Urkunden 1a
45 Hans Elmar Onnau: „Zur Belagerung der Burg Hemmersbach 1366". In: Kerpener Heimatblätter, Nr. 42, Jg. XV, 3, Dez. 1977, S. 147
46 Hermann Hinz: Archäologische Funde und Denkmäler des Rheinlandes, Bd. 2, Kreis Bergheim. Pulheim 1969, S. 254ff.
47 Wilhelm Hackenberger: „Geschichte der Burg und Herrlichkeit Hemmersbach". In: Horrem. Beiträge zur Geschichte und Entwicklung. Ratingen 1964, S. 32
48 Archiv Burg Hemmersbach, Akten 382
49 Archiv Burg Hemmersbach, Akten 163
50 Das Blatt befindet sich im Stadtarchiv Kerpen, Grafiksammlung.
51 Historisches Archiv der Stadt Köln, Codex Welser, Plan 1, 650, 11
52 Paul Clemen: Die Kunstdenkmäler des Kreises Bergheim. Düsseldorf 1899, S. 88
53 Katasteramt des Erftkreises in Bergheim, Ur-Riss von 1827, Blatt VII, Flur XI
54 Hans-Werner Langbrandtner/ Irmtraud Balkhausen: „'Der Bürger Trips' – Die Grafen Berghe von Trips und Schloss Hemmersbach während der französischen Revolutionskriege". In: Kerpener Heimatblätter, 2, 1995, S. 378-384
55 Archiv Burg Hemmersbach, Akten 96; Hans-Werner Langbrandtner: „Baugeschichte von Burg und Kapelle". In: Stammsitz, Familie und Leben des Grafen Wolfgang Berghe von Trips (Ausstellungskatalog). Kerpen 1998, S. 52f.
56 Archiv Burg Hemmersbach, Akten 96
57 Archiv Burg Hemmersbach, Akten 96 mit sämtlichen Entwurfsplänen
58 Hans-Werner Langbrandtner: „Der Neubau des Schlosses Hemmersbach. Die Korrespondenz des Kölner Baumeisters Johann Anton Wallé mit dem Bauherren Graf Ignaz Berghe von Trips von 1837 bis 1840". In: Kerpener Heimatblätter, 3, 1995, S. 402-416 und Archiv Burg Hemmersbach, Akten 96
59 Archiv Burg Hemmersbach, Akten 629
60 Archiv Burg Hemmersbach, Akten 630
61 Archiv Burg Hemmersbach, Akten 632
62 Archiv Burg Hemmersbach, Akten 629
63 Archiv Burg Hemmersbach, Akten, Pläne
64 Archiv Burg Hemmersbach, Akten 629
65 Archiv Burg Hemmersbach, Akten 630
66 Archiv Burg Hemmersbach, Akten 631
67 Archiv Burg Hemmersbach, Akten 629
68 Archiv Burg Hemmersbach, Akten 163
69 Archiv Burg Hemmersbach, Akten 163
70 Lithografische Ansicht der Burg Hemmersbach mit Randvignetten von Ferdinand Müller, Mitte 19. Jahrhundert im Stadtarchiv Kerpen
71 Archiv Burg Hemmersbach, Akten 629
72 Archiv Burg Hemmersbach, Akten 696
73 Hild-Verzeichnis der Rheinischen Parkanlagen, (maschinenschriftl. Manuskript), 1960er Jahre, Landschaftsverband Rheinland
74 Archiv Burg Hemmersbach, Akten 638
75 Paul Clemen: Die Kunstdenkmäler des Kreises Bergheim. Düsseldorf 1899, S. 88
76 Wilhelm Hackenberger: „Geschichte der Burg und Herrlichkeit Hemmersbach". In: Horrem. Beiträge zur Geschichte und Entwicklung. Horrem 1964, S. 29
77 Archiv Burg Hemmersbach, Akten 473/474
78 Archiv Burg Hemmersbach, Akten 163; Josef Holthausen: Im Schatten von Sankt Clemens. (Hrsg.:) Kath. Pfarrgemeinde Christus König Kerpen-Horrem. Kerpen 1992, S. 28
79 Johann Peter Dethier: Beiträge zur vaterländischen Geschichte des Landkreises Bergheim. Köln 1833, Reprint Kerpen 1980, S. 87

80 Hans Elmar Onnau: „Kloster Bottenbroich". In: Klöster und Stifte im Erftkreis. (Hrsg.:) Erftkreis, Pulheim 1988, S. 85-106
81 Archiv Burg Hemmersbach, Akten 96
82 Freundlicher Hinweis von Dr. Peter Staatz aus seinem bislang unveröffentlichten Manuskript zur Horremer Gruft der Berghe von Trips

Alltagsspuren und Traditionen
Leben auf und um Hemmersbach

83 Archiv Burg Hemmersbach, Akten 629
84 Archiv Burg Hemmersbach, Akten 15
85 Archiv Burg Hemmersbach, Akten 15
86 Peter Dohms (Bearb.): Die Inventare der Schlösser und Gärten zu Brühl. Düsseldorf 1978
87 Archiv Burg Hemmersbach, Akten 15, Inventarverzeichnis vom 19. und 25. Februar 1733
88 Archiv Burg Hemmersbach, Akten 696
89 aus: Josef Krings/ Susanne Harke-Schmidt: Stammsitz, Familie und Leben des Grafen Wolfgang Berghe von Trips (Ausstellungskatalog). Kerpen 1998, S. 12ff. – siehe: Archiv Burg Hemmersbach, Akten (383)
90 Archiv Burg Hemmersbach, Akten 481
91 Archiv Burg Hemmersbach, Akten 469
92 Archiv Burg Hemmersbach, Akten 471
9   Archiv Burg Hemmersbach, Akten 95
94 O. Graf Beissel: Der Kreis Bergheim. Seine Verwaltung und seine wirthschaftliche Entwicklung. Bergheim (1898), S. 148ff.
95 ebd., S. 164
96 Archiv Burg Hemmersbach, Pläne 3.12
97 Archiv Burg Hemmersbach, Akten 629
98 Archiv Burg Hemmersbach, Akten 407
99 Archiv Burg Hemmersbach, Akten 486
100 H. W. Langbrandtner: „Zur Biographie von Eduard Ignaz Berghe von Trips". In: Stammsitz, Familie und Leben des Grafen Wolfgang Berghe von Trips. Kerpen 1998, S. 96ff.
101 Stadtarchiv Kerpen, Amt Horrem, Ratsprotokolle 1876 ff. (Nrn. 1005ff.)
102 Archiv Burg Hemmersbach, Akten 664
103 Pfarrarchiv St. Martinus, Kerpen, Akten 182
104 Archiv Burg Hemmersbach, Akten 99
105 Vgl. J. Eymelt/J. Krings: Die Akten des Kerpener Gerichts aus dem 17. Jahrhundert. Kerpen 1981, S. 91, 94, 95
106 Archiv Burg Hemmersbach, Akten 449, 450a
107 Archiv Burg Hemmersbach, Akten 385
108 Vgl. Hans Werner Langbrandtner/ Irmtraud Balkhausen: „'Der Bürger Trips'. Die Grafen Berghe von Trips und Schloss Hemmersbach während der französischen Revolutionskriege". In: Kerpener Heimatblätter, Band 6, 1995, S. 382; Archiv Burg Hemmersbach, Akten 70
109 Archiv Burg Hemmersbach, Akten 124
110 Freundliche Auskunft von Herrn Josef Holthausen, Pfarrarchiv Christus König, Kerpen-Horrem
111 Freundliche Auskunft von Herrn Thomas Bellefontaine, Schloss Loersfeld
112 Archiv Burg Hemmersbach, Akten 124, Protokoll der Besprechung

Das Herrschaftsgut
Ländereien und wirtschaftliche Grundlagen

113 Vgl. Josef Krings / Susanne Harke-Schmidt: Mühlen an Neffel und Erft. Kerpen 1997
114 Josef Krings/ Susanne Harke-Schmidt: Mühlen an Neffel und Erft (Ausstellungskatalog). Kerpen 1997, S. 90, Anm. 100
115 ebd., S. 67-76
116 Archiv Burg Hemmersbach, Akten 629
117 Archiv Burg Hemmersbach, Akten 630
118 Archiv Burg Hemmersbach, Akten 629
119 Archiv Burg Hemmersbach, Akten 631
120 Archiv Burg Hemmersbach, Akten 251
121 Josef Krings/ Susanne Harke-Schmidt: Mühlen an Neffel und Erft (Ausstellungskatalog). Kerpen 1997, S. 76-82
122 Archiv Burg Hemmersbach, Akten 633
123 Archiv Burg Hemmersbach, Akten 629
124 Archiv Burg Hemmersbach, Akten 633
125 Archiv Burg Hemmersbach, Akten 619

126 Archiv Burg Hemmersbach, Akten 633
127 Archiv Burg Hemmersbach, Akten 619
128 Archiv Burg Hemmersbach, Akten 407
129 Archiv Burg Hemmersbach, Akten 15
130 Otto Graf Beissel von Gymnich (Hrsg.:) Der Kreis Bergheim, seine Verwaltung und seine wirtschaftliche Entwicklung unter besonderer Berücksichtigung des Zeitraumes vom Jahre 1887/88 bis 1897/98
131 Archiv Burg Hemmersbach, 637, Ernteflächen-Erhebungen von 1917-1919
132 Archiv Burg Hemmersbach, Akten 634
133 Archiv Burg Hemmersbach, Akten 638
134 Stadtarchiv Kerpen, Gemeinde Türnich, 397
135 Archiv Burg Hemmersbach, Akten 826
136 Archiv Burg Hemmersbach, Akten 810
137 Die Kunst Mauer- und Dachziegel zu streichen durch die Herren Duhamel, Fourcroy und Gallon aus : Schauplatz der Künste und Handwerke, Teil IV, 1765, S. 157, Reprint Arbeitsgemeinschaft Ziegeldach e.V., Bonn 1/200, S. 5
138 aus: Josef Holthausen: Im Schatten von Sankt Clemens. Kerpen-Horrem 1992, S. 51
139 Archiv Burg Hemmersbach, Akten 629
140 Archiv Burg Hemmersbach, Akten 654
141 Archiv Burg Hemmersbach, Akten 654
142 Archiv Burg Hemmersbach, Akten 654
143 Archiv Burg Hemmersbach, Akten 654
144 Archiv Burg Hemmersbach, Akten 654
145 Archiv Burg Hemmersbach, Akten 629
146 Lutz-Henning Meyer: 150 Jahre Eisenbahnen im Rheinland. Köln 1989
147 Helmut Weingarten: Die Eisenbahn zwischen Rhein und Erft. Köln 1987
148 Archiv Burg Hemmersbach, Akten 653
149 Archiv Burg Hemmersbach, Akten 934
150 Archiv Burg Hemmersbach, Akten 402
151 Archiv Burg Hemmersbach, Akten 934
152 Archiv Burg Hemmersbach, Akten 402
153 Bernd Löhmann: Ein Garten für König und Volk. Peter Joseph Lenné und der Brühler Schlossgarten. Köln 2000
154 Nikolaus Hocker: „Eine Eisenbahnfahrt von Köln nach Brüssel". In: Brockhaus Reisebibliothek, Leipzig 1859, S. 51
155 Archiv Burg Hemmersbach, Akten 934
156 Archiv Burg Hemmersbach, Akten 638
157 Lutz-Henning Meyer: 150 Jahre Eisenbahnen im Rheinland. Köln 1989, S. 382
158 Gerd Wolff: Deutsche Klein- und Privatbahnen, Bd. 4: Nordrhein-Westfalen südlicher Teil. Freiburg 1997, S. 105-112
159 Archiv Burg Hemmersbach, Akten 652
160 Archiv Burg Hemmersbach, Akten 653
161 Archiv Burg Hemmersbach, Akten 653
162 Archiv Burg Hemmersbach, Akten 395; vgl. Egon Heeg: „Die Torfgrube Röttgen – Hinterlassenschaft der Zisterzienser von Bottenbroich oder: Die Folgen eines Vertrages". In: Kerpener Heimatblätter, Band 5, 2/1989, S. 262ff.
163 Archiv Burg Hemmersbach, Akten 491, 492
164 Archiv Burg Hemmersbach, Akten 935
165 Archiv Burg Hemmersbach, Akten 923

DER ADELSSITZ WIRD BÜRGERLICH
FUNKTIONSVERLUST UND NEUBEGINN

166 o.A: „Über Jahrhunderte bewahrt". Sanierung des Wasserschlosses Inzlingen. In: BAU-BERATUNG-ARCHITEKTUR (bba), Nr. 9, Jahrgang 2001

BILDNACHWEIS

Autoren, Herausgeber und Verlag danken allen, die Abbildungen für dieses Buch lieferten oder die Erlaubnis gaben, rechtsgeschütztes Material abzudrucken. Wir haben uns größte Mühe gegeben, alle Inhaber solcher Rechte ausfindig zu machen; sollten uns dennoch Irrtümer oder Versäumnisse unterlaufen sein, werden diese selbstverständlich korrigiert.

Architekturbüro Kottmair: 114 o. re., 115 (alle Abb.)

Archiv Burg Hemmersbach der Gräflich Berghe von Trips'schen Sportstiftung zu Burg Hemmersbach:
(Soweit die historischen Materialien nicht als reproduktionsfähige Dokumente vorlagen, stammen die Fotografien alle von Nicole Kritzler):   S. **12** o. + u. (Urkunde 1a), **14** o. Mi. (Urkunde 77), **15** u. (Urkunde 161), **17** u., **18** o. re. (Urkunde 213a) + u. (Akten 163), **20** li. (Urkunde 240) + re. (Urkunde 240), **21** o. li. (Urkunde 238a), **22** (Akten 83), **24** u., **25** u. (Akten 118), **27** u. (Akten 662), **28** o., **29** (Akten 668), **43** (Akten 96), **44** u. (Akten 96), **45** li. + u. (Akten 96), **46** (o., Akten 96), **48** o. li., **49** ganz re., **58** u. re., **63** o. (Akten 124), **65** (Akten 15), **69** Mi. (Urkunde 239), **72** (Karten 4.2), **74** o. (Karten 3.12), **75** (Akten 114), **77** o. li, **80** o. li. + re. (Akten 124), **84** o. (Akten 404) + u. (Urkunde 225), **85** (Karten 6.6), **89** (Akten 629), **91** o. (Akten 629), **94, 97** o. (Akten 403), **98** o. (Akten 921) + u. (Karten 1.1), **99** o. li. (Akten 921), **107** Mi. re.

Archiv des Erftkreises: S. 60 o. Mi.

Tim Breuer: S. 109 o., 110 u., 116 o., 117 o.

Gräflich Berghe von Trips'sche Sportstiftung zu Burg Hemmersbach:
(Soweit die historischen Materialien nicht als reproduktionsfähige Dokumente vorlagen, stammen die Fotografien alle von Nicole Kritzler): S. **9** (re.), **11** o. li. (aus: A. Robens: Wappenkunde, Düsseldorf 1790), **14** o. li. (aus: Robens, a.a.O.) + u., **16** u., **17** o. li. + o. re. (aus: Robens, a.a.O.), **18** o. li. (aus: Robens, a.a.O.), **19** o. re. (aus: Robens, a.a.O.) + o. li. + u., **21** re., **23**, **24** Mi. + o., **25** o., **26** o., **28** re. + u., **29** u. re. + li., **30** (alle Abb.), **31** (Foto: Albert Melzer, Köln-Rodenkirchen), **32/33** (beide Abb.), **39** u. li., **41** o., **42, 44** o., **45** o. re., **47**, **48** Mi., **49** o. li. (Foto: Albert Melzer, Köln-Rodenkirchen), **52** Mi. u. + o. re., **53** li. u. + Mi. re., **56** li. u. + o. re., **57** (alle Abb.), **58** (alle Abb.), **59** (alle Abb.), **62/63**, **63** u., **67**, **70** o., **71**, **73**, **76** re. o., **77** re. o., **81** re., **83** o., **88** u., **90** o., **93** re. u., **101, 102** li. u. + Mi., **103** o. li. + o. re. (Foto: Benno Müller) + u. re, **104** o. + u. li., **108** u. li. + u. re.

Historisches Archiv der Stadt Köln: S. 41 u.

Katasteramt des Erftkreise, Ur-Risse: S. 55 o.

Kölnisches Stadtmuseum, Grafiksammlung/Rheinisches Bildarchiv: S. 39 o.

Kai Krause: S. 110 o., 118 o. re., 119 (beide Abb.)

Frank Kretzschmar: S. 13, 36 u., 48 o. re., 49 Mi., 50 u., 56 o. Mi., 60 o. re., 77 u., 102 o., 103 Mi. li., 104 Mi.

Nicole Kritzler:
26 u., 35 o., 38, 48 o. li., 49 Mi. li. + u. li., 61 o. + u., 64, 68 u. +li. o., 69 re., 70 u., 79, 82/83, 87, 88 o., 89 u. + li. o., 92 re. o., 100, 103 Mi. re. + u. li., 104 u. re., 105 o., 106 o.re., Mi. li. + re., 107 Mi. li., 108 Mi., 108 o., 112 u., 113 (beide Abb.), 116 u. li. + re., 118 u.

Landschaftsverband Rheinland/Rheinisches Amt für Denkmalpflege, Brauweiler: S. 10, 46 u., 50 o. (Foto: Pottel), 51 (Foto: Pottel), 52 o. li. (Foto: Th. Wildemann), 53 o. (Foto: Pottel), 68 o. Mi. + re. (Foto: Pottel), 76 li. o. (Foto: Ohm), 80 u., 83 u.

Gisela Pick: 105 Mi., u. li. + re., 106 o. li., li. u., 107 o., 109 u., 112 o. , 114 o. li. + o. re., Mi., u., 117 u., 118 o. li.

Sammlung Frank Kretzschmar: S. 11 u. li., 14 o. re., 16 o., 27 o. (aus „Fliegende Blätter", Nr. 3786, Bd. 148 (7), 35 u., 74 u., 78 u., 93 u. Mi.

Staatsbibliothek zu Berlin – Preußischer Kulturbesitz/Kartenabteilung: S. 55 u.

Stadt Kerpen, Untere Denkmalbehörde: S. 60 u. re. + li.

Stadtarchiv Kerpen: S. 8/9 (Grafiksammlung), 11 o. re., 15 o. re., 36 o. (Foto: Lückerath), 40 (Grafiksammlung), 54 (Karten), 78 o. (Siegelsammlung, Foto: N. Kritzler), 86 (aus der Enzyklopädie von Diderot und d'Alembert), 90 u. li. + re. (aus der Enzyklopädie von Diderot und d'Alembert), 91 u., 92 li. o. (Einwohnerverzeichnis des Kreises Bergheim, 1958 + li. u. (aus der Enzyklopädie von Diderot und d'Alembert), S. 95, 96, 97 u., 99 o. re. + u. re.

Die Abbildung auf S. **11** u. re. wurde entnommen aus:
August Neuhaus: „Der Topfhelm der Rieter von Kornburg". In: Festschrift zum 60. Geburtstag von Dr. Theodor Hampe. Jahrgang 1924/25 des Anzeigers des Germanischen Nationalmuseums. Nürnberg 1926, S. 90

Die Abbildung auf S. **12 Mi.** re. wurde entnommen aus: Kölner Münzkabinett, Auktionskatalog der Auktion 64, 1996

Die Abbildung auf S. **34** wurde entnommen aus: Eduard Neuffer: „Die vor- und frühgeschichtlichen Bodenaltertümer im rheinischen Braunkohlengebiet". In: Das rheinische Braunkohlengebiet – Eine Landschaft in Not! 1953, (Abb.1)

Die Abbildung auf S. **37** wurde entnommen aus: Hermann Hinz/H. Cüppers: Archäologische Funde und Denkmäler des Rheinlandes. Bd. 2, Kreis Bergheim. Düsseldorf 1969, S. 255

Die Abbildung auf S. **39** u. re wurde entnommen aus: E. Viollet-le-Duc: Dictionnaire Raisonné de l'Architecture Francaise. Bd.1, Paris 1875, S. 363

Die Abbildung auf S. **59** u. li. wurde entnommen aus: Horrem. Beiträge zur Geschichte und Entwicklung, Ratingen 1964

Die Abbildung auf S. **76** u. wurde entnommen aus: Paul Clemen: Die Denkmäler des Rheinlandes. Kreis Bergheim. Düsseldorf 1899

Personen- und Sachregister

Ahnenprobe 21
Alte Burg s. *Burg/Vorgängerbauten*
Archiv Burg Hemmersbach 68f.
Archivpflege 68

Belagerung und Zerstörung der Burg (1366) s. *Burg/Vorgängerbauten*
von Bentinck (Familie) 18, 64
Berghe, Adam von 18
Berghe von Trips
- Erhebung in den Reichsgrafenstand 20f., 74, 84
- Familie 14, 18, 24, 64, 69f., 102, 109, 120

- Adelheid „Thessa" (geb. Melzer) 24, 28-31, 68, 77, 81, 92, 102ff.
- Adolf Sigismund 21
- Anna 26
- Anna Eleonora (geb. von Ingelheim) 18
- Bertha (geb. von Quadt-Wickrath zu Isny) 25f., 75, 77, 80, 90, 93, 98
- Charlotte (geb. von Rathsamhausen) 18, 24, 80
- Clemens August 21, 24
- Clemens Maximilian 25ff., 47, 59, 75, 77, 81, 90, 93f., 97ff.
- Eduard 21, 24, 26-30, 76f., 92, 102f.
- Eduard Franz Oskar Clemens 24f., 75, 80, 98
- Eleonore Kunigunde (geb. von Rathsamhausen) 18, 20, 22
- Elisabeth (geb. von Lemmen) 22-25, 42, 59, 73, 76f., 90, 97f.
- Eugenie (geb. von Fürstenberg-Obsinnig) 26ff.
- Franz Adolph Anselm 18-22, 70, 72f., 74, 80, 97
- Franz Carl 22
- Friederike Maria (geb. Pauli) 21, 24
- Ignaz Eduard 22ff., 42, 59, 73ff., 90, 95ff.
- Johann Heinrich 18
- Karl Ferdinand 22
- Maria Franziska (verh. mit dem Erbprinzen von Hessen-Philippstal) 21
- Maria Theresia (geb. von Geloes zu Eysten) 18
- Max 80
- Mechtilde Ottoline s. *von Wolff-Metternich*
- Wolfgang 21, 28ff., 61, 68, 77, 81, 92, 102f., 108f.
Bibliothek 66ff.
Bottenbroich s. *Kloster Bottenbroich*
Brand der Burg (1793) s. *Burg*
Braunkohlevorkommen, -abbau und Brikettfabrikation 13, 69, 96-99
Breitbach (Bürgermeister) 81
Brikettfabrik Horrem 99
Brüchtenprotokolle s. *Herrschaft Hemmersbach*
Burg
- Brand (1793) 20, 41f., 79f.
- Errichtung 39
- Gartenanlagen 54-58, 106, 109, 119
- Neuaufbau (1837-39) 42-46
- Sanierung (Ende des 17. Jh.) 40f.
- Umbau und Erweiterung (1876-1904) 47-51, 93
- Umbau und Sanierung (ab 1985) 105ff.
- Umbau und Sanierung (ab 2001) 112-119
- Vorgängerbauten/Alte Burg 36-39
- Vorgängerbauten/Alte Burg – Belagerung und Zerstörung (1366) 11, 38f.
- Vorgängerbauten/Knöffelsberg (Motte) 34ff., 61
- Wasserumwehrung 52
Burginventar 52, 108
- (1733) 64ff., 89
- (1929) 67
Burg Sindorf (Richelsberg) 39
Bürge 71
Burgkapelle 17, 40f., 58f.
Byteburg 110-119

Carl Theodor (Pfalzgraf; Kurfürst von Bayern und Herzog von Jülich) 18, 20, 84
Christus-König-Gemeinde (Horrem) 76f.
Clemenskirche (Horrem) 25, 34ff., 59ff., 93

Denkmalschutz 113f.

Eisenbahnbau 95ff.
Erb-Büsche 71f.

Erbfolgestreit
- 1566 14f.
- 1733 18, 68

Feldhoff, Norbert 77
Fideikommiss 23, 90, 97, 99
Fischfang 74
Forst s. *Jagd und Forst*
Franz II. (Kaiser) 20
Friedrich Wilhelm III. von Preußen 22f., 85
Fuckart, Johannes Wilhelm (Pfarrer in Sindorf) 17
Fürstenberg-Obsinnig, Eugenie von s. *Berghe von Trips*

Gartenanlagen s. *Burg*
Geloes zu Eysten, Maria Theresia von s. *Berghe von Trips*
Gerichtsherrschaft s. *Herrschaft Hemmersbach*
Gräflich Berghe von Trips'sche Sportstiftung zu Hemmersbach 30f., 68, 103ff., 108f.
Gruftanlage 35, 60f.

Hemmersbach (Haus) 10, 38
Hemmersbach, Irmengerdis von 10
Hemmersbach (Heversbach), Wigmannus von 10, 34
Hemmersbach, Wilhelm von 10, 84
Hemmersbacher Fehde s. *Burg/Vorgängerbauten/Belagerung*
Hermeling, Gabriel 81
Herrschaft Hemmersbach
- Brüchtenprotokolle 78
- Gefängnisturm 57
- Gerichtsherrschaft 78f.
- politische Tätigkeit der Burgherren 74ff.
- Rechtsstellung 84f.
- Stiftungen, Schenkungen und Patronate 76f.
Hillebrand, Herbert 105, 109, 113, 115
Hoensbroech, Eugen 81
Hoensbroech, Hermengilde 81
Höller, Jakob (Mühlenbauer) 88f.
Hompesch, Adam Ludwig von 17f., 65
Hompesch, von (Familie) 68
von der Horst, Adolf 14
von der Horst, Maria (geb. Scheiffart von Merode) 14

Ingelheim, Anna Eleonara von s. *Berghe von Trips*
Inventar der Burg s. *Burg*

Jagd und Forst 69-73
Johann Wilhelm („Jan Wellem", Kurfürst) 69f.

Kaiserswerther Stauferpfalz 38
Kerp, Wilhelm (Rentmeister) 91, 99
Keuchen (Pfarrer) 81
Kloster Bottenbroich 12f., 53, 60, 76, 87, 97
Knöffelsberg s. *Burg/Vorgängerbauten*
Kolping, Ludwig 97
Konen, G. (Rentmeister) 96
Kottmair, Hanspeter (Architekurbüro) 112f., 117
Krause, Dr. Kai 110f., 115f.
Kühn, Dr. Norbert 68

Landesburg des Kölner Erzbischofs 38
Landschaftsverband Rheinland (Archivberatungsstelle) 68
Landwirtschaftlicher Betrieb 89-92
Langbrandtner, Dr. Hans Werner 68
Lange, August 73, 89
Lemmen, Elisabeth von s. *Berghe von Trips*
Louis, Reinold 68, 108

Männergesangsverein Horrem 77
Mausoleum (Friedhof Horrem) 61
Maximilian (Pfalzgraf, Kurfürst von Bayern und Herzog von Jülich) 22
Melchers, Paulus (Erzbischof von Köln) 59
Melzer, Adelheid s. *Berghe von Trips*
Mennens, Heinrich 94

Metternich zu Niederberg, Johann Friedrich von **76**
Metternich zu Niederberg, Maria Anna von (geb. von Vercken) **76**
Millendonk, Adelheid von s. *Scheiffart von Merode*
msc Multimedia Support Center **110ff., 114, 116**
Mühlenbetrieb **53, 86-89**
- Mühle Horrem **53, 68, 86ff.**
- Mühle Kloster Bottenbroich **87**
- Mühle Mödrath **53, 87**
- Mühle Sindorf **53, 68, 73, 86, 88f.**
Müller, Ferdinand **56**
Museum für Rennsportgeschichte **31, 108f., 119**

Obrien (Rentmeister) **79f.**

Pauli, Friederike Maria s. *Berghe von Trips*
Philipp von Heinsberg (Erzbischof von Köln) **10**
Politische Tätigkeiten s. *Herrschaft Hemmersbach*

Quadt-Wickrath zu Isny, Bertha von s. *Berghe von Trips*

Raitz von Frentz, Adolf Sigismund **15, 70**
Rathsamhausen, Charlotte von s. *Berghe von Trips*
Rathsamhausen, Eleonore Kunigunde s. *Berghe von Trips*
Rennsportfreunde Wolfgang Graf Berghe von Trips **77**
Reppert von Bismarck, Hans Jörg **57**
Rheinisches Archiv- und Museumsamt **68**
Richelsberg (ehem. Burg Sindorf) **39**
Roidkin, Renier **40**
Rolshausen, Freiherr von **70**

Salmen, Walram von **12, 39**
von Schaesberg (Familie) **18, 64**
Scheiffart von Merode (Familie) **10f., 14, 18, 38, 64, 68, 76**
- Adelheid (geb. von Millendonk) **11**
- Anna **14**
- Heinrich **12, 60, 84**
- Irmgard (geb. von Wisch) **13, 60, 76**
- Johann III. **11ff., 38f., 60, 74, 76, 97**
- Johann IV. **14**
- Johann V. **14**
- Maria s. von der Horst
- Werner **12f.**
- Werner VI. **10**
- Wilhelm **12**

Scherer, Franz Eberhard **15**
Schloss Frens **15, 37**
Schloss Türnich **37, 70**
Seché, Joseph **47**
Sistenich **80**
Spielmanns, Paul **108**
St. Ulrich-Kirche (Sindorf) **76**
Stadtarchiv Kerpen **68**
Statz, Vinzenz **36**
Stiftungen, Schenkungen und Patronate **76f.**

Thoma, Karl **26, 47**
Trauschold, Gisela **108**
Trips, Agnes von **18**
Trips, Goswin Duker **18**

von Vercken (Familie) **14, 68**
- Charlotte von **17**
- Etta Sybilla (geb. von Westerholt) **15, 17**
- Heinrich von **15, 40, 70, 76, 89**
- Maria Anna von s. *Metternich zu Niederberg*
- Philipp Heinrich von **15ff., 40, 53**
- Ruprecht **14**
Villa Trips **31, 68, 102, 106, 109, 119**

Wallé, Johann Anton **23, 42-45, 56**
Wasserumwehrung s. *Burg*
Westerholt, Etta Sybilla von s. *von Vercken*
Wichterich, Johann Wilhelm **17**
Wilhelm I. (Kaiser) **26, 47**
Wilhelm II. (Kaiser) **26, 47**
Wisch, Irmgard von s. *Scheiffart von Merode*
von Wolff-Metternich
- Dietrich Aloysius **80f.**
- Gisbert **80**
- Mechtilde Ottoline (geb. Berghe von Trips) **80f.**
Wolfhelm (Abt in Brauweiler) **10**

Ziegelproduktion **47, 92ff.**

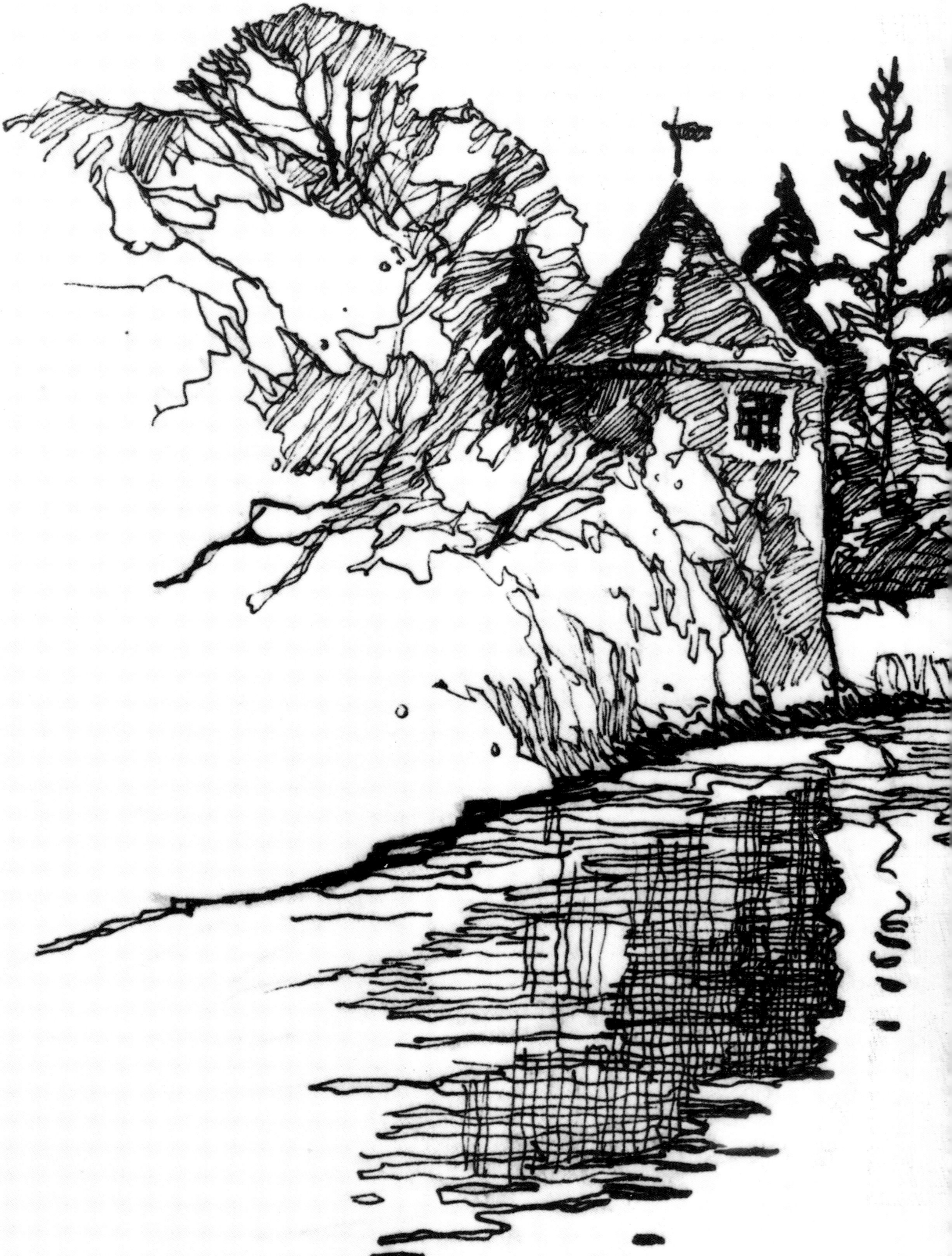